JN485060

영문 계약서 작성의 키포인트

나카무라 히데오 지음

박근우 감수

박명섭 · 한낙현 · 박인섭 옮김

아카데미프레스

英文契約書 作成のキーポイント

Copyright in the Japanese version held by Nakamura, Hideo

Copyright in the translated Korean version held by バシクミヨソグソプ, ハソナシクヒヨソ教授.

Originally published in Japan in 2006 by Kabushiki Kaisha Shojihomu.

Translated and published in Korea by アカテミプレスby permission of the original author.

이 도서는 아카데미프레스가 한국어판 출판 계약자인 박명섭, 한낙현 교수 및 원서(商事法務 출판)의 저자인 나카무라 히데오(中村秀雄) 교수와 정식 계약에 의하여 번역한 책으로, 이 도서의 어느 부분도 인쇄, 복제, 제본 등 기타 판권 소유에 위배되는 제반 행위를 할 수 없습니다.

역자 서문

이 책은 일본에서 1983년에 처음 출간된 후 개정을 거듭해 지금에 이른 것이다. 저자인 나카무라 교수는 일본 현지의 마루베니 회사에 입사하여 미국 및 영국 지사에서 근무하였다. 특히 미국 지사에서 근무하는 동안 미시간 대학에서 법률학 석사 학위를 취득하였다. 그 후 일본에 귀국하여 동 회사의 법무부 부부장을 끝으로 퇴사하고 현재 오타루상과대학 교수로 재직 중이다.

지난해 여름 우리들(박명섭, 한낙현)은 부산에서 배를 타고 다음 날 오사카에서 하선하여, 당일 신오사카역에서 신칸센으로 홋카이도로 이동하여 다음 날 오전 오타루역에서 나카무라 교수를 만났다. 그의 연구실에서 이런저런 얘기를 나누다 이 책의 번역이 화제에 올랐다. 1983년 부산수산대학교 무역학과 재직 시절에 이 책을 처음 접했던 일을 떠올리며 마침내 번역에 합의하게 되었다(박명섭).

이 책은 저자의 실무적 경험을 바탕으로 저술되어 최초로 출간된 것이 1983년이다. 그동안에 증보판을 출간할 때마다 조금씩 수정을 했지만, 인쇄의 판이 변경될 정도의 수정은 1987년에 한 번 했을 뿐이다. 저자가 실무자에서 연구자로 입장이 바뀐 현재 증보판에서 전반적인 것을 검토하고, 또한 처음 이 책을 저술할 당시에는 모르고 있던 부분, 시대의 흐름과 맞지 않는 부분 및 논리적으로 모순이 있는 부분을 대담하고 대폭적으로 수정한 것이 이 책이다.

이 책은 그동안 일본에서 3만 부 이상 판매될 정도로 일본 내에서 상당한 호평을 받았으며, 저자도 이 분야에서는 타의 추종을 불허할 정도로 인정을 받고 있는 학자이다. 현재 저자는 대학에서 주로 영문 국제계약이나 국제상거래 계약 등에 대한 강좌를 개설하고 있다.

이 책은 어디까지나 영문 계약서의 타당한 작성법에 관하여 저술한 것으로 법적 이론을 목적으로 한 것은 아니다. 또한 영국과 미국 영문 계약서의 차이점 등에 대해서 언급하고 있어 무역 현장에 종사하고 있는 실무자나 이해관계를 가지고 있는 학교의 연구자 등에게도 상당히 도움이 될 수 있는 문헌이라고 생각한다. 이 책과 같이 상세하고 구체적인 영문 계약서 작성법을 설명하고 있는 문헌은 국내에서 발견하기 어렵다.

역자들이 이 책을 번역하게 된 것은 이러한 이유에서이며, 또한 번역에 있어서 부족한 점에 대해서는 독자의 귀중한 조언, 질타, 충고를 부탁드리는 바이다.

끝으로 이 책의 한국판 번역을 흔쾌히 허락하고 한국판 저자 서문을 영문으로 작성해 준 저자 나카무라 교수와 쇼지호우무(商事法務) 출판사에 진심으로 감사를 드린다. 또한 사려 깊은 감수를 맡아 주신 영어학자 박근우 전 동의대 총장님과 편집 및 출판을 흔쾌히 허락해 준 아카데미프레스 홍진기 사장님 이하 편집 관계자 여러분에게 사의를 표하는 바이다.

2007년 9월

역자 일동

한국어판 저자 서문

Writing a love letter in English is not an easy task. Nevertheless if you are madly in love, you can and will ultimately produce one, because you know exactly what to say. The situation is different in the drafting of an English language contract. You may not be sure what the contract should contain, and even if you have decided on the contents, putting your thoughts into good legal English is an extremely difficult task.

After completing an LL.M degree in the University of Michigan in 1975, I was assigned to work in the international legal section of the leading Japanese trading firm, Marubeni Corporation. At that time, there were only a couple of reference materials in the company library pertaining to the drafting of international contracts. Dismayed by this lack of available resources, I began to analyze numerous English language contracts, in an effort to find out the answers.

This book is the result. More than 30,000 copies have been sold in Japan since 1983; the book is now in its 13th printing. It is gratifying to know that, among legal professionals, from the beginner to the experienced, my book has come to be regarded as the standard reference to consult when writing an English language contract.

Have confidence. You can write an international commercial contract in English. This book contains the tools that will enable you to develop proficient contract writing skills. For example, it states that a correctly written contract must impose obligations on the obligor rather than indicate the means to carry out the intended purpose. Therefore, "Buyer shall pay the contract price by a letter of credit" is far better than "The contract price shall be paid by a letter of credit".

It is my privilege to say that this book is now available to Korean readers thanks to the superlative efforts of Professor PAK MyongSop of SungKyunKwan University and Assistant Professor HAN NakHyun of Kyungnam University. This project would not have materialised without their encouragement and assistance. Professor PAK kindly undertook the difficult task of translation. Further, his father, a former professor of the English language, and his brother, Dr. PAK InSop of Kyungpook National University, who studied law extensively in the USA, offered generous assistance in the process, for which I don't know how to thank. I hope that my book is of some utility to Korean practitioners and students alike.

2007. 2. 9.

신개정판 저자 서문

백지를 앞에 놓고 영문 계약서의 목차를 구성하고, 그에 따라 문장을 쓸 수 있는 기술이 있다면 얼마나 좋을까. 그렇게 되면 데이터와 워드프로세서를 구사함으로써 마음대로 계약서를 쓸 수 있을 것이다. 이 책의 착상은 거기에 있었다.

초판을 세상에 낸 지 22년이 지났다. 그동안 증쇄 때마다 다소 손을 보았으나, 기본적으로 인쇄의 판이 바뀔 정도의 개정은 18년 전에 한 번 했을 뿐 더 이상 할 수 있는 여유도 없었다. 실무자에서 연구자로 입장이 바뀐 지금 증쇄에 즈음해 전체를 살펴보니, 최초에 이 책을 썼을 때는 잘 몰랐던 곳이나 시대적으로 부적절한 곳, 이론적으로 고칠 필요가 있는 곳이 적지 않게 눈에 띄었다. 그래서 마음먹고 대폭 고쳐 쓰기로 한 것이 이 신개정판이다.

영문 계약서를 작성하는 실무에 종사하는 사람들에게 현대는 이 책이 최초로 씌어진 1983년과는 환경이 판이하다. 국제거래는 일상적인데다 주변에는 영문 계약서가 넘쳐나고 있다. 하지만 이런 점들이 '스스로 계약서를 무(無)에서 작성할' 때 그만큼 플러스가 되는가를 생각하면 의문스럽다.

주로 미국의 영향으로 계약서는 점점 다양해졌으며 그 양상은 마치 대형 마트의 매장과 같다. 하지만 거기에 자신이 꼭 필요로 하는 것이 있는지는 의문이다. 필자는 실무자 시절부터 계약서는 '자신의 거래에 걸맞게 작성하는 것' 이라고 믿어 왔다. 법무 담당자는 상세한 상품 지식과 재봉기술을 모두 갖추고 있는 '오트쿠튀르(haute couture)' 의 디자이너 겸 직업인이 되어야 한다. 느긋하게 수행을 할 수 있는 시간적 여유가 없는 사람에게 단기간에 계약서 설계에 대한 생각과 기술을 익히게 하는 것이 이 책의 당초 목표였고, 지금도 그렇다. 이번의 개정 작업에 계약서를 자신이 직접 쓰기 위해 사용이 편리한 텍스트가 되게 하는 것을 첫째 목표로 하여 설명을 고쳐 쓰고 예문을 바꿔 넣기도 했다.

이 책은 어디까지나 영문 계약서 작성법의 책이지, 법 이론서를 목표로 하는 것은 아니다. 법률적인 세세한 부분에 대해서는 국제거래법, 국제계약법의 책을 참조해 주기 바란다. 졸저인 『국제상거래 계약: 영국법에 근거한 분석』(有斐閣, 2004)은 영문 계약서를 염두에 두고 쓴 것이기 때문에 꼭 함께 보아 주기 바란다. 또한 법률 영어에 관한 자세한 것은 은사이신 하야카와 다케오(早川武夫) 교수가 쓰신 『법률 영어의 기초지식』 증보판[스기야마 게이지(椙山敬士) 교수와 공저, 商事法務, 2005]을 보기 바란다.

이 책의 개정에 있어서는 번잡한 색인을 다시 쓰는 일을 포함해 쇼지호우무(商事法務)의 사카이 기요시(坂井清) 씨에게 수고를 끼쳤다. 이 자리를 빌려 깊이 감사를 드린다.

2005년 12월

저자

개정판 저자 서문

이 책의 초판이 1983년에 세상에 나와서 4년 남짓 지났다. 다행히 실무계의 호응도 높아 벌써 6,000여 부를 발간할 수 있게 된 것은 저자에게는 기대 이상의 기쁜 일이었다.

그동안 이 책을 토대로 세미나를 하거나 필자 스스로 계약서 작성 시에 다시 살펴본 결과, 다시 고쳐 써야겠다고 생각되는 부분이 꽤 많았다. 따라서 이 기회에 전면적인 재검토를 한 것이 이 개정판이다. 그 밖에 다시 읽어 보고 조금이나마 부적당한 부분과 서술이 불충분한 부분이 몇 군데 발견되었으므로 그런 부분을 고쳐 썼다. 이에 더하여 원래 실무에서는 이론으로 딱 잘라 결론을 내릴 수 없는 부분도 많고, 이렇게 하지 않으면 안 된다고 하는 게 있는 것은 아니다. 그렇지만 몇 가지 선택 중에서 가장 널리 통용되는 것을 제시하는 것이 실무서의 사명이라는 생각에 따라 전반적으로 세밀한 개정을 했다.

또한 계약서는 상대편과의 교섭을 통해 비로소 완성되는 것이기 때문에 교섭을 위한 테크닉도 추가할까 하는 생각도 해 보았다. 그러나 그렇게 하려나 보니 원고의 양이 방대해졌으므로 이 부분에 대해서는 최근에 『국제계약 교섭의 키포인트』를 쇼지호우무연구회에서 출판하게 했다. 계약서를 유기적인 것으로 작성, 교섭, 체결하기 위해서 이 책도 꼭 참조하기 바라는 마음이다.

'국제화' 를 소리 높여 부르짖고 있는 시대이다. 초판의 서문에서도 언급한 것처럼, 지속적으로 해외와 접촉을 하는 많은 사람들이 이 책을 활용하기 바란다. 아울러 신판을 출판함에 있어서 수많은 항목과 관련된 색인의 개정을 비롯해 번거로운 작업에 관여한 쇼지호우무연구회의 사카이 기요시(坂井清)씨에게 깊은 감사를 드린다.

1987년 8월 8일

저자

저자 서문

최근에는 어느 직장이든 외국인과 외국어로 접촉을 하지 않는 곳을 찾아보기 어렵다. 실제로 이 같은 경향을 반영하듯 저자에게도 여러 부문에서 영어에 관한 질문이 들어온다. 그중에는 물론 난해하고도 특수한 법률상의 질문도 있지만 단지 영어, 특히 법률 영어에 익숙하지 못한 데서 비롯한 질문이 많은 점에 유의하게 되었다. 그래서 회사 내에서 받는 그와 같은 종류의 질문에 대한 해답으로서 하나의 정리된 how-to적 안내서를 만들어 보려고 생각했다. 그러나 정리해 집필을 하다 보니 꼭 필요한 내용들이 많아져 간단한 안내서로는 모두 담을 수 없는 분량이 되었다. 따라서 이 같은 자료가 세상에 나온다면 많은 사람들에게 도움이 되지 않을까 하는 생각에 출판을 하게 된 것이다.

법률 영어란, 다른 각도에서 말하면 사물을 오해하지 않고 표현하는 것을 첫째 목표로 하는 영어라고 말할 수 있을 것이다. 이 책의 내용은 처음에 특히 법률 영어의 측면에 중점을 두고 「국제상사법무」에 1981년 9월부터 11회에 걸쳐 게재한 것이다. 그 후로는 그 점을 유의해 일문 영역의 지침과 유용한 용어의 활용법들을 추가하여 정확한 문장을 쓰고자 하는 사람 모두에게 도움이 될 수 있도록 궁리해 지금의 형태에 이르게 되었다. 따라서 이 책의 제목은 '영문 계약서 작성의 키포인트' 이지만, 실제로는 법률 문서 작성에 관여하는 사람들뿐만 아니라 해외와 접촉을 하는 모든 사람들에게 유용한 책이라고 생각한다. 특히 제일선에서 외국인과 계약을 교섭하고 작성하는 사람은 말할 것도 없고, 해외에 주재하면서 영어로 문서를 써야 하는 사람, 실제로 해외에 나가지 않더라도 편지 등으로 외국과 교섭을 하는 사람, 그리고 번역에 종사하는 사람에게도 일독을 권한다.

저자는 학자가 아니고 어디까지나 실무자이다. 따라서 이 책은 실용서이지 연구서나 이론서가 아니다. 그런 뜻에서 이론적으로는 지나치게 조잡하거나 불충분한 데가 많을 것이다. 이와 관련해서는 관련 전문서를 참조하기 바란다.

이 책을 집필하는 동안 저자를 따뜻하게 격려해 주시고 출판을 위해 추천서를 써 주신 은사 하야카와 다케오(早川武夫) 교수, 「국제상사법무」에 연재하는 동안 독자의 반응 등을 알려 주시고 단행본으로 발행하도록 권유해 주신 국제상사연구소의 히메노 슌이치(姫野春一) 씨에게 깊이 감사를 드린다. 그 밖에 업무상 입수한 노하우의 공표를 쾌히 허락해 주신 마루베니(丸紅(株)) 법무부장(현재 감사역) 카쓰 오사무(勝修) 씨, 원고의 영문을 체크해 주신 캘리포니아 및 워싱턴주 변호사 폴 클라크 씨에게도 감사를 드린다. 또 출판에 대해서 문외한인 저자의 희망을 수용해 주신 쇼지호우무연구회의 아이자와 유키오(相撑幸雄) 씨, 교정과 제작을 담당한 사카이 기요시(坂井清) 씨에게도 사의를 표하는 바이다.

마지막으로 한마디를 부언하자면, 이 책은 실무에 도움을 주는 것을 첫째로 하기 때문에 상세한 색인을 덧붙인 점이 그 특징의 하나이다. 이를테면 보증에 관한 문장을 쓰고자 할 때, '틀림없이 다른 예에서 good이라는 단어와 make라는 동사를 본 것 같은데 어떻게 엮어서 사용하고 있을까?' 라고 생각할 때 make를 찾든가 good을 찾아도 make good에 다다를 수 있다. 즉 어구를 완전히 기억하고 있지 않더라도 실마리가 되는 단어 하나만 생각해 내면 가급적 그 단어가 포함된 갖가지의 어구를 찾아낼 수 있도록 정리해 놓았다. 그런 뜻에서 이 책을 용례사전으로 사용할 수 있을 것이리고 확신한디.

1983년 4월 3일
저자

차례

1 들어가는 글

거래를 시작할 때 상사의 명령으로 영문 계약서를 작성하자면 일단 "This Agreement is made …" 인지, 주소는 쓸 필요가 있는지, 날짜는 어디에 써야 하는지 등 형식적인 것을 몰라서 어찌할 바를 모르게 된다. 또 서식집 등의 도움을 받아 이 단계를 넘어 쓸 내용도 음미하고 일단 쓰기 시작하면 아무래도 전체의 흐름이 매끄럽지 않고, 언어 사용도 몇 개의 예문을 주워 모은 것이 돼 버려 어려운 상태에 빠졌다는 얘기를 자주 듣는다.

이미 작성돼 있는 계약서를 참고하거나 서식집을 보고 쓰는 것은 좋은 방법이다. 그러나 그러한 것은 어떠한 경우에 어떠한 문장을 써야 하는지는 가르쳐 주지만 유감스럽게도 작문 방법에 대한 지침은 없다. 때문에 자신에게 주어진 특정한 경우에 부합하는 예문이 아수 운 좋게 그 속에 있는 경우가 아니라면 결국 스스로 작문을 하지 않으면 안 된다. 아무리 두꺼운 서식집도 세상의 모든 거래를 담지 못한다. 다시 말해 특정한 경우에 걸맞은 예문이 꼭 포함된 서식집은 존재하지 않는다. 또한 가령 여러 권의 서식집에 필요로 하는 문장을 모두 모았다고 한들, 각각의 책은 나름대로의 사고방식이나 선호에 따라 작성되어 그것들을 그대로 열거한다면 내용상의 일관성은 확보할 수 있으나 서로 다른 작가의 단편집 같은 계약서가 되고 만다. 가능한 한 자신의 스타일로 어법과 길이 등을 통일해 쓸 수 있다면 이보다 더 나은 것은 없을 것이다.

시중에 예문을 제공하는 책은 많이 나와 있다. 그러나 계약서의 작성에 관련한 기술을 공개하는 책은 그리 많지 않다. 그런 이유로 영문 계약서를 작성할 때

많은 실무 담당자들이 고생하는 것을 보고 쓴 것이 이 책이다. 즉 이 책은 '무엇을 써야 하나' 가 아니고 '어떻게 써야 하나' 에 관한 지침을 제공하는 데 주안점을 두고 있다. 일정한 영문법 지식과 계약 영어에 관한 어느 정도의 지식만 있으면 영문 계약서는 누구라도 쓸 수 있다. 이 책에선 한국어로 계획을 세운 뒤에 그것을 간결하게 다듬어 완전한 영문으로 옮기는 데 필요한 가장 기초적인 기술을 제공하려고 했다.

일상 업무를 통해서 접하는 수많은 계약서들은 고색창연한 영어로 씌어 있다. 학자나 실무자들이 이미 지적하고 있듯이, 그와 같은 영어가 계약서에 가장 적합하다고는 생각지 않는다. 그러나 이 책의 목적은 보편적으로 유용한 기술을 제공하는 데 있으므로, 현실에 부합하는 계약서를 쓸 수 있도록 하기 위해 보편적 문장을 의식적으로 썼으며 쓰기 편한 것들은 오히려 적극적으로 다루었다(실무 면에서는 그런 문장들이 잘 쓰인다는 현실적인 이점을 인정할 수밖에 없다).

이와 같이 이 책은 영문 계약서 작성에 도움이 되는 기술을 다루는 것을 제일의 목적으로 하기 때문에 까다로운 법률상의 이론이나 논의는 가급적 피하기로 했다. 때문에 때때로 극단적인 것이 있으리라 생각된다. 그런 점이 학자들의 논문 자료가 되더라도 거래의 장애는 되지 않는다고 생각되는 한 굳이 구애받지 않기로 했다. 자주 접하는 계약 조항의 이론적 해설에 관해선 졸저 『국제거래 계약: 영국법에 입각한 분석』(有斐閣, 2004)을 참조하기 바란다.

2 완전한 계약서의 필요성

해외 거래선과의 상담 대부분은 영어로 이루어지는 게 현실이다. 따라서 그 상담의 결과인 약속 사항은 영문 계약서로 성문화하는 게 일반적이다. 계약서는 문제 해결의 유일한 근거이므로, 그 자체가 거래 전체(적어도 주요 부문)를 있는 그대로 설명하는 것이라야 한다. 하지만 어떠한 규정도 모호해서 두 가지 이상의 의미로 해석되어서는 안 된다. 그리고 어떠한 경우라도 영문은 거래 상대방을 설득할 수 있을 정도의 간결하고 명쾌한 것이라야 한다.

즉 계약서를 읽기만 해서 해결의 실마리가 잡히지 않고 문제가 남는다면 계약서를 작성한 의미가 없어진다. 대충 썼다고 하더라도 문장이 복수의 뜻을 가지기 때문에 서로가 자신에게 유리한 점을 주장하는 자료가 돼 버린다면 큰 문제다. 또 계약서를 근거로 이야기를 하려고 해도 상대방이 "당신이 주장하는 사항은 이 계약서를 보아서는 뚜렷이 알 수 없다."라는 반응을 보인다면 설득도 교섭도 되지 않는다.

더욱이 경험이 풍부한 독자들은 이미 알다시피, 성장 과정과 관습이 다른 복수의 당사자 사이에서는 같은 단어라 할지라도 동일한 의미나 효과로 이해하지 못하는 경우가 있다. 완전하게 썼다고 생각하는 계약서에도 여러 가지 결함이 있거나 모호한 곳이 자주 발견된다.

실제로 이 같은 사실 때문에 극단적인 예이기도 하고 유감스러운 일이지만, 상황이 바뀌면 작성한 당사자마저도 작성 시에 예상하거나 기대하지 않은 조치를 취하게 된다. 즉 자신에게 유리한 가능성을 찾을 수 없는지 다시 한 번 자신이 쓴 계약서를 살펴보는 노력을 하는 [예컨대 시세가 자신에게 불리하게 되었기 때문에 막대한 손실을 보게 됐을 때, 자신에게 유리하게 확대 해석의 가능성을 검토해 본다고 하는 상업 클레임(commercial claim)식 독해를 시도해 보는] 식의 웃지 못할 사태도 비즈니스 세계에서는 가끔 볼 수 있다. 계약서를 충분한 사전 검토를 거쳐 잘 쓸수록 이 같은 사태의 발생 가능성이 줄어들 것이다. 그래서 다시 한 번 강조하건대 계약서는 완벽하게 쓰도록 유의해야 한다.

그러나 한편, 계약서는 거래에 앞서 작성하여 모든 의무가 이행될 때까지 의문점의 해결 근거가 될 수 있는 문서여야 하며, 실제 사용할 수 있는 것이라야 한다.

따라서 첫째, 계약서는 지나치게 까다로워서는 안 된다. 여러 가지의 사태(거의 있을 법 하지도 않은 사태)를 지나치게 가상해, 여러 가지 경우를 구분하여 어떠한 여건에서 어떠한 법률 효과가 발생하는가를 이해하는 데 힘이 든다면 실무적이라 할 수 없다. 가령 "내일 오전 6시 현재 날씨가 좋으면 운동회는 예정대로 한다. 비가 오면 연기한다. 단 일기예보에 비 온 뒤에 갠다고 하고, 또 운동장이 집행위원의 판단으로 사용 가능하다고 생각되면 7시까지 최종 결정을 연기한다. 이 경우 강수 확률이 오전 9시부터 오후 3시 사이에 20% 이하라야 한다. 단 6시 현재의 비가 안개비이면 50%라도 좋다. …"라는 규정은 판단에 도움이 되지 못한다.

다음으로, 실무를 하는 영업 담당자가 이해 못 하는 규정은 결국 효력이 없게 되기도 하고, 오히려 규정을 만든 탓으로 불이행의 사태가 발생하기도 한다. 이를테면 합병 회사를 만드는 데 있어서 상대방 회사는 현재 가지고 있는 자회사 하나를 현물 출자로서 각출하기로 했다고 하자. 이때 계약서에 "상대방 회사의 동산, 부동산에 아무런 담보가 붙어 있지 않고, clear and unencumbered라는 점을 warrant하지 않으면 안 된다. 또 모든 고용계약은 in toto(완전히)하게 신(新)회사에 승계되는 것을 warrant하지 않으면 안 된다. …"라고 쓰더라도 교섭을 하는 영업 담당자는 상대편에게 구체적으로 무엇을 요구해야 할지 모를 것이다. 문장 내용은 정확하지만 표현이 너무 어려워 이해하지 못한다.

더욱 나쁜 것은 당초의 거래 목적을 완전히 넘어서 실제적 의미가 없는, 이른바 법무 담당자의 학자적 취향에 빠진 규정을 만드는 일이다. 이를테면 외국에서 공사 계약을 이행할 때 현지 법의 요청으로 공사 회사를 현지 회사와 합병으로 설립해 우선주로서 투자를 했을 때, 그 우선주의 상황청구권의 조건으로서, "당초에 투자한 주식의 수를 일정한 대가로 매입할 것을 청구할 수 있다. 단 합병 회사가 주식배당을 하는 경우에는 그 배당률에 따라서 매입 주식 수가 증가된다. 또 그 기간 중에 주식의 분할, 합병을 할 때는 분할, 합병 후의 주식 수에 투자 시의 주식 수로 환산하기로 한다. …"라는 규정을 만들어도 보통 우선주로 주식을 배당하는 일은 많지 않다. 그리고 우선주에 관해 주식 분할, 합병 등을 하는 일도 아예 없을 뿐 아니라, 원래 회사의 설립 목적 자체가 형식적인 경우엔 이 같은 규정을 만들더라도 아무런 실제적 의미는 없으며 불필요하다. 필요 이상으로 따뜻한 옷을 입어도 감기를 예방하지 못할 뿐 아니라 잘못하면 감기의 원인이 되는 것처럼, 지나친 규정은 트러블의 원인이 되기도 한다.

이러한 점을 염두에 두면서 차례에 따라 바람직한 영문 계약서 작성법에 관해 실무적인 각도에서 살펴보고자 한다.

3 계약서의 영어

“계약서를 쓰기 위한 영어가 있는가?”라는 질문을 가끔 받는다. 보통의 영문, 즉 신문이나 책을 읽을 수 있는 사람에게 계약서 영어는 너무나 난해하기 때문에 계약서 영어는 보통 영어와 다르지 않을까라는 의문에서 비롯된 질문이다. 또 전문가에게 계약서 작성을 의뢰한 뒤, 실제로 거래 당사자는 ‘이것은 자신들이 일상적 거래를 문장화한 것이어서 모를 리가 없다.’ 라고 생각한다. 그러나 반복해 읽어 보아도 도무지 이해할 수 없어 같은 질문을 하는 경우도 있을 것이다. 계약서에 쓰이는 특별한 영어는 없으나 세부적으로 보면 확실히 계약서에만 쓰이는 영어 표현이 눈에 띈다. 영어 문법에 따라 문장화된 것이기 때문에(그리고 때로는 꽤 엄격한 문법적 글쓰기와 읽기를 하지 않으면 목적이 달성되지 않는 점을 고려해 필요 이상으로 문법적이기도 하다) 사용된 단어, 구문, 법률 영어의 관습, 그 목적 등으로 인해 이해할 수 없는 문장구조가 되기도 하고, 구조는 이해가 되지만 내용을 전혀 알 수 없는 일이 발생하기도 한다.

다음에 구체적 사례를 들면서 자세히 설명하고자 한다.

A. 사용된 단어에 기인하는 어려움

우선 단어에서 생기는 영문 계약서의 어려움에 관한 설명이다.

(1) 알고 있다고 생각하기 때문에 생기는 오류

법률에 쓰이는 단어가 어려운 것은 한국도 마찬가지다. 다만 한국어의 경우 무엇이 법률 용어인가, 무엇이 일반 단어인가 하는 식별은 경험상으로 가능해서 처음부터 유의해서 읽는다. 때에 따라서 법전, 법률용어사전 등을 참조하기 때문에 읽는 데는 비교적 혼란이 생기지 않는다.

그러나 영어의 법률 용어는 일상생활이나 신문 등에 쓰는 어구가 법률 문장에서는 전혀 다른 의미로 쓰이는 경우가 있다. 이런 경우 일상적 의미를 알고 있다고 해서 일일이 사전을 보지 않고 번역을 해 보려고 하다가 혼란을 겪기도 한다.

예를 들어 다음 단어들이 그렇다.

① **consideration**: 가장 일반적 의미는 '고려', '배려' 등이다. 하지만 법률용어사전은 이것을 '약인(約因)', '대가(對價)'라고 번역한다. 자주 계약서의 첫 쪽에 "… in consideration of the premises and mutual covenants herein contained …"라는 형태로 나온다. 이것을 "위에서 말한 사항과 이 계약서 내에 기재된 상호 약속을 고려하여 …"라고 옮기면 틀리다. "위에서 말한 … 약속을 약인(대가)으로 하여 …"라고 옮겨야 바르게 해석한 것이다. 여담이지만 '약인(대가)'이라는 어구마저 한국어로서 그다지 잘 알려진 단어라고 할 수 없다. 그 단어의 뜻은 '한쪽 당사자의 행위나 행위의 약속에 대해 상대편이 제공하는 것 또는 제공하는 약속이며, 상대편의 불이익이나 다른 쪽 당사자의 이익이 되는 것'이다. 통상 미이행 쌍무계약에서 '상대방이 상품, 금전, 용역 등을 제공한다고 하는 약속에 대해 담보가 되는 법적 가치를 지닌 약속'을 뜻한다. 더욱 쉽게 말하면, 차 한 대를 2,000만원에 구입하는 거래(쌍무계약)에서 매수인의 약속에 대해 매도인이 제공하는 약인은 '차 한 대를 인도하는 약속'이며, 매도인의 약속에 대해 매수인이 제공하는 약인은 '2,000만원을 지급하는 약속'이다. 더 간단히 말하면, '차를 인도하는 약속'과 '2,000만원을 지급하는 약속'은 서로 대가 관계를 갖는다. 영미법에서 한쪽의 약속은 상대방이 제공하는 약인에 의해 강행한다고 생각할 수 있다.

이 거래를 쌍방이 각각 가치 있는 것이라고 인정할 때 서로의 약속을 약인(대가)으로 삼아 매매계약이 성립된다.

② **execute**: 이 단어의 일반적 의미는 '이행하다', '집행하다' 등이다. 그러나 계약서 맨 끝에 자주 나오는 "In Witness Whereof, the parties hereto have caused this Agreement to be executed …"라는 문장을 "위의 내용을 증명하기 위해 당사자는 이 계약서를 이행하게 하여 …"라고 옮긴다면 무슨 말인지 알 수 없다.

여기서 execute는 '완성하다', '효력이 생긴다'를 뜻하며, 구체적으로는 '계약서를 작성, 서명, 교환하다' 또는 '계약을 체결하다'라는 의미이다. execute는 또 '계약을 이행하다'라는 의미(perform과 같음)와 '판결 등을 집행하다'라는 의미(enforce와 같음)도 있기 때문에 사용에 주의해야 한다.

③ **damage와 damages**: damage의 일반적 뜻은 '손해'이다. 이 의미는 단수형이지만 실제로는 셀 수 있는 것이면 damages로 '복수의 손해', '여러 가지 손해'라는 뜻으로 쓰이는 경우가 많다. 이 복수형 damages는 법률상 중요한 또 하나의 용법이 있다. '손해배상금', '손해배상액'이라는 뜻일 때이나 그 단어 하나만이 쓰이는 때도 있고, 다른 단어와 함께 쓰이기도 한다. liquidated damages, punitive damages 등의 표현은 damages가 각각 '배상액의 예정', '징벌직 손해배상금'이라고 빈역하는 사례다. 또한 이와 관련해 자주 논의되는 'actual damages, consequential damages'에서 damages는 각각 '실질적 손해', '간접손해'라고 번역하는 경우에 보통 의미의 damage의 복수형이다. 하지만 '실제로 발생한 손해금'이라고 번역하는 게 적절한 경우는 '손해배상금'이라는 의미로 쓰인다. damage가 금전, 금액의 뜻으로 쓰일 때는 항상 damages여야 하지 단수형은 쓰지 않는다.

④ **agent**: 상인들 사이에서 이 단어는 판매대리점, 광고대리점 등이라고 할 때의 '대리점', 정보 수집, 중개 등의 용역계약에서는 '용역 제공자'라는 의미로 이해된다. 전자의 경우 대리의 형태는 단순한 전달이나 중개일 때도 있고, 일단 물품을 자기 이름과 계산으로 매입한 뒤에 다시 제3자에게 판매하는 경우도 있다. 후자의 경우는 일방적으로 의뢰자에게만 연락을 하여 용역을 제공하거나 상대방에게 알선만을 하는 경우가 많다.

하지만 법률상 agent란 '타인으로부터 권한을 받아서 그 지시에 따라 위임자를 위해 위임자의 계산으로 법률 행위를 하는 사람' 을 의미한다. 즉 agent는 두 사람을 연결하는 거래의 중간에서 사실 행위나 법률 행위를 하지만, 원칙적으로 자신은 리스크를 부담하지 않는다. 그 행위의 결과인 법률 관계는 위임자와 제3자 사이에 직접으로 발생하는 것이다. 일례로 독점판매권을 부여한 경우, 부여한 측과 부여 받은 측 사이에는 일단 각각의 명의와 계산으로 매매라는 법률 관계가 발생한다. 이 경우에 법률적으로 그 상대방은 agent가 아니므로 법률가는 이를 exclusive sales agent라고 부르지 않는다. 엄격히 법률적으로 이 같은 권리를 부여받은 사람은 the buyer having exclusive right to buy and sell products이지만, 이것은 도무지 명확하지 않으므로 현실적으로는 agent와 구별해 exclusive sales distributor라고 부른다. 다만 distributor는 정해진 법률적 의미는 없으므로 이는 단순한 타협책이다.

곁들여 말하자면, agent는 법률적으로는 attorney라고 불리기도 한다. 다만 아무리 법률적 의미가 agent와 같다고 하더라도 중개적 성격을 가진 판매대리점을 sales attorney라고 부르는 것은 현실과 거리가 있다. 전형적으로는 위임장(Power of Attorney)을 발급해 특정한 법률 행위(또는 사실 행위만에 관련된 것도 있으나)를 맡길 때 가장 많이 쓰인다. 이때 법정에서 대리권을 가지는 변호사(attorney at law)와 구별해 attorney-in-fact라고 부를 때도 많다(attorney at law)는 하이픈으로 이어지지 않지만 attorney-in-fact는 언제나 하이픈으로 연결된다).

광고대리점이나 여행대리점 등의 경우에 쓰이는 agency라는 말도 엄밀하게는 같은 문제를 지니고 있다. agency란 법률적으로는 'principal과 agent의 관계' 를 말한다. 즉 principal과 agent 사이에는 agency relationship, agency contract가 있다고 보는 게 옳다. agency라고 부르는 것도 실제에서는 'principal 대 principal' 의 거래일 때가 있다.

또한 법률적 의미의 agent에 대하여 지급되는 보수는 commission fee, remuneration, compensation 등으로 불린다. agent가 실제로 매매 당사자인 경우는 agent라는 말은 틀릴 뿐만 아니라, 그 배분에 해당되는 것은 법률적으로는 전매이익이다(가령 이익이 고정적으로 보증되어 있어도). 따라서 이러한 말을 쓰는 것은 틀린 것이고 margin, profit, mark-up이라고 해야 한다.

⑤ **lease와 rental**: lease와 rental이란 말에도 오해가 있다. 거래상으로 lease는 종종 이른바 hire purchase 또는 lease purchase(양쪽 모두 같은 의미다), 즉 일정한 임대 기간 뒤에 임차인이 대상 물건을 매입하게 돼 있거나, 매입하는 옵션을 가진 거래, 또는 임대차 기간이 정해져 있고 중도해약이 자유롭게 되지 않는 거래 등을 가리키는 말로 사용되는 경우가 많다.

전자는 경제적 측면을 돋보이게 하기 위해 finance lease라고 부르기도 한다. 이에 대해 rental이란 임차인이 일정 기간 사용해 수익을 낸 뒤에 임대인에게 되돌려주는 것을 전제로 한 거래를 가리키며, 통상적으로 단기이고 수시계약이 가능할 때가 많다. 그러나 법률상으로 이 용어들에는 차이가 없으며 모두 임대차(lease)에 불과하다. 단 임차인이 매입을 최종 목적으로 하고 있을 때 회계상으로나 세법상으로 임차인이 감가상각을 해도 좋다든가, 임차인이 파산했을 때도 임대인은 소유권에 따라 되찾을 수 없는 형태로, 매각을 전제로 하지 않는 단기 임대차와는 회계 및 법률적 효과에 차이가 있는 나라도 있다. 그러나 그것은 lease라고 하느냐, rental이라고 하느냐에 따라 발생하는 차이는 아니고, 당사자가 어떠한 계약을 하고 있느냐에 따른 차이다.

근본적으로 lease와 rental은 똑같은 것이다. 따라서 이 거래의 대가로서 지급되는 것을 lease fee라고 부르거나 rent라고 불러도 전혀 문제가 안 된다.

⑥ **condition**: 조건이라는 의미로 쓰이는 경우는 한국어와 같다. 그 밖에 계약조항이란 의미로 쓰이기도 한다. terms and conditions란 용례가 그런 뜻이다. 하지만 이 말에는 더 깊은 의미가 있다. 그것은 '계약의 중요한 조건' 이란 것이다. 영국법은 계약조항을 중요한 것과 부수적인 것으로 나누어 각각을 condition, warranty라고 한다. 그리고 condition이라고 부르는 조항을 위반했을 때 상대방은 즉시 계약을 해제할 수 있으나, warranty를 위반했을 때는 해제권이 발생하지 않으며 손해배상을 할 뿐이다. 자주 계약서의 뒤쪽에 Time is of the essence라는 조항이 있으나, 이것은 당사자 간에 이행 기간(time)에 관련한 규정을 condition이라고 정해 해제권을 확보한 것이다.

(2) 한국어에 대응 개념이 없는 어구

또 한 가지 어려운 점은 한국어에 대응 개념이 없는 단어의 경우이다. 한 번도 보지 못한 단어가 나왔을 때 한국어 법률 용어처럼 당연히 사전을 보게 되겠지만, 그 영어가 법률 개념으로서 어떠한 배경과 의미를 갖는지 도무지 알 수 없는 경우가 종종 있다. 이러한 단어를 키워드로 하는 규정은 결국 이해할 수 없을 것이다. 유감스럽게 이러한 경우는 참고서를 읽든지 전문가의 조언을 구하는 해결 방법밖에 없다. consideration은 이 예이기도 하다. 그 밖에 다음의 단어들도 좋은 예이다.

escrow: 보통의 영한사전을 보면 '조건부 날인증서' 라고 씌어 있다. 하지만 '조건부' 란 무엇을 뜻하는가. 또 '날인증서' 와 통상의 계약서는 다른 점이 무엇인가. 다음 예를 보면 이 영어가 바르게 표현된 것이라고 이해될 것이다. 그러나 그러한 예를 모르고서는 이 단어를 바르게 이해하기가 어렵다.

영국과 미국에 있어서 가령 부동산 매매는 엄격한 형식 문서로 이루어진다. 하지만 매매라고 하여 실제로 거액의 현금과 양도증서를 갖추어 매수인과 매도인이 대면하여 계약하는 것은 번잡한 일이다. 또 수표 등으로 결제하기도 하고 은행으로부터 융자를 받기도 하기 때문에 금전은 고사하고 수표마저 이용하지 않고 계좌 이체로 이루어지는 일도 많다.

이러한 경우 매도인의 서명이 필요한 양도증서를 제3자(이를테면 신탁을 업무로 하는 사람이나 변호사 등)에게 예탁해 두고 매수인이 현금을 지급하든지, 수표로 결제하든지, 또는 계좌로 입금하면 자동적으로 상대방에게 서류가 넘어가도록(이때 물론 매도인도 일단 맡긴 서류는 매수인의 불이행이 없는 한 되돌려 받지 못하게 돼 있지만) 준비가 돼 있으면 두 당사자는 모두 안심할 수 있을 것이다.

이러한 거래 형태를 escrow transaction이라고 한다. 부동산은 이른바 날인증서로 거래되는 경우가 많다. 따라서 escrow transaction의 일정한 조건이 충족됐을 때에만 본래의 날인증서의 효력이 발생하게 되는데, escrow는 '조건부' 또는 '미완(未完) 날인증서' 가 되는 셈이다. 또한 이 거래에서 중간에 서는 사람을 escrow agent, 또 결제를 위해 설정된 계좌가 있으면 그것을 escrow account라고 한다. 날인증서와 통상의 계약서의 차이에 대한 언급은 생략한다.

이 밖에도 부동산 관련 계약에는 각 나라의 법 제도를 반영한 용어가 많이 있다. 또 상속, 신탁, 고용계약에도 한국과는 전혀 다른 개념이 있는 경우가 많으며, 현지 변호사의 도움이 없으면 의미를 알 수 없는 어구가 많다.

B. 엄격성에서 생기는 복잡성, 장황성

계약서 문장은 자기 완결적임과 동시에 단 하나의 의미를 갖게 하는 것이 필요하다. 그 때문에 간단한 문장에도 여러 개의 필요 불가결한 수식어나 제한(qualification)이 붙게 되는데, 작성자의 의도나 부주의에 따른 삽입 탓으로 문법 구조가 복잡해지고 장황한 문장이 되어 버리는 때가 많다. 이 같은 문장의 복잡화라든가 비대화가 원인이 되어 계약서의 영어는 보통 영어와는 다른 것이 아닌가라는 의문을 낳기도 한다.

많은 계약서 작성자들은 이러한 긴 문장을 처음부터 생각해 만드는 게 아니다. 또한 작성자가 이렇게 긴 글을 좋다고 생각하는 것은 더욱 아니다. 작성과정에서 부득이 가필한 탓으로 이러한 결과가 생기는 경우가 종종 있다.

간단한 개념이 엄격성의 필요에 의한 가필로 얼마나 복잡화, 비대화되는지 다음의 예에서 알아보자.

"향후 1년 동안 매월 석탄 500톤을 구입한다."
〈골격〉 The buyer shall purchase 500 tons of coal monthly for one year.

〈보완 과정〉

① The buyer shall purchase …

↓

The seller agrees to sell and the buyer agrees to purchase …

첫 문장도 충분한 뜻을 나타내고 있지만 계약서답게 하기 위해서 첨가한 것인데, 반드시 불가결한 정정은 아니다.

② … 500 tons of …

↓

… [a] five hundred (500) [b] Metric Tons of

[a] 확인과 고쳐 쓰기를 방지하기 위한 것이나, 초안대로라도 주의만 하면 틀리지 않다.

[b] 톤이라고 하더라도 여러 종류가 있으므로 꼭 필요한 보완이다.

③ … coal …

↓

… [a] coking coal [b] (hereinafter referred to as "Coal") [c] with the specifications set forth in Exhibit A [d] which is attached hereto [e] and made an integral part hereof by this reference …

[a] 대상의 석탄을 제철용 원료탄으로 특정할 의미가 있을 경우에 필요하다. 단 처음부터 coal을 정의해 두면 그 이후부터는 삽입할 필요가 없다.

[b] 정의를 하는 데 쓰이는 관용 어구이다.

[c] 다시 품질을 특정하기 위해 부표(附表) 유도하는 어구이다.

[d, e] 부표가 이 계약서의 유기적이고 불가결한 일체임을 말하는 관용 어구이다.

④ … monthly …

↓

… monthly [a] where notification of the desired delivery date of the Coal shall be given by the Buyer not later than the tenth (10th) day of the immediately preceding month ([b] notwithstanding the above, the delivery date of the Coal to be purchased during the first (1st) month of the Agreement shall be on or around June 18, 2005) [c] in the manner specified in Article 9 hereof …

[a] 매월이란 단어의 의미를 다시 주고받는 시기로 더욱 명확하게 하려는 의도에서 첨가한 설명인데, 독립 조항을 설정해도 괜찮은 부분이다.

[b] 계약의 첫 번째 달과 관련, 이 조항에 있어서의 일반 원칙인 '전월(前月)

10일까지의 통지'가 가능하지 않을 수 있으므로 특별 규정을 정한 것이다.

c 통지 방법을 쓴 조항을 참조케 하는 규정으로 "이 계약에 따른 통지는 모두 아래의 방법에 따른다."라는 조항을 만들어 놓으면 불필요한 삽입이 된다.

이를 아래와 같이 한 문장으로 하면 계약서의 한 조문이 만들어지는 셈이다.

The Seller agrees to sell and the Buyer agrees to purchase five hundred (500) Metric Tons of coking coal (hereinafter referred to as "Coal") with specifications set forth in Exhibit A which is attached hereto and made an integral part hereof by this reference, monthly where notification of the desired delivery date of the Coal shall be given by the Buyer not later than the tenth (10th) day of the immediately preceding month (notwithstanding the above, the delivery date of the Coal to be purchased during the first (1st) month of this Agreement shall be on or around June 18, 2005) in the manner specified in Article 9 hereof …

최초의 짧은 문장에서부터 조금씩 필요에 따라, 또한 생각나는 대로 추가해 가면 여러 행(行)으로 이루어진 한 문장이 만들어진다는 것을 알았을 것이다. 실제로 이 정도의 긴 문장을 처음부터 의도해서 만든다는 것은 법률 전문가일지라도 쉬운 일이 아닐 것이다. 이런 문장은 대개 하나하나 첨가한 결과다.

기본 아이디어 자체는 그렇게 어렵지 않았는데도 부득이한 수식이나 무리한 첨가 탓으로 복잡한 문장이 되어 버린 셈이다. 이러한 일은 종종 볼 수 있다. 길고 복잡한 문장은 난해할 뿐만 아니라 소기의 목적에 반해 오해를 초래할 수 있다. 따라서 간결한 문장을 쓴다는 점을 염두에 두고 있어야 한다.

C. 단어와 문법의 낡은 표현

(1) 고어와 낡은 문법

이 밖에 종종 고어가 돼 버린 단어나 현대 영어에는 거의 없어진 문법이 사용되는 것도 계약서의 영어를 이해하기 어렵게 만드는 이유의 하나이다. 이 가운데 고어가 쓰이는 데는 어느 정도 부득이한 면도 있다. 왜냐하면 역사에 뿌리를 박고 있는 법률 개념은 그 개념이 생긴 시대에 쓰인 언어로 표현되기 때문이다. 이를테면 인명 같은 것인데, 세월이 지나더라도 변하지 않고 개념이 소멸할 때까지 같은 이름으로 불리는 것은 당연하다. 가령 '금반언(禁反言)'이라고 번역되는 'estoppel'이란 단어는 stop과 같은 어근(語根)을 가진 낡은 프랑스어에 그 어원이 있다. 중세 영어에선 존재했으나 현대에는 법률에서만 쓰이는 단어이다. 굳이 현대 영어로 옮기면 stop, bar, prevention 등이 되겠지만 부주의로 그러한 단어로 옮기는 것은 느닷없이 유명인이 이름을 바꾸는 것 같은 일이며, 불필요한 혼란과 오해를 초래하게 된다. 따라서 이러한 단어는 앞에서 말한 것처럼 전문용어로 익혀 둘 수밖에 없다.

또 법률 용어의 의미는 판례를 따르는 경우가 많다. 재판관이 오랜 기간에 걸쳐 사용해 왔기 때문에 확립된 의미를 가진 표현이 된 것이다. 이런 표현을 함부로 다른 말로 바꾼다면 오히려 재판에서는 혼란을 초래할 것이다.

문법과 관련해서는 시제를 명확히 하기 위해 미래시제를 쓰거나 가정법의 고전적 용법이 종종 나타난다. 미래완료형은 현대의 일반 용법에선 다만 미래형을 쓰거나 현재완료형, 때로는 현재형으로 대용하는 경우가 많다.

The loan shall not be disbursed until all of the conditions precedent set forth in Article 21 <u>shall have been fulfilled.</u>

이 문장은 미래의 어느 시점(loan이 이루어질 때)까지 정지 조건이 성취되어야 함을 문면에 명확히 나타내고 있다. 물론 shall have been fulfilled 대신 shall be fulfilled(그다지 바람직한 shall의 용법은 아니다)이나, have been fulfilled, are fulfilled라도 충분하다. 종종 의식적으로 이 같은 형을 쓰는 경우가 있다. 또 때에 따라서는 이것이 나을 때도 있다.

또 미래완료형의 한 용례를 들어 보자.

If at the end of the period stipulated in Paragraph 7, the Vendee <u>still shall have failed to pay</u> the sum due, the Vendor shall be entitled to terminate the

Contract.

이 문장은 매수인이 대금을 지급하지 않는 경우에 경고를 해, 일정 기간이 지나도 지급하지 않을 때 매도인에게 해제권을 준 것이다. 일정한 절차를 밟고 그 뒤의 시점에 발생하는 일을 나타내기 위해 미래완료형을 쓰고 있다. 단지 shall still fail to pay(이 shall도 바람직한 용법은 아니다), still has failed to pay, still fails to pay라는 것은 앞에서 든 예와 같다. 조금 말을 바꾸어서 has not yet paid 라도 목적은 달성될 것이다.

가정법 용법은 영문법 학자 사이에서도 논의가 많은 분야이다. 법률 문서에선 그 성질상 가정법을 사용한 문장이 자주 나오지만, 그 가운데서도 가정법 현재형 문장의 부사절(조건절) 속에 동사원형의 낯선 용법이 나올 때가 있다.

If the Buyer be adjudged a bankrupt, the Seller may forthwith declare all the unpaid balance of the purchase price immediately due and payable.

이 문장의 be는 '미래에 관해 상상적인 일을 말할 때' 라는 가정법 현재형의 용법이다. 현대의 일반 용법에 따르면 is로 족하며, 실제로 그렇게 쓰는 경우도 많을 뿐 아니라 틀린 게 아니다. 법률 문서의 관습에 대해 충실한 면을 보여 준다.

또 한 가지 낯선 용법은 주절의 동사가 request, ask, demand, propose, suggest, order, desire, declare 등일 때이다. 이 경우는 명사절(귀결절)인 종속절 속에 동사 원형이 사용된다. 이것도 문법적으로는 가정법 현재형의 용법이다.

Either party may request the other party that the breach be remedied within 30 days.

The Owner may demand that all debris be removed from the Site.

If the Buyer asks that the Products be delivered in any other manner, the Seller shall comply with such demand.

이것은 주로 미국의 용법인데 American Subjunctive라고도 한다. 영국 영어에서는 조동사 should를 사용하는 게 통상적이라고 하지만, 현대에는 영국에서도 미국식을 따르고 있는 추세이다. 미국에서도 구어에선 shall을 쓰거나 to부정사를 쓰는 것이 오늘날의 용법이다.

또 하나는 동사가 원형으로 쓰이는 예인데, 목적(소망이라고 생각해도 좋다)을 나타내는 부사절이다.

In order that the Licensed Products be publicized widely, the Licensee shall make periodic TV advertisements.

여기서는 may be라고 해도 된다. 단지 are라고 해도 충분할 것이다. 이러한 용법은 계약서 전체를 문어로 통일할 때 사용해도 좋을지 모르겠다. 하지만 까다로운 문법의 논란이나 해명에 휘말리는 것을 피해서 명쾌한 계약서를 만들고자 할 때는 오히려 무리하게 고집하지 않고 계약 당사자가 보통 사용하는 영어를 씀으로써 충분히 목적을 달성할 수 있다.

(2) Witnesseth–전통의 유물

그런데 고색창연한 영어와 관련하여 종종 나오는 질문이 계약서 첫 페이지에 나오는 witnesseth의 의미다. 이것은 옛 영어에 존재했던 직설법 제3인칭 단수 현재형의 어미[즉 오늘날의 -(e)s]로서 전혀 사용되지 않아 소멸됐음에도 불구하고 계약서 영어에만 남아 있는 용법이다. 대체로 계약서를 전체 한 문장으로 작성하므로, 이 습관은 실은 지금도 무의식적으로 받아들여지고 있다. 보통 사용되는 계약서는 아래와 같은 형식이다.

This Agreement made and entered into on … by and between … and …

Witnesseth That:

Whereas, … ; and

Whereas, … ;

Now, Therefore, in consideration of …, the parties hereto agree as follows:

Article 1

⋮

In Witness Whereof, the parties hereto have caused this Agreement to be executed …

실은 이것은 This Agreement를 주어로, Witnesseth를 동사로 하여 That 이하에서 내용을 말하는 식으로 In Witness Whereof …로 마무리하는 하나의 긴 문장으로 돼 있다. 국문 계약서에서 말하는 "이 계약서는 아래 사항을 증명한다." 라는 역할을 수행하기 위해 Witnesseth가 이 부분에서 쓰이고 있다.

더욱이 마지막의 In Witness Whereof …에 있어서 Witness는 명사이고 '위의 내용의 증거로서' 라는 뜻이다.

위에서 'This Agreement is made …' 인가, 'This Agreement made …' 인가라는 의문에 대해 그 답은 다음과 같다. 즉 이 형식을 답습할 경우엔 is가 필요하지 않다. 이 같은 것들이 영문 계약서를 다루기 어렵게 만드는 것임은 대단히 유감스럽지만 사실이다. 하지만 이제 이 구조를 알게 된 이상, 이 방식을 따르느냐 하는 문제는 스스로 판단해 결정하면 된다.

이러한 형식은 오늘날엔 전혀 중요하지 않다. 더구나 평소에 계약서 초안을 만드는 사람은 내용을 본위로 삼아 때로는 쓸모없는 형식을 무시해 버리는 게 상책이다. 그러한 경우에 사용할 수 있도록 참고가 될 실용적이며 간단한 형태의 계약서 골격을 예시하고자 한다.

(3) Witnesseth가 없는 경우

This Agreement is made on … between

… and …

Article 1. (Background)

여기에 whereas에 보통 기재되는 계약에 관련된 배경과 대략의 내용을 표시한다(단 굳이 하지 않아도 된다).

Article 2. (…)

이하 내용을 쓴다.

그리고 마지막 Article 바로 뒤에 아래와 같은 서명란을 설정한다.

By 서명자	By 서명자
Its 직책(자격)	Its 직책(자격)

이로써 계약서로서의 강제력, 집행력은 충분하다.

이러한 단어에서 생기는 어려움, 엄격한 표현을 하고자 하기 때문에 생기는 문장의 복잡성, 영어의 수식 표현, 작성자 자신에 의한 구문의 혼란, 문장에 대한 이해의 결여, 법률 개념 자체의 복잡성 등으로 말미암아 계약서의 영어는 난해하다는 말이 나오게 된다. 이렇듯 최소한의 어려움을 제외하면 법률 영어라고 하더라도 영어임에는 틀림없는 사실이다. 바르게 정리된 영어로 된 계약서는 단어와 약간의 독특한 표현에 대해 사전의 힘을 빌리면 누구라도 이해할 수 있으며 또한 쓸 수 있다.

4 계약서 영어의 어휘

계약서는 영문이지만 하나의 기술 문서이기 때문에 마치 공학이나 의학 서적이 독특한 어휘를 갖는 것처럼 기술적 · 전문적 용어를 갖는 것은 부인할 수 없다. 그 일부는 앞에서 언급한 고어에도 해당된다.

어떤 학문이라도 기초적 필수 사항에 대한 지식이 없으면 전체 체계 중에서, 더욱이 역사적 배경이 있는 개념이 어떠한 위치를 차지하는지 판단하기가 곤란하다. 단순한 복통일지라도 정식 진료기록 카드는 의학을 연구한 의사만이 쓸 수 있는 것처럼, 아무리 간단한 매매거래라도 이것을 법률적으로 정확하게 표현하는 일은 거래와 법률 양쪽에 정통한 법률가만 가능하다. 그러나 단순한 복통은 정확한 진료기록 카드를 쓰지 않더라도 비전문가가 경험에 의해 대처할 수 있는 것처럼, 대개의 계약은 경험 있는 사람 손에서는 가능하다.

실제로 모든 사항에 걸쳐서 전문가의 손을 빌린다면 시간과 비용 면에서 거래의 기회와 채산이 어긋나게 될 것이다. 뿔을 고치려다 소를 죽여서는 실무가로서 실격이다. 그래서 우선 법률 어휘를 쓸 때 유의해야 할 점을 간단히 설명하겠다.

A. 어려운 어구로 쓰지 않으면 안 되는 경우

앞에서 언급한 consideration, execute, damages, escrow 등 이른바 technical language(전문 용어, 술어, legal jargon이라고도 한다)는 오히려 이것을 서투르게 분해하고 정의를 내리고 설명하기보다 그대로 사용하는 편이 낫다. 그 말에 대해 오랫동안의 판례나 학설의 역사가 있는 경우에 이를 무시하고 쉬운 말로 해설하자면 오히려 불필요한 혼란과 오해를 초래할 염려가 있다.

이 같은 technical language를 사용하는 경우는 문헌이나 예문에 따라 의미와 용법을 알아보고 주의해 이를 사용할 필요가 있다.

B. 관례적으로 어려운 어구로 쓰지만 쉬운 말로 표현할 수 있는 경우

설명을 시작하기 전에 한 예를 들어 보자.

> "I hereby give and convey to you all my estate and interests, rights, title, claim and advantages to and in said orange, together with its rind, skin, juice, pulp and seeds and all rights and advantages with full power to bite, cut and otherwise eat the same, or give the same away with or without the rind, skin, juice, pulp or seeds, anything hereinbefore or hereinafter or in any other deed, or deeds, or instruments of whatever nature or kind whatsoever to the contrary notwithstanding" (Gerald F. Lieberman, The Greatest Laughs of All Time, DOUBLEDAY).

이는 말하자면 의사의 진료기록 카드식으로 쓴 문장이다. 그 뜻은 "I give you this orange."이다. 여기에 포함돼 있는 갖가지 표현(이를테면 give와 convey나 estate, interest, right, title, claim과 advantage)은 각각 A에 제시한 것과 같은 오랜 역사를 지닌 언어임에 틀림없다.

그러나 이것들은 단순히 give, 또 후자의 경우에는 아예 이러한 말을 하지 않고 this orange라고 말하면 충분하다. 거래의 실체를 정확하게 파악한다면 역사의 굴레를 버리고 간결한 말로 쓰는 사례는 많다. 그렇기 때문에 계약서의 형식, 내용이 결정되면 우선 그것을 쉬운 말로 써 보는 것이 좋다. 그리고 아무리 궁리해도 쓰기 어려운 부분만을 전문가에게 맡기든가, 아니면 조언을 얻음으로써 완성할 수 있다.

여기서 당연히 "technical language를 모르는데 어느 것을 technical language

로 해야 하는지 어떻게 알 수 있는가?", 즉 "모르는 것이 어느 부분인가, 모르는 것이 아닌가?"라는 의문이 생길 것이다. 대답은 "바로 그렇다"이다. 그러나 경험상 어쨌든 쉬운 말로 쓰는 데 technical language는 불필요하며, 반대로 technical language가 필요한 것은 간단하게 계약서를 쓸 수 없다.

이를테면 escrow라는 시스템을 전혀 모르면서 escrow와 같은 내용을 이해할 수는 없다. 강제집행에 대해 쓸 때, execution이라는 말을 모르면 결국 자신이 만족할 만한 쉬운 문장조차 쓸 수 없게 된다.

결론적으로 어쨌든 필요에 따라 써 보는 것이 좋다. 아무리 해도 쓸 수 없으면 앞에서 말한 것처럼 전문가에게 묻는 게 좋다. 그런 기회가 없으면 상대방에게 직접 구두로 설명하고, 상대방의 지식을 이용해서 공동 작업으로라도 하면 된다. 가장 중요한 것은 거래의 실태를 파악하는 일이다. 어떠한 계약서라도 기초가 되는 거래의 실태를 정확히 파악하고 있지 않으면 쓸 수 없다. 그 반대로 목적을 충분히 인식하고 있으면 길은 열린다.

C. 나라에 따라 다른 어휘

같은 영이라 하디라도 영국법 계통의 나라들, 예컨대 영국(연합왕국 중의 잉글랜드를 의미) 이외에 스코틀랜드(영어를 사용하는 대륙법계의 국가라고 하는 것이 타당하다), 캐나다, 오스트레일리아, 그 밖의 옛 식민지 나라들과 미국과 그 영향을 받은 나라들에서는 사용 어휘와 용법에 커다란 차이가 있는 것은 주지의 사실이다. 게다가 영국법권과 미국법권은 같은 뿌리에서 나온 나라이지만 법률제도에는 커다란 차이가 있다.(더욱이 다른 나라의 통치를 받은 시대에 영국이나 미국 이외 종주국이나 통치국을 가졌던 나라에선 제도와 용어에 그 영향이 남아 있는 경우가 있다. 이를테면 필리핀법에는 미국법을 받아들인 부분도 많지만 스페인법을 기원으로 하는 제도나 법률 용어도 있다.)

따라서 같은 개념이 다른 영어로 표현되기도 하고 같은 영어가 다른 개념으로 쓰이는 경우도 있다. 하지만 그런 차이점은 두 가지의 법체계에 정통하지 않으면 알지 못한다. 그러므로 우리가 영어사전을 보면서 영작문을 할 때는 어느 번역어를 사용해야 하는지 알 수 없는 경우가 더러 있다. 이것은 사전의 집필 시에 가까운 의미의 단어를 구별하지 않고 나열하거나, 사전이 완전히 영국 영어, 미국 영어에 대해 철저하지 않는 데서 생기는 문제이다.

용어의 차이에 대한 한 예로서 회사의 대표이사(사장)의 번역어를 생각해 보자. 사장은 president가 아닌가라고 생각되지만 실은 자세히 분석해 보면 반드시 그렇다고 말할 수 없다.

한국에서 일반적으로 president로 번역하는 사장은 반드시 대표이사이며, 회사 내의 제약의 유무에 관계없이 그를 사장이라고 부를 때는 회사법의 규정에 따라 그의 행위는 회사를 구속한다고 돼 있다.

한편 미국에서는 회사의 중요한 경영방침은 합의체인 이사회가 결정하지만, 실무상의 권한은 모두 집행사원인 officer(사장, 부사장 등)에게 위임돼 있다. 따라서 사장(president)이 회사를 위해 행위할 수 있는 것은 한국의 경우와 동일한데, 그것은 그가 대표이사가 아니기 때문이 아니고 사장이기 때문이다. 즉 이 두 경우 president로서의 행위는 회사에 대한 구속력은 꼭 같으나 배경은 꽤 다르다. 여기서는 용어는 같으나 내용이 다르다.

이것이 영국법계의 나라의 경우엔 더 한층 달라지며 president라는 직함조차 일반적으로 존재하지 않는다. 회사의 방침을 이사회가 결정하는 것은 미국과 같으나 이사회는 회사의 업무를 이 한 사람 또는 몇 사람에게 맡길 수 있도록 돼 있으며, 이 사람을 managing director라고 부른다. 즉 director이면서 상근으로 회사 업무를 담당하는 사람이 managing director이다. 따라서 영국, 오스트레일리아에서는 한국과 마찬가지로 이사 한 사람이 대표권을 가지고 회사를 구속하는 계약을 하는 셈이지만, 그는 president라고 불리지 않는다. 이 경우 같은 기능을 가진 사람에게 다른 호칭을 부여하고 있는 것이다.

물론 president라는 단어(또는 최근에는 CEO라고 하는 미국에서 나온 용어도)는 이제 온 세계에서 회사의 실무상 대표권을 가진 사람을 나타내는 단어로서 받아들여진다. 그러므로 사용하는 데는 상관이 없지만, 이런 배경을 알면서 사용하는 것과 그렇지 않은 경우는 크게 다르다. 여담이지만, CEO라는 말에는 미국에서의 사용법과 한국에서의 사용법에 상당한 차가 있는데 여기서는 다루지 않겠다. 곁들여 말하자면 미국에서는 회사를 corporation이라고 하지만, 영국에서는 incorporate라 하고 법인화된 회사는 company라고 부르지 corporation이란 말은 쓰지 않는다. 단지 법인세와 관련해서는 corporation tax라고 한다.

나라에 따라 법률 어휘가 다른 점에 관한 재미있는 예를 들어 보자.

> "mistake 때문에 당사자가 계약으로부터 벗어나는 일은 없다. essential error가 있을 때는 계약이 무효가 될 수 있다."
>
> "assignation이 상대편에 대해 유효하게 intimate되면 assignee는 계약상의 권리와 의무에 대하여 cedent의 입장에 선다."
>
> "계약에 있어서 conditions에는 suspensive(precedent. 다만 영국법에서 말하는 condition precedent와 혼돈해서는 안 된다), resolutive(subsequent), protestative, casual, mixed라고 하는 것이 있다."

이는 스코틀랜드의 계약법 교과서에서 나온 것이지만, 모두가 눈에 익은 영국이나 미국의 법률 영어 지식으로는 이해가 되지 않는 면이 있을 것이다. 첫 번째 예는, 영국에서 mistake라고 하는 것은 스코틀랜드에서는 error라고 하는 것 같으나 그 효과는 같지 않다. 두 번째 문장의 assignation은 '양도'를 의미하지만, 스코틀랜드에서는 의무도 상대방에게 intimate(보통은 notify라고 한다) 함으로써 양도되는 것 같다. 양도인을 cedent라고 한다. 그리고 마지막 문장의 조건은 각각 해제 조건, 정지 조건, 한편 당사자만으로 수행할 수 있는 조건, 제3자가 그것을 수행하는 조건, 후자의 둘을 혼합한 조건이라는 의미다.

여기서 지적해야 할 점은, 계약 당사자가 서로 양해할 수 있는 말을 써서 자유로이 계약 내용을 결정하면 문제는 없다. 하지만 어떤 어구라도 그것이 언어의 통상적 의미로 또는 제정법상으로나 학설, 판례상으로 어떤 일정한 의미를 지니고 있을 때만 의도하는 효과를 가지게 된다. 따라서 아무리 널리 알려진 어구라도 그 계약을 지배하는 법률이 그 말에 확정된 의미를 부여하지 않는 경우에는 아무 쓸모가 없다. 계약에서 우선 당사자 간에 용어에 대한 이해의 차를 없애는 외에, 욕심을 내자면 그 단어가 합의한 준거법(準據法)에 있어서 두 당사자가 바라는 의미를 가지고 있는지 확인하는 게 이상적이다.

그런 뜻에서 영문 계약서 작성에 있어서 바람직한 것은 계약의 준거법국이 쓰고 있는 법률 영어(그 나라가 영어권의 나라인 경우에 한한다)를 사용하는 것이다. 하지만 이것은 그 나라의 변호사에게 작성을 의뢰하지 않으면 불가능할 것이다. 그래서 차선책으로 준거법국의 법제(法制)와 관계없이 법제도의 조사가 가능한 어느 한 나라(예컨대 미국)의 영어만으로 통일하는 것도 고려해 볼 수 있다. 그러나 이것도 현재 한국이라는 어느 한 나라만의 법률 영어 전반을 대상으로 한 참고서나 사전은 거의 없기 때문에 쉽지 않다. 미국이나 영국 또는 오스트레일리아 등에서 발간된 국내용의 법률사전을 활용해 검증하는 것도 한 방법이다. 하지만 우리의 경우 항상 영어가 먼저 머리에 떠오르는 것이 사실이므로 이 방법으로서는 알고 있는 단어의 확인만 가능하게 할 뿐이다.

결국 한국인으로서 준거법까지 배려하는 것은 지나친 일이며 용어에 있어서 통일된 영문 계약서조차도 못 쓰는가 하는 상황이 되지만, 그렇게 쉽게 단념할 필요는 없다.

실제로 계약서라고 하더라도 쉬운 영어로 쓰는 노력을 하면 대개 자신의 손으로 작성할 수 있다. 그리고 서식집(영어 사용국에서 전문가가 쓴 것은 한 나라의 법률 체계, 즉 일국의 법률 영어에 따라 씌어 있다)을 활용하거나 기존의 계약서를 국적을 확인하면서 이용하면 대체로 완성할 수 있다.

세부적인 점에 있어서 최종적으로 의문이 생기면 앞에서 말한 방법을 상호 보완적으로(한영사전을 참조한 후, 특정 나라의 영영사전이나 법률사전으로 확인한다) 사용함으로써 확인할 수 있다. 그래도 불확실한 점이 남으면 외국인 변호사 사무소나 외국 법률을 전문적으로 다루는 한국 변호사 사무소에 문의하면 된다. 그러나 경험적으로 말하면 거기까지 가는 일은 좀처럼 없다. 교섭의 단계에서 상대나 상대방의 변호사가 지적하는 경우가 많으므로 그런 기회에 상대방 변호사의 도움을 받는 것도 좋을 것이다.

중요한 것은 두 당사자가 생각하는 개념이 일치하여 그것을 객관적으로 알 수 있도록 쓰는 일이다. 즉 용어의 의미에 대해 meeting of minds가 있어야 한다는 것이다. 때에 따라서는 어떤 용어가 무엇을 뜻하는가를 당사자가 합의해 정의를 내리고 규정해 두는 게 중요하다. 그렇게 하면 가령 당사자가 선택한 용어가 준거법국의 체계에 있어서 아무런 의미가 없다고 하더라도 정의와 규정이 이를 보완할 것이다. 또 준거법국이 영어 이외의 언어를 사용하는 나라인 경우에는 당사자의 의사 일치가 큰 의미를 갖는다.

또 어휘의 차이라는 문제는 아니지만 영국계 영어와 미국계 영어 사이에는 구두점 사용에 차이가 있는 점에 대해 언급하고자 한다. 영국계 영어는 콤마(,)의 사용을 극히 제한하고 있다. 따라서 A, B and C라는 구문에서도 A와 B 사이에 쉼표가 없다. 특히 복잡한 구문에서 and나 or가 여러 개의 요소를 나열할 때 어디에서 끊어야 할지 구분이 안 되는 경우가 있다. "War restraint of princes rulers란 무엇인가?"라는 질문을 받은 적이 있다. 잘 듣고 보니 "… war, restraint of princes, rulers or people …"의 밑줄 부분을, 본래의 문장에는 콤마가 없었으므로 한 어구라고 오해했던 것이다. 특별한 해결법은 없으나 and나 or 앞뒤는 문법적 기능과 구성이 같아야 한다는 점을 고려해 끊는 자리를 고려해 보면 대충 해명이 될 것이다. 이 점에 있어서 미국 영어는 여기저기에 다소 지나치게 콤마를 사용하고 있어서 한국인에겐 이해하기 쉽다. 그러나 그 때문에 삽입구를 구분하기 위한 콤마 하나를, 더 큰 절(節)이나 구 등의 문장 단위를 구분하는 것으로 오해하기도 한다.

철자도 영미 간에 차이가 있지만 그것 때문에 의미를 모르는 경우는 없다.

5 영문 계약서 작성의 여덟 가지 포인트

지금까지 계약 영어와 관련해 개략을 설명했다. 이 장에서는 실제로 영문 계약서를 작성할 때의 국문 영역의 포인트를 여덟 가지로 나누어 설명하고자 한다.

영문 계약서라고 해서 영어로 생각해 그대로 영문으로 쓰는 경우는 적고, 실제는 한국어로(쓰든지 머릿속에 정리를 하든지) 생각하고서 영어로 옮기는 절차를 밟게 되므로 영문으로의 번역은 작성에 있어서 중요한 부분이다.

주지하는 대로 계약서에 국한하지 않고 영작문을 할 때, 순수하고 아름다운 한국어로 씌어진 원문이 번역됐을 때 반드시 좋은 영문이 되지 않는다는 사실은 우리가 자주 경험하는 일이다. 영어에는 영어식의 발상 방법이 있으며 문장의 흐름이 있기 때문이다. 게다가 계약 영어에는 여기에 곁들여 계약 한국어나 보통 영어에 없는 요소도 많다. 때문에 한국어 계약서 원안으로선 잘돼 있어도 영어로 옮겼을 때 아무래도 영문 계약서답지 않은 경우가 있다.

영문 계약서에 자주 나타나는 발상법, 문장법을 지적하면서 어떻게 번역해야 하는가, 번역된 영문을 어떻게 해서 계약서답게 보완해야 하는가를 설명하고자 한다.

(1) 주어를 분명히 한다. 동작과 판단을 하는 주체를 분명히 한다.

한국어 문장은 주어가 분명하지 않은 경우가 많다고 하는 것은 한국어에 대한 오래된 지적이다. 물론 계약서에 쓰이는 한국어는 이 부분이 어느 정도 개선돼 있다. 그렇지만 계약 영어에 비해 주어, 동작이나 판단의 주체가 분명하게 나타나지 않은 경우가 많다.

그래서 계약서 체재로 작성한 한국어 원고일지라도 영어로 옮기려고 하면 주어와 관련해 분명하지 않은 점이 발견된다. 영어 문화란 것이 원래 개인이건 법인이건 주체를 중요시하기 때문인지, 계약 영어에서는 모든 동작이나 판단의 주체를 명시하는 것이 통례이다. 여기서 주어를 분명하게 하는 것뿐만 아니라 동작이나 판단을 하는 주체를 명시해야 한다는 점도 유념해야 한다. 즉 단순히 동사(술어)에 주어를 부여할 뿐 아니라 동작, 판단을 표시하는 단어 또는 동작, 판단을 통해 얻은 결론과 개념에는 명사이든 그 밖의 것이든 주체를 나타내는 단어를 보태야 한다.

다음에 몇 가지 보기를 들어 보자. '동작과 판단' 을 합쳐 '동작' 이라고 한다.

① "매도인은 필요에 따라 제품의 specifications를 변경할 수 있다."

이 문장에는 주어나 동작의 주체를 명시해야 할 자리가 두 곳 있다. 하나는 '변경할 수 있다' 인데 여기에는 '매도인은' 이라는 주어가 한국어에도 나타나 있다. 또 하나는 '필요에 따라' 이다. 왜냐하면 '필요' 하게 될지 어떨지는 하나의 판단이며, 그 판단이라는 동작에는 반드시 주체가 있기 때문이다. 한국어라면 이로써 충분하다고 생각하겠지만, 영어는 '필요' 와 판단하는 주체를 요구하는 것이다.

따라서 이 문장을 영어로 쓰면 다음과 같다.

The Seller may, if deemed necessary <u>in the sole direction of the Seller,</u> from time to time change the specifications of the product.

여기서는 necessary라고 판단한 측이 매도인이라는 점에 덧붙여, 그 판단이 매도인 한 사람에 의해 이루어진다는 점을 명시하기 위해 sole이라는 단어를 첨가하고 있다.

② "제품이 부족한 경우에 매도인은 매도 가능한 제품을 각 고객에게 합리적으로 할당해야 한다."

매도인이 몇 건의 계약이 있을 때 불가항력적으로 충분한 제품을 만들지 못하게 될 경우에 할당하는 권리를 규정한 조항이다. 여기서 '합리적' 이라는 판단이 필요하다. 이 판단을 하는 것은 매도인이다.

In case of shortage of the Products, Seller shall apportion the available Products among the customers in such manner as may be considered reasonable by Seller.

동작의 주체는 적극적인 방법이 아니라 소극적으로 대상을 나타내는 방법으로도 분명하게 할 수 있다.

③ "매도인은 사전 통지 없이 제품의 specifications를 변경할 수 있다."

이러한 보기에서는 주체를 명시할 필요는 거의 없으나 그래도 염려해서 '통지' 에 대한 주체를 명시하는 경우가 종종 있다. 그러나 이때 매도인을 '통지' 와 결부시키는 간단한 방법이 발견되지 않는다. 이러한 경우엔 아래와 같이 이를 해결할 수 있다.

The Seller may, without prior notice to the Buyer, change the specifications of the Product.

이렇게 하면 대상을 명시적으로 표시함으로써 묵시적으로, 그러나 틀림없이 동작의 주체가 분명해진다. 하지만 반대로 고의로 주체를 글로 나타내지 않는 경우도 있다. 이를테면 쓰는 시점에 누가 주체가 되는지 특정되지 않은 경우나 특정하지 않는 게 좋다고 생각되는 경우이다.

④ The Seller may, if necessary, from time to time change the specifications of the Product.

이것은 ①과 같은 원문의 번역이지만, 고의로 주체를 명시하지 않음으로써 융통성을 지니고 있다. 이렇게 하면 계약 시에 존재하지 않았던 정부의 지도나 공업규격의 변경에 따라 부득이하게 변경할 수도 있다. 또 신제품으로 모델을 변경할 필요가 있을 때도 임의적 변경이 가능해지며, 그 밖에 정당한 이유가 있을 때 적당히 변경하는 자유도 확보된다.

이 밖에 reasonable, sufficient, materially, substantially이라는 단어도 자주 그때의 해석과 운용에 맡기기 때문에 판단의 주체를 명시하지 않는 경우가 많다. 더욱이 그 판단은 사실론이나 법률론이며, 계약 해석의 문제가 아닌 때도 있다.

(2) 문장이 하나의 의미만을 갖도록 용어의 의미와 범위를 최대한 분명히 한다.

한국어는 적극적으로 쓰이지 않는 동작의 주체를 분명히 해야 할 뿐 아니라, 한국어 계약서에서 중요한 것은 명확하지 않은 부분에 대해 의문이 생기지 않게 하는 것이다. 이를테면 어떠한 행위를 할 때 그 방법이 한 가지 이상이거나, 사물이나 일에 다양한 가능성이 있으면 그 가운데서 어느 것을 말하는지 또는 전부를 지칭하는지를 명확히 해야 한다. 그 가운데 한 가지는 잘 읽어 보면 복수라고 생각되는 것을 좁혀 한정하는 경우이고, 다른 하나는 모든 것을 포함하는 의미이기 때문에 한정적으로 읽히지 않도록 하는 경우이다. 전자에 속하는 보기를 들어 보자.

① "10월 31일까지 성립된 개별 계약은 원계약이 정하는 바에 따라 이행해야 한다."

'성립된 계약' 이라고 하면 계약에 들어 있지 않은 것은 제외된다고 하는 것이 일반적 독해법이겠지만 확실함을 기하기 위해 다음과 같이 한다.

Any individual contract made on or before October 31 <u>(excluding any orders placed but not yet accepted)</u> shall be governed by the Original Contract.

이렇게 함으로써 계속적 거래에 있어서 통상적이라면, 자동적으로 승낙되리라고 예상되는 주문이라 하더라도 그 시점에 현실적으로 승낙되어 계약이 되지 않은 것은 깨끗이 제외된다.
다음과 같은 해석 규정을 넣는 것도 좋은 방법이다.

For purposes of this Contract, an individual contract is deemed made when Seller has accepted Buyer's order.

② "선적은 통고 후 1개월 이내에 하기로 한다."
이것도 언뜻 보면 명확한 것 같으나 누가 하는 통지인가, 정확하게 선적 기간의 기산점이 언제인가를 분명히 하지 않으면 안된다.

Shipment shall be made within one (1) month after Seller's receipt of Buyer's notice.

관련된 다른 규정에 선적 전에 매수인은 매도인에게 통지를 한다고 정해져 있으면 Buyer' 는 the shipment라고 하면 좋을 것이다.

③ "계약이 해제된 경우에 그 후 두 당사자는 상대방에 대해 아무런 의무를 가지지 않는다."
이것은 다음과 같이 한다.

Neither party shall have any liability to the other party after the termination of this Agreement, except that rights which have accrued prior to such termination shall not be affected thereby.

계약이 해제되었다고 해서 해제 시에 존재한 의무, 책임은 소멸하지 않으나 그것을 분명히 하기 위해 뒷부분이 추가되었다. 이것도 앞부분의 문장이 일반론의 견지에서 모든 의미와 책임이 면책된다는 오해를 방지하기 위해 들어간 문장이다.
다음에 후자를 확대해서 명시하는 보기 몇 개를 들어 보겠다.

④ "대리점은 경쟁품을 취급해선 안 된다."

'취급하다' 라는 행위는 자기 스스로 하는 경우와 '다른' 회사를 통해서 하는 등 그 밖의 다른 방법으로 하는 경우도 포함되지 않으면 안 된다. 이 취지를 분명히 하기 위해 아래 영문을 예시한다.

The Distributor shall not, directly or indirectly, sell or otherwise be interested in the sales of any products of the same nature as or similar to the Products.

이같이 함으로써 직접, 간접 두 경우를 제한할 수 있다.

또 '취급하다' 라는 행위는 판매뿐 아니라 판매를 주선하거나 협력하는 경우도 고려할 수 있으므로 or otherwise be interested in이라는 표현도 함께 쓰이고 있다. 이렇게 하여 취급 내용과 방법을 밝힐 수 있다.

⑤ "임차인은 임차 물건이 부패하지 않도록 정기적으로 세척하지 않으면 안 된다."

이 경우도 '세척하다' 라는 행위는 스스로 하는 경우도 있고 타인을 시켜 씻게 하는 것도 포함해야 한다. 그래서 그 취지를 영문으로 나타내면 다음과 같다.

The Lessee shall periodically wash or cause to be washed and clean or cause to be cleaned the Leased Goods to prevent corrosion.

이 cleaned to be …ed라는 표현은 제3자로 하여금 무슨 일을 하게 하는 것을 의미할 때 매우 자주 쓰이는 유용한 표현이다.

⑥ 한국어 원문 "모든 종전 합의는 무효로 한다."

'모든' 이라고 하기 때문에 all, any 등을 쓰면 되지만, 전형적으로 이 표현이 나타내는 entire agreement 조항에서 합의가 어떠한 형태였느냐를 여러 가지 방법으로 자세히 기술하는 게 보통이다. 본래 소송 기술상의 요청에서 나온 조항에서만 과거의 판례를 참고로 극히 주의 깊게 쓴다.

all prior agreements, understandings and commitments, formal or informal, oral or written, shall be superseded and cancelled by …

이렇게 함으로써 어쨌든 전부라는 뜻이 분명해진다.

⑦ 한국어 원문 “양 당사자는 상대 당사자를 대리해 어떠한 의무도 지지 않는다.”

Neither party shall have any authority, express or implied, to create or assume any obligation of any kind or nature whatsoever on behalf of the other party or to bind the other party in any way.

이 문장에는 대표적인 세 가지가 사용되었다.

첫째는 앞의 (iv)처럼 모든 방법, 즉 express(명시)와 implied(묵시)를 쓰는 일이다. (vi)의 formal or informal, oral이 written처럼 가능한 모든 방법이 적혀 있으면 최상의 경우이다. 다음의 create와 assume도 적극적 · 자발적 의무를 창출하는 경우와 발생한 의무를 인수하는 경우 두 개의 대표적 경우를 포함하는 방법이다. 셋째인 of any kind or nature whatsoever는 의무에는 법률상 여러 가지를 생각할 수 있으므로(계약 조건의 적극적 이행 의무 이외에 소극적 의무를 지는 경우 등) 누락 위험을 무릅쓰고 일일이 적지 않고 일반적 어구로 말하는 방법이다. 이 조항의 한 키 포인트이며 가장 보수적 방법이기도 하다.

⑧ 한국어 원문 “라이센시에게 주어지는 모든 정보”

any information, whether in writing or otherwise, which may be given to the Licensee …

이때 절충적 방법으로 in writing이라는 방법을 보기로 들고 있으나 그 밖의 것은 명시하지 않고 otherwise라고 모아서 표현하고 있다. 모든 경우가 일일이 열거될 수 없음을 고려한 보편적 방법이다.

이같이 모든 경우를 포함하기 위한 표현은 계약 내용에 따라 무수하게 생각할 수 있지만, 자주 나오는 보기를 몇 개 들어 보고자 한다.

⑨ "대리점은 담당 지역 이외에 제품을 판매해서는 안 된다."

The Distributor shall not sell, transfer or otherwise make available the Products for delivery outside the Territory.

⑩ "모든 분쟁"

disputes, controversies or differences

⑪ "어떠한 손해"

loss, expense or damage
cost or expense

또는 손해가 금전적일 뿐 아니라 법률상의 의무가 될 수 있는 경우엔
expense, loss or liability

⑫ "어떠한 지적 재산권"

patent, utility model, trademark, trade name, service mark, design, copyright or other intellectual property right

이것은 조금 다른 예인데, 지금까지의 예는 일반 어구가 앞에 나오고 뒤에

그것을 한정적으로 해석하지 않도록 표현하고 있는 것과 다르다. patent 이하 특정한 보기를 든 뒤 마지막에 '그 밖의 지적 재산권' 이라고 썼다.

⑬ "정부 기관"

<u>the Government of India or any subdivision, agency or instrumentality thereof</u>

이것은 한국어로 작문한다면 잘 생각나지 않는 보기이다. 즉 정부를 단순히 국가의 기관으로 막연하게 다루지 않고, 하부 기관 하나하나를 어느 정도 독립된 기관으로 보는 예문이다. 이를테면 중앙정부의 과세 권한과 지방정부(한국에서는 지방자치단체라고 부르지만)의 과세 권한을 서로 다른 주체의 권리 행사로 인정한다든가 중앙 부처와 그 산하의 국내외 기관을 구별하는 관점에서 나온 결과이다.

⑭ " …에서 발생한다"

arising <u>out of, in relation to or in connection with</u>

이 보기는 법률적 표현이다. 4장의 B항 오렌지 증여 보기처럼 쓸 필요가 없는 경우에 속한다. 다만 이 세 표현에서 in connection with가 가장 적절하다는 의견도 있는 것 같다. 안전을 위해 병기하는 것이 좋을 것이다.

⑮ 불가항력 등을 규정할 때 보기를 열거하듯 몇 가지 사례를 말하는 것도 의미 범위를 확정하는 방법이다. 이 점에 관해선 7항의 C항 (3)과 D항의 (29)를 참조하기 바란다.

또 이때 열거되는 보기들의 일반적 성향으로부터 완전히 벗어난 것은 제외된다는 해석 원칙(*ejusdem generis* 원칙이라 한다)이 있으므로 보기로서 제시하는 것은 가급적 다양한 것이 좋다.

⑯ "(즉시 해제 사유 중에서) 파산"

petition for bankruptcy by or against either party.

한국어에서는 '파산' 이라고 쓰든가 또는 상세하게 '파산의 신청' 이라고 쓰기는 하지만, 신청인이 본인인지 타인인지는 명시하지 않는 것 같다.

⑰ "정보는 어떠한 제3자에게도 알려서는 안 된다."

The Information shall be kept confidential and shall not be disclosed to any third party.

이는 의미를 분명히 하기 위해 언급하고 있다. 즉 confidential한 것은 shall not be disclosed임에도 불구하고 과정과 결과를 언급하는 등 신중을 기하고 있는 셈이다. 한국어에서도 "손을 씻어 깨끗이 한다." 처럼 한 가지 표현이면 족한데도 완벽을 기하기 위해 겹쳐 말하는 경우가 있다. 계약 영어에도 가끔 쓰이는 기교다.

(3) 한국어의 주어를 다른 것으로 바꿔 써 본다.

영어 문장을 쓸 때 종종 무의식적으로 당사자나 사람을 주어로 쓰거나(특히 권리자, 의무자를 명기하는 것은 일반적으로 바람직하다), 한국어 문장의 주어를 그대로 주어로 나타내는 경우가 있다. 그렇게 하면 역점을 두고 싶은 부분이 문장구성상 뚜렷이 나타나지 않거나, 또는 그 주어를 적어야 하겠다는 고정관념에 억눌려 동사의 선택이 틀리거나, 나아가 간단한 내용이 난해한 문장이 되어 버리는 경우가 있다. 이러한 것을 피하기 위해 한국어 초안에 구애받지 말고, 영어에서는 무엇을 주어로 쓰는 것이 목적에 부합하는가, 전체적으로 알기 쉬운 글이 되도록 하기 위해서 어떻게 써야 하는지를 생각해 보는 것이 중요하다.

주어를 바꾸면 역점이 어떻게 바뀌는지 알아보기 위해 "…와 당사자는 합의한다."라는 글을 보기로 들어 보자.

'두 당사자는' 을 주어로 하면,

Both parties agree that …

가 된다. 하지만 이것은,

It is agreed by both parties that …

또는,

It is the intention of both parties that …

라고도 쓸 수 있다(각각 both parties 대신 the parties도 좋다). 첫 문장에선 두 당사자라는 그 자체가 강조돼 있는 데 반해 뒤의 두 문장에서는 '합의한다', '합의' 에 주안점을 두었다. 실제 계약 교섭에 있어서 이해가 심하게 대립하는 경우나 체면상 바라는 것을 분명히 쓰고 싶지 않은 당사자가 있는 경우 등에 주어를 바꾼 문장을 제시하면 의외로 수용되기도 한다.

주어 선택을 잘못하면 문장이 너무 노골적이고 일방적인 것이 돼 버리기도 한다. 이런 경우는 적절한 주어를 선택함으로써 문장의 충격을 부드럽게 하는 것도 생각해 보아야 한다. 이를테면 고용계약에 있어서 "고용주가 종업원이 능력이 없다고 인정한 경우는 해고할 수 있다."라는 취지를 쓸 때,

If the Employer considers that the Employee is incompetent to perform the duties hereunder, the Employer may, at its sole discretion, dismiss the Employee.

라고 쓴다면 계약으로선 훌륭할지 몰라도 너무 일방적이어서 아무도 동의해 주지 않을 것이다. 이 경우엔 주어를 바꾸어,

This Employment Contract may be terminated by the Employer if it is clear the Employee is not performing his duties under this Employment Contract to the fullest extent.

라고 하면 일단 고용계약에 서명을 하도록 하는 데는 문제가 없을 것이다. 그러나 누구에게 clear한가, fullest extent는 누가 정하는가 하는 점은 모호하다. 다음과 같이 하면 조금 더 나을 것이다.

This Employment Agreement may be terminated by Employer if Employee fails to fulfil his obligations in strict accordance with the provisions hereof.

다음엔 "매도인이 매수인에 대해 채권을 가지고 있는 동안에는"라는 글을 영어로 옮겨 보자. 이 문장을 무의식적으로 Seller를 주어로 하여 쓰면 아마 '채권'을 어떻게 써야 할지 헷갈릴 것이다. 채권이란 말은 의외로 영역하기 어려운 단어이다. 채권의 내용이 매도금액인 것이 확실할 때는 credit이거나 account receivable, book debt(영국) 등으로 써도 좋으나 손해배상 청구권을 포함한 계약상의 모든 권리를 뜻할 때는 어떻게 써야 할지 모른다. 이때 Buyer를 시험적으로 주어로 해 보면 어떤 경우든 다음과 같이 간단히 해결할 수 있다.

매도금액일 때: So long as <u>the Buyer</u> is indebted to the Seller for any purchase price of the Products …

불특정한 채권일 때: So long as <u>the Buyer</u> is obligated to the Seller for any reason …

이 보기는 채권이라는 단어에 대한 적당한 역어가 없는 경우의 처리 방법이지만, 가령 있다고 하더라도 능동태 문장보다 수동태 쪽이 더 무리 없을 때도 있고 그 반대의 경우도 있다. "Owner는 손해배상만 청구할 수 있다."(즉 특정한 이행 등은 요구할 수 없다)라는 문장을 번역할 때,

The Owner may claim only damages.

라고 쓰면 어색하지만,

Remedy available to the Owner shall be limited to (monetary) damages(더 알기 쉽게 하기 위해 monetary를 넣어도 좋다).

라고 하면 이해하기 쉽고 뉘앙스도 잘 나타난 문장이 된다. 또 "계약상으로 현장에서의 검사가 규정돼 있는 경우"라는 문장을 옮길 때, '검사'를 수동태 문장의 주어로서,

If the tests on site are …

라고 썼을 때, 그 뒤의 '규정돼 있는'을 어떻게 써야 할지 다소 망설여진다. 가령 provided for라고 하더라도 어쩐지 오해할 것같이 느껴질 것이다. 이때,

If the Contract provides for tests on site …

라고 쓰면 provide for는 틀림없이 '규정하다'라고 이해될 것이기 때문에 한결 알기 쉽다.

또 내용상으로 어떤 단어가 주어져 그것을 쓰기가 어려운 경우에는 '예비의 there'로 문장을 시작하는 것도 한 방법이다. 이를테면 "승낙이 매도인에게 도착할 때까지는 계약은 성립되지 않는다."라고 할 때, 앞부분은 unless the Buyer's notice of acceptance reaches the Seller로 처리하더라도 '계약은 성립하지 않는다'를 '계약'을 주어로 하여,

Contract shall not become effective

라고 하거나, 아니면

Contract shall not be binding …

라고 하면 마치 조건부 계약이 미발효의 상태로 이미 존재하는 것 같은 인상을 준다는 논란이 있을 우려가 있다.

하지만,

Contract shall come into existence …

라고 하더라도 적절한 표현은 아닌 것 같다. 이럴 때 there를 사용해,

There shall be no binding contract unless the Buyer's notice of acceptance reaches the Seller.

라고 하면 지금은 별 문제가 없으나(또는 엄밀히 말하면 청약뿐이지만) 승낙이 매도인에게 도달하자마자 구속력 있는 계약이 된다.

주어가 길어 동사 부분을 강조하고 싶은 때도 there가 사용된다. 예컨대 손해배상 조항에서,

For each violation, a penalty in the amount of $100 shall be collected.

라고 쓰는 것보다,

There shall be collected a penality in the amount of $100 for each violation.

라고 쓰는 것이 구속 효과가 클 것이다. '부과하다, 징수하다(collected)' 라는 단어가 효과적이기 때문이다.

이 밖에 주어를 바꾸어 같은 것을 두 번 말함으로써 두 당사자의 의사를 확인하는 경우가 있다. 이를테면 대리점 계약에 있어서 "A는 B를 대리점으로 임명해

B는 이를 수락한다."라고 하는 경우이다.

> A appoints B as its distributor and B accepts such appointment.

여기서 정리해 보면, 주어 선택과 관련해 다음과 같은 방법이 있다.

① 능동태: 권리자, 의무자를 주어로 쓴다. 계약자의 본래 목적으로 말하면 이것이 가장 바람직한 선택이다.

② 수동태: 부득이한 경우나 주체가 누구인지 말하기 어려운 때는 수동태를 사용한다. 단 수동태를 사용할 때는 그것을 능동태로 되돌렸을 때, 무엇이 주어인지 의문이 생기지 않도록 해야 한다.

> A party shall be deemed to be in default if it fails to nominate its representative within ten (10) days after the calling of the committee meeting.

이 보기는 어떤 당사자가 불이행을 했는지 알기 어려운 데다 능동태로 되돌려도 문제가 없으므로 허용이 되는 경우이다.

③ 예비의 there: 이것에 관해선 앞에서 말했다.

④ 무생물 주어: ①의 설명에 따르면, 그다지 좋지는 않으나 위에서 든 고용계약의 보기를 비롯해 실례는 많다.

(4) 부정어를 주어나 목적어로 하는 문장을 쓸 수 없는지 검토해 본다.

한국어와 영어의 차이에 '부정어(否定語)' 용법이 있다. 예를 들면, 한국어로 "세 사람이 있다.", "두 사람이 있다." 다음에 0 사람에 대해 말하고자 할 때는 갑자기 "아무도 없다"가 되고 만다. 그런데 영어에서는 "Three people are there, Two people are there, No one is there." 라고 3, 2, 0으로 내려오는 셈이다. 목적어의 경우도 한국어에서는 "사과 세 개를 가지고 있다.", "사과 두 개를 가지고 있다", "사과 한 개를 가지고 있다." 다음엔 "사과를 하나도 가지고 있지 않다." 로 바뀌지만, 영어에서는 "I have three apples, I have two apples, I have one apple, I have no apple." 라고 숫자만 바꾸어 0을 나타낸다.

이 점을 다른 시각에서 보면, 영어는 일반적으로 문장이 부정적일 때 이 점을 먼저 상대에게 알려 주는 언어이다. 따라서 부정의 대상이 주어이고 이 주어가 부정으로 표현이 가능한 경우엔 주어를 문두에서 부정하는 게 보통이다. 그러나 한국어에서는 부정어가 문미에 오기 때문에 그러한 문장을 영어로 옮길 때 직역을 하면 부정어가 주어가 되는 문장이 되지 않는다.

한국어에서 "어떠한 …도 없다." 라는 문장이 나오면 본능적으로 any로 시작해 동사나 조동사에 not을 첨가하는 일이 허다하다.

① "어떠한 당사자도 불가항력으로 발생한 이행지체, 불이행에 대해서는 책임을 지지 않는다." 라는 문장을 보기로 들어 보자.

무의식으로 써 보면,

> Any party shall not be liable for delay in performing or failure to perform …

라고 쓰게 된다. 하지만 앞에서 말했듯이 부정문은 부정의 뜻을 먼저 말하는 것이 영어의 경향이므로 아래와 같이 부정어를 주어로 해야 한다.

> No Party(또는 Neither Party) shall be liable for delay in performing or failure to perform this Agreement, if such delay or failure is due to any event of force majeure.

그리고 no는 not any의 뜻이므로 해당자의 수가 몇인지 모를 때 사용한다. 계약 당사자가 두 사람뿐이면 neither(either의 부정)를 사용한다. 단 neither는

3인 이상에도 사용된다.

② 다음에 "각 참가자는 자신이 임명한 어떠한 이사도 아래 결의에 찬성하지 아니하도록 만전의 조치를 취하지 않으면 안 된다."라는 문장을 번역해 보자.

이것은 복문 중에 부정문이 나오지만 이것도 주의하지 않고 쓰면,

Each Participant shall take all steps within its power to ensure that any director appointed by that Participant shall not pass or join in passing any of the following resolutions: …

와 같이 된다. 하지만 복문 중에서도 원칙은 같으므로

Each Participant shall take all steps within its power to ensure that no director appointed by that Participant shall pass or join in passing any of the following resolutions …

라고 하는 게 맞다.

③ "수급인은 도급인의 승낙 없이 어떤 작업을 덮어씌우거나 보이지 않게 해서는 안 된다."

토목공사, 건설공사 등을 할 때 공사 부분의 확인을 받을 때까지는 흙으로 덮어씌우거나 측면의 벽을 붙여 내부가 보이지 않도록 해선 안 된다는 것을 나타내는 문장이다. 이 문장은 두 가지로 번역이 가능하지만, 부정문임을 문두에 나타내는 구문으로 하고자 할 땐 무엇이 부정되는 주어인지 생각해야 한다. 이 경우 그것은 '작업' 이지 '수급인' 이 아니다. 즉 '어떠한 작업도 도급인의 승낙을 받기 전에 덮어씌워서는 안 된다.' 라고 생각해 번역하게 된다.

하지만 국문 문장을 그렇게 바꿔 쓰더라도 무심코 쓰면 아무래도,

Any Work shall not be covered up or put out of view without the approval of the Owner.

처럼 되기 쉬운데, 좋지 않은 문장이다. 앞에서 말한 대로 쓰면,

No Work shall be covered up …

같이 비로소 영어다운 영어가 되는 셈이다.

또 한 가지 번역은 수급인을 주어로 하는 것이다. 그렇게 하면,

The Contractor shall not cover up or put out of view any Work without the approval of the Owner.

라고 표현된다. 이 경우 부정해야 하는 것은 '작업' 이라고 해서,

The Contractor shall cover up or put out of view no Work …

라고 한다면 부자연스럽다. 오히려 cover를 부정한다고 생각하는 게 이해하기 쉽다.

이 보기에서 부정해야 하는 것을 Contractor라고 생각해,

No Contractor shall cover up …

라고 하는 것도 틀린 것이다. 왜냐하면 no = not any인데, 이것은 둘 또는 그 이상인 전부를 부정해 '그것이나 이것도 … 아니다' 라는 것을 말하고자 할 때 사용되는 것이므로, 한 사람밖에 없다는 것이 분명한 Contractor를 부정하는 데는 사용할 수 없다.

①의 보기에서는 어느 당사자가 이행지체, 불이행을 하더라도 전반적으로 면책임을 말하지 않으려 하고, ②의 보기에서는 어떠한 이사라 할지라도 찬성

해서는 안 된다고 말하고 있으며, ③에서는 '작업'의 어느 부분도 확인 없이 덮어씌워서는 안 된다는 것이므로, 이 형이 사용되는 것이다.

만일 수급인이 2인 이상이라면 '어떤 수급인도 하면 안 된다.' 라고 하기 때문에 no가 쓰이지만, 이때는 다음과 같이 약간의 첨가가 필요하다.

No Work shall be covered up … by any Contractor without …

No Contractor shall cover up … any Work …

그리고 no라는 단어에는 not보다 훨씬 강한 부정의 뜻이 들어 있다(또 문어적 뉘앙스도 있다). 목적어와 함께 사용되는 no가 좋은 보기다.

④ 다음은 그러한 경우의 보기다.

It is the intention of the parties to this Agreement that the Consultative Committee shall have no powers or duties with respect to the management of the Company.

생각하지 않고 쓰면,

The Consultative Committee shall not have any Powers or duties …

라고 써 버리고 만다. 물론 틀리지는 않으나, 앞의 것처럼 쓰면 powers or duties가 부정의 목적어가 되어 권리와 의무를 조금도 갖지 않는다는 점이 뚜렷이 나타나게 된다.

목적어의 경우에도 '어떠한 …도 …' 라는 복수를 상정하는 부분이 있어야만 no가 사용되는 것이지, 아래의 경우 no가 쓰이지 않는다.

The Contractor shall not leave the Construction Site before January 1, 2007.

이것은 "수급인은 2007년 1월 1일 이전에 건설 현장을 떠나서는 안 된다." 라는 조항을 번역한 것이지만, Construction Site는 하나이므로 no는 사용할 수 없다.

또한 반드시 부정어를 주어로 하는 문장으로 할 필요는 없지만, 그렇게 하면 문장이 내용적으로 더 분명해지는 경우가 있다. 이것도 부정적 서술은 먼저 언급함으로써 독자에게 경고를 주는 게 좋다고 생각해 쓰인 용법이다.

⑤ 보기로서 "수급인에게 제공된 서류가 비밀 의무를 가지지 아니한 경우는 …" 이라는 문을 번역해 보자. 한국어에 맞추어 번역하면,

> If the documents supplied to the Contractor are free from any secrecy obligation …

이라고 될 것이다. 전후 문장의 구성에 따르기도 하지만, 만일 이 조항이 '가지지 아니 한다' 라는 점에 중점을 둔다면 아래와 같이 쓸 수 있다.

> If no secrecy obligation is attached to the documents supplied to the Contractor …

이런 것은 문법적이라기보다 내용적 요청에 따라 부정어를 주어로 하는 게 바람직한 경우이다.

(5) 한국어 문안의 품사, 어순에 구애받지 않는다.

한국어를 영어로 옮길 때 단어의 품사나 어순을 그대로 영어로 나타내려고 애쓰는 일이 많다. (3)에서 말한 것처럼 주어의 선택이 작문을 쉽게 해 주는 일이 있듯이 품사나 어순의 변경이 문제를 해결하기도 한다. 지금까지 열거한 많은 보기들은 그런 사실을 나타내고 있지만, 여기서 정리하여 생각해 보고자 한다. 이를테면 '문제의 해결 방법' 을 품사와 어순에 구애를 받아 problem's remedy's manner라고 옮기는 일은 없더라도 무의식적으로 '문제' '해결' '방법' 을 그 어

순대로 하든지, 전혀 그 역으로 하든지 어쨌든 한국어에 따라 나열하려고 한다. 또 명사 그대로 어떻게 해서든 엮어 보려고 애를 써 manner of solving of problem 등 어색한 번역을 하는 경우가 많다.

이러한 것들은 자례를 역으로 바꾸어 solve라는 동사를 사용함으로써 manner to solve problems라고 하면 아주 간단한 영어가 된다. 이 같은 보기를 몇 가지 더 들어 보자.

① "서면 승낙"

written consent …
approval in writing

앞의 보기는 '서면' 을 형용사로 한 것이고, 두 번째는 '서면' 을 본래의 품사대로 했으나 순서는 역으로 한 것이다. 또 consent냐 approval이냐는 승낙의 성격에 따라 선택해야 한다. 그 밖의 후보로서 agreement, concurrence, authorization, permission, clearance 등이 있다.

② "명세를 변경해서는 안 된다"

shall not vary the specifications …

vary라는 동사를 사용해 한국어와 같은 품사대로 했다. '변경' 을 동사로 하지 않고 명사로도 할 수 있다. 그때는 shall make no variation …과 (4)에서 든 원칙이 적용된다. 부정해야 하는 것은 '변경' 이기 때문에 variation에 no가 붙는다.

이 밖에도 한국어 동사도 동사 + 명사로 나타내는 보기는 일일이 열거할 수 없다. 전후 문장의 관계에 따라 편리한 것을 선택하는 게 흐름이 좋은 영문을 만드는 데 매우 긴요하다.

복제를 만들다, 복제하다: make reproduction, reproduce, make copy, copy

통지를 보내다, 통지하다: give notice, notify, let somebody know

단, 일반론으로서 한 단어로 말할 수 있는 것은 그렇게 하는 것이 좋다. 동사의 도움을 받는 것이 언어의 힘을 약화시키기 때문에 좋지 않다.

③ 명사와 동사의 결합에 국한하지 않고 형용사, 부사 또는 단어, 구, 절 등 여러 가지 변형이 가능하다.

전원 일치의 결정: a unanimous decision, a decision unanimously made, a decision by unanimous vote

이들 변형은 그 자체로서는 그다지 의미가 없을지 모르나, 긴 구문에서는 겹쳐서 복문, 중문이 되는 것을 피할 때나 항목별 서술에서 개별 조항을 통일하는 구성에 효과가 있다. 가령 아래 한국어의 해제 조항을 영어로 옮겨 보자.

다음 경우에 있어서 매도인은 이 계약을 해제할 수 있다.

1 매수인의 파산
2 매수인이 지급을 정지했을 때
3 매수인을 위한 수납관리인 또는 재산관리인이 임명됐을 때
4 매수인의 중요한 자산의 양도
5 매수인의 사적 채무 정리

한국어에서는 명사 · 대명사를 사용하지 않는 이유 등으로 그다지 스타일의 통일을 의식하지 않지만, 이것을 한국어 그대로 영어로 옮기면 아주 미숙한 영어가 돼 버린다.

The Seller may terminate this Agreement:

1 Upon bankruptcy of the Buyer;
2 If the Buyer suspends payments generally;
3 If a receiver or a trustee is appointed for the Buyer:
4 Upon general assignment for the benefit of the creditors; or
5 Upon Buyer's composition.

품사를 잘 갖추어 이것을 쓰면 매우 세련된 영문이 된다.

The Seller may terminate this Agreement upon:
1 Petition for bankruptcy by or against the Buyer;
2 Suspension of payment of its debts by the Buyer;
3 Appointment of a receiver or a trustee for the Buyer;
4 General assignment by the Buyer for the benefit of creditors; or
5 Offer for composition by th Buyer.

또 각 항목을 절(節)로 할 수도 있다.

1 A petition for bankruptcy is filed by or against the Buyer;
2 The Buyer suspends payment of its debts generally;
3 A receiver or a trustee is appointed for the Buyer;
4 The Buyer makes a general assignment for the benefit of creditors; or
5 The Buyer makes an offer for composition.

아래에 문장이 너무 길어지거나 복잡하게 되는 것을 피하기 위해 이 기법이 적당한 의역이 되는 보기를 들어 보겠다.

The increase of the share capital of the Company shall be allocated amongst the Shareholders in such proportion as are agreed upon by all the Shareholders or, in default of agreement being reached within 30 days of the abovementioned action of the Company, then in the same proportion as the then shareholding ratio of each Shareholder.

밑줄 부분을 문장으로 바꿔 쓰면, if all the Shareholders can not reach an agreement as to the proportion이 되어 단어 수는 두 배 이상이 되는 긴 글이 된다.

더욱 현저하게 간결한 표현이 되는 보기를 들어 보겠다.

The parties hereto shall determine the basis of the continued association from time to time by mutual agreement. Failing agreement, this Cooperation Agreement shall terminate …

이때, 밑줄의 두 단어 대신 If the parties hereto can not come to an agreement on such basis …라고 한다면 경제적이지 않음이 분명하다.

이러한 보기들은 "30일 이내 주주가 분배 비율에 대해 합의에 이르지 못하는 경우에는", "당사자가 알아서 운영 방법에 대해 결정할 수 없는 경우에는"이라는 국문을 의역한 후, 내용을 감안해 짧게 한 것이다. In default of, failing은 모두 이러한 경우에 잘 사용되는 관용 어구이다. 그렇게 짧지 않으나 in the absence of라는 표현도 있다.

(6) 여러 개의 주어를 사용하지 않는다. 동일한 문장 안에서는 시점을 한곳에 집중해 사고가 자연스럽게 흐르게 한다.

이미 몇 번이나 말했듯이 영문 계약의 문장은 어쨌든 대단히 긴 것이 많아 읽는 사람의 집중력을 요한다. 가령 동일한 문장에 여러 개의 주어가 있으면 읽는 사람의 이해력을 흩뜨려 읽기가 어렵게 된다. 왜냐하면 영문을 읽을 땐 맨 먼저 눈에 들어오는 것, 즉 최초의 주어가 머리에 가장 선명하게 새겨지는 게 보통이기 때문이다. 그 뒤에 나오는 서술과 수식이 이 주어에 연결되는 경우에 문장은 매우 원활하게 읽힌다. 머릿속에서 최초의 주어를 그 뒤의 어구와 별도 입력해 두고, 그 뒤의 서술을 모두 주어와 결부시키는 작업을 자동적으로 하기 때문이다.

그러한 의미에서 주어가 하나로 국한되는 게 가장 바람직하다.

아래 보기를 보자.

> Vessel shall proceed with convenient despatch … to a safe berth, dock, anchorage, submarine line, alongside a vessel or vessels or lighter or lighters or any other place whatsoever as ordered by charterers within the limits specified in Article 19 or so near thereto as she may safely get, lie and depart from, always afloat, and there load from the supplier the cargo as described in Article 26 and being so loaded shall proceed as ordered on singing bills of lading direct to a safe berth, dock, anchorage, submarine line, alongside a vessel or vessels or lighter or lighters or any other place whatsoever as ordered by charterers within the limits specified in Article 23 or so near thereto as she may safely get and lie, always afloat and there deliver the cargo.

주어는 Vessel과 그 대명사뿐이다. 맨 앞에서 나온 Vessel을 머릿속에 단단히 입력해 두면, 모든 동사가 이에 호응하기 때문에 장문일지라도 한 번 읽으면 대충 뜻을 알 수 있다.

그런데 실은, 이 문장에는 …의 부분에 아래 문장이 들어 있다.

> … as soon as her prior commitments as specified in Article 16 are completed …

이것은 독해에 있어서 어떠한 효과를 가져올까. 우선 주어라는 관점에서 말하면, her prior commitments는 주어로서 Vessel과 매우 밀접하게 결부돼 있다. 그뿐 아니라,

> as soon as she has completed her prior commitments as specified in Article 16 …

라고 하면 같은 주어를 사용해 의미에 있어서 주어에 가깝기 때문에 크게 원칙에서 벗어나지 않는다고 하겠다. 이에 더하여 복문의 경우는 일반적으로 주절의 주어가 우선적으로 기억되고 의식되기 때문에 이 정도의 일탈은 크게 문제가 되지 않다.

하지만 중문의 경우엔 몇 개의 문장이 같은 비중으로 의식되므로 이 원칙은 적용되지 않는다. 그런데 아래 문장은 중문임에도 불구하고 그다지 읽기가 어렵지 않다.

> The Supplier hereby appoints the Distributor as its sole distributor to sell the Products in the Territory and the Distributor accepts such appointment.

왜냐하면 가령 주어에 관한 제1규칙이 위반됐다 하더라도 여기서는 한 문장 안의 시점이 통일된 경우로서, 문장이 용이하게 이해되는 제2의 '룰' 이 지켜지고 있어 읽기가 훨씬 쉬워지는 것은 말할 필요도 없다. 어느 것이든 문장의 시점이 하나로 한정되면 문장을 모두 읽을 때까지 사고의 흐름이 끊어지지 않기 때문에 이해하기가 훨씬 쉽다.

아래 보기는 복문이지만 이 같은 룰이 지켜져 있다.

> If Buyers taking 75% or more of the total Committed Tonnages of all Buyers under this Agreement are unable to take delivery of Products derived from their respective Committed Tonnage under this Agreement due to Force Majeure, those Buyers may give notice to Manufacturer and to all other Buyers that they desire Manufacturer's Factory to cease the production of Products for all Buyers, and Manufacturer, as promptly as possible after receipt of such notice, shall cease production operation.

이 문장은 복문과 중문을 포함하고 있고 주어도 다르지만 복문 안에는 주어가 통일돼 있는 점, 그리고 중문 사이에도 내용에 인과관계가 밀접하기 때문에 한번 읽으면 대충 이해된다.

일반론으로서 씌어진 것을 읽을 때, 사람의 사고는 문장마다 끊어서 읽게 되고 정보는 문장마다 머릿속에 분류, 정리된다. 때문에 한 문장 안에 있는 정보가 적을수록, 또 정리와 흐름이 잘되어 있는 만큼 이해하고 기억하기가 쉽다. 그런 뜻에서 주어가 하나, 흐름이 단순한 문장이 읽기가 쉽다.

아래 문장에는 이 두 가지 룰이 모두 고려돼 있지 않으므로, 대단히 짧은 데도 불구하고 머릿속에 혼란이 생겨 문장 전체의 관계가 한 번에 파악되지 않는다.

> Each shipment shall be made within one month after Seller's receipt of Buyer's notice and the last shipment shall be made within twelve months after the date hereof.

이 문장은 계속적 매매계약인데 "각 선적은 매도인으로부터 통지를 수령하고 한 달 이내로 하기로 해, 최종 선적은 이 계약일로부터 12개월 이내에 하기로 한다."라는 내용을 정한 것이다. 읽는 사람은 먼저 each shipment라는 주어를 머리에 고정한다. 둘째 행의 and까지는 특별한 문제가 없다.

이 and는 그 앞뒤에 같은 종류의 개념을 나타내는 단어이다. 그러나 그 바로 뒤에 나온 the last shipment는 그 앞의 어느 것과 같은 종류인지 문득 생각하게 된다. 그 가운데 shall이 나와 있고 the last shipment는 다음 부분의 주어임을 알게 된다. 그런데 최초에 씌어진 each shipment가 머릿속에 자리 잡고 있기 때문에 주어가 바뀌면 사고의 흐름이 끊겨 버린다. 그래서 다시 한 번 읽고 비로소 and로부터 새로운 이야기가 시작되고 있음을 알게 된다. 거기서 알게 되는 것은 앞부분은 각 선적의 룰인데 대하여 뒷부분은 계약의 최종 선적에만 관련되는 특별한 규정이라는 것이다. 이 문장의 문제점은 앞서 설명한 룰을 지키면 간단히 해결된다. 즉 주어를 하나로 하고 문장의 흐름을 하나로 하는 것이다. 그렇게 하기 위해선 아래와 같이 바꾸면 된다.

> Each shipment shall be made within one month after Seller's receipt of Buyer's notice. The last shipment shall be made within twelve months after the date hereof.

특별규칙이 있으므로 둘째 문장의 머리에 however를 넣으면 더 알기 쉬울 것이다.

쉽게 말하면 여기서 말하는 룰을 실천하기 위해선 작문 후에 문장을 소리 내어 읽어 보는 것이 매우 유익하다. 문장을 낭독하면 의식하지 않고 구조적으로 한 덩어리가 끊어지는 자리에서 숨이 멈추게 되는데, 문장이 바르게 씌어 있으면 그 자리에서 바로 하나의 사고 흐름이 끝나게 된다. 그럼에도 불구하고 작성한 초안에 둘 이상의 흐름이 있거나, 역으로 하나의 흐름이 끝나지 않으면 읽어 나갈 때 앞부분을 잊어버리게 된다. 때로는 숨이 멈추는 자리에서 쉼표를 찍으면 어떨까를 검토해 본다. 그리고 문제없이 분할이 되면 거기서 일단 문장을 완성하게 되고 아울러 자연스럽고 알기 쉬운 문장을 쓸 수 있게 된다.

(7) 쓰고자 하는 것을 정면에서 쓴다. 한 가지를 말하기 위해 다른 것을 배제하는 식의 번거로움을 피한다.

이미 여러 번 언급한 것처럼 계약서 문장은 누가 읽더라도 의도한 의미대로 읽히고, 또 그 밖에 누가 읽더라도 다르게 읽지 않도록 쓰는 것이 필요하다. 그러기 위해서는 정공법으로 쓰는 것이 중요하다. 완곡하게 둘러서 말하는 표현이나 중심부를 공격하지 않고 외각 지대에 접근하는 식의 표현은 분쟁이 생겼을 때 상대방으로 하여금 난처한 구실을 언급하게 하는 불씨를 제공하게 된다.

전자의 보기를 먼저 들어 보자. 예를 들면, 합자계약 중의 파이낸스 조항에서 "합자회사가 operation loss를 냈을 때 주주는 주식 보유 비율에 따라 융자, 보증 또는 추가 출자할 의무를 진다."라고 말하고 싶은 사항을 사양하는 마음으로 "당사자는 합자 회사의 운영에 대하여 주식 보유 비율에 따라 원조 의무를 진다."라고 썼다고 하자. 실제로 회사의 손실을 계속적으로 계상(計上)한 경우에 이 조항으로 모든 당사자에게 융자, 보증, 추가 출자를 요구할 수 있을까.

재정 기반이 취약한 당사자가 고심한 끝에 "운영에 대한 원조란 operation loss의 금전으로서의 보충을 말하는 건 아니다.", "원조란 금전적인 것이 아니고 인적 원조, 장기 거래 보증 등이라고 해석돼야 한다."라는 이유가 되지 않는 구실을 들고 나온다면 반론할 수 있는 충분한 입장이 되는가. 매우 의문스럽다.

실제로 신뢰 관계가 상실됐을 땐 이러한 일이 가끔 있다. 일단 조업을 시작한 사업은 간단하게 해소되지 않는 이상, 문장을 모호하게 만들면 결국엔 자금이 가장 여유 있는 당사자에게 책임이 돌아온다. 최초에 예시한 문장으로 하면 자금 유무의 언급 없이 청구가 가능하다.

아래에 후자의 보기로 제시하는 문장은 건설계약의 페널티(벌칙) 조항이다.

> In case of delay in completion, the Contractor shall pay a penalty of one percent (1%) of the Contract Price for each complete week of delay. The Contractor shall not, however, pay in any case total penalty for delay in excess of five percent (5%) of the Contract Price.
>
> However, such payment of penalty above shall not relieve the Contractor from any of its other obligations or liabilities in this Contract.

이 문장은 공사 지연에 대한 손해배상액의 예정(liquidated damages)을 정할 생각으로 쓴 문장이다. 그러나 그 취지를 명확하게 할 생각으로 추가한 however 이하 문장은, "페널티의 지급으로써 수급인의 지체에 대한 일체의 손해배상 의무에서 면제된다."라는 말 대신, "페널티를 지급하더라도 이 계약의 다른 의무로부터 일체 면책되지 않는다."라는 말이 되고 만다.

그 밖의 의무의 면책을 부정했다고 해서 당연히 지체에 관련해서 그 이상의 배상 의무가 면제되었을까 의문이다. 확실히 페널티는 5%까지만 부과되지만 실제 손실은 별도로 청구가 가능하다는 논의는 반드시 부당하다고 할 수 없다. 페널티란 실제 손실과 관계가 없는 제재적 성격을 가지는 것이며, 손해배상 의무와 아무런 관계가 없다고 말할 수 있다. 최악의 경우엔 "다른 의무(other obligations or liabilities)"란 손해배상 의무를 가리키며, 명문으로 그것들로부터 면책되지 않는다고 씌어 있다고 하는 논의가 생길 우려도 있다.

이 논의에 법률상 충분한 근거가 있는지 없는지 법정의 결정을 기다려야 한다면 계약으로선 불완전하다는 비난을 면할 수 없다. 여기선 먼저 penalty라는 단어 대신 liquidated damages('손해배상액의 예정'이라는 의미가 일단 확립돼 있다)라는 표현을 사용함과 아울러, however … 대신 아래 문장을 추가해야 한다.

Upon the payment of such liquidated damages, the Contractor shall be completely released from any other liability on account of the delay in completion.

이같이 언제나 계약 목적인 사항을 직설적으로 표현하는 게 분쟁의 불씨를 남기지 않는 좋은 계약서 작성의 원칙이다.

아래 보기는 어떤 일을 직접적으로 말하지 않고 간접적으로 부정하면 당연히 직접적으로 해석된다고 생각해 표현한 나머지, 실제에 있어선 두 가지 해석을 낳게 되는 경우이다.

The Seller may terminate this Contract if the Buyer commits substantial breach of this Contract and such breach is not remedied within 30 days after notice by the Seller demanding such breach be remedied (except breach to make payment on due dates).

괄호 안의 문장으로 작성자가 의도한 것은 금전의 지급 의무에 관해서는 30일 룰은 적용되지 않고 즉각 해제권이 발생하게 하는 것이었다. 그러나 또 한 가지의 가능성은 지급 의무에 관해선 30일 룰이 적용되지 않기 때문에 아무런 규정이 없는 셈이다. 따라서 지급 의무 위반에 관해선 일반 원칙에 따를 수밖에 없는 것이다.

이 같은 사유를 배제하기 위해선 처음부터 아래와 같이 정공법으로 쓰는 것이 좋다.

The Seller may terminate this Contract if the Buyer commits a substantial breach of this Contract and such breach is not remedied within 30 days after notice by the Seller demanding that such breach be remedied; provided that the Seller may terminate this Contract immediately upon breach by the Buyer of its obligation to make any payment hereunder.

또 하나의 보기를 들어 보자. 첫째 문장이 나타내는 바가 둘째 문장과 같은가.

Seller shall not be liable for failure to perform or delay in performing its obligations if it is due to a force majeure event.

Seller shall be liable for failure to perform or delay in performing its obligations unless it is due to any force majeure event.

이는 같은 내용을 간접적으로 표현한 것처럼 보이나 실은 그렇지 않다. 왜냐하면 첫 번째 문장에선 불가항력 이외의 이유로 매도인의 이행 지체나 불이행의 결과가 발생했을 때에 관해서는 아무런 언급이 없으므로 매도인은 그때마다 그 밖의 조항, 법률에 입각하여 검토할 수 있다. 하지만 두 번째 문장에선 불가항력 이외는 모두 매도인은 이행 지체, 불이행에 대해서 책임을 진다고 명문으로 썼기 때문이다. 써야 할 것을 생각하면 그것을 직설적으로 표현하는 것이 중요하다.

(8) 영어의 관용적 표현법에 항상 주의하고 평소에 메모해 둔다.

지금까지 설명한 방법으로 한국 문장의 번역이 가능하지만, 그것만으로는 아무리 해도 모든 면에 걸쳐서 영문다운 문장이 나오지 않는다. 우리 한국인들이 쓸 때는 말하고 싶은 것을 정확하고 알기 쉽게 쓰는 것으로 충분하지만, 거기에 영문 계약의 분위기를 지니게 하기 위해선 평소에 독특한 표현법을 메모해 두고 적절히 사용해 보는 게 좋다. 단 어디까지나 '무기 취급법'을 충분히 알고 있지 않으면 오히려 백해무익하다는 점을 명심해야 할 것이다.

아래에 영문다운 보기를 몇 가지 들어 본다. 이를테면 기술원조 계약의 비밀유지 조항에 있어서 상대방 본인에 대해 우선 비밀 준수 의무를 과한 후 이어서 "만일 계약 이행에서 필요하면 허락을 받은 자는 정보를 제3자에게 알려도 좋으나, 그때 그 허락을 받은 자는 이 조항과 같은 비밀 준수 의무를 그 제3자에게 과하면 안 된다."라는 취지를 요구하는 조문을 넣어 보자. 보통으로 번역하면 아래와 같이 될 것이다.

If it becomes necessary, in the course of performance of this Agreement, to disclose the Information to any third party, the Licensee may do so, but he shall impose on such third party the same secrecy obligation as contained in this Article.

그러나 세련된 영문으로 하려면 아래와 같이 표현할 수 있다.

…, the Licensee may do so only if he imposes on such third party a secrecy obligation coextensive in scope with this Article.

coextensive in scope라는 어구가 '같은' 이라는 단어의 뉘앙스를 적절하게 나타내고 있다. 이러한 어구는 한국어로 생각해 사전을 찾아보아도 나오지 않는 표현일 것이다.

또 하나 영어다운 문장의 보기를 들어 보자.

"매수인이 검품 때 출석하지 않는 경우에 검품의 결과는 매수인을 구속한다."

이것도 '출석하지 않은' 을 품사대로 바로 영어로 옮기려고 하면 꽤 고심할 것이다. 보통 이것은 아래와 같이 표현한다.

If the Purchaser is not represented at the tests, the result thereof shall be binding upon the Purchaser.

represent라는 단어는 to represent oneself라고 하는 경우와 to represent somebody라고 하는 양쪽에 사용되므로 본인이나 대리인에 의한 출석 양쪽을 포괄적으로 나타낼 수 있다는 점에서 이런 경우 적절한 단어이다. 한영사전을 보고 그대로 be present at, attend라는 표현을 사용하더라도 물론 틀린 것은 아니지만, 대리인에 의한 출석의 뜻까지 명확하게 나타나지 않는다. 사전에 '출석' 의 역어로서 제시하고 있는 witness를 사용하는 사례도 더러 있지만 많지는 않다.

영어다운 표현과 관련해서 또 한 가지 첨가해야 할 것은 아포스트로피(')의 사용법이다. '…의' 라고 말할 때 종종 한국어에 따라 주로 of나 전치사를 사용해 작문을 하지만, 아포스트로피 -'s를 쓸 수 있는 곳에서는 적극적으로 써야 한다.

무엇보다 아포스트로피를 사용하는 것이 영어답게 되기 때문에 이를 사용함으로써 글의 뜻을 명확히 하고 또한 짧게 할 수 있다. 문장을 짧게 한다는 것은 알기 쉬운 영문을 쓰는 기본이다. 아포스트로피 사용법을 정리하면 아래와 같다.

① 아포스트로피는 소유를 나타내는 것 이외에 긴밀한 관계를 나타낸다. 계약 당사자나 사람과 관련해 이러한 관계를 나타내는 데 사용할 수 있다.

매수인의 공장: Buyer's factory
매도인의 배: Seller's ship
수탁자의 요청: the trustee's request
선박의 난간: ship's rail
채무자의 의무: the Obligator's obligations
매도인의 청약: the Seller's offer

② 사람 이외 조직에 대해서도 쓰인다.

은행의 지시: the Bank's instruction
합자 회사의 결정: the JV Company's decision
또 장소와 거기에 있는 사물을 가리키는 데도 쓰인다.
시의 새 하역 설비: the city's new loading facilities

③ 그러나 사람이나 조직 이외의 경우엔 '…의'가 있다고 해서 아포스트로피를 쓰지 않는다. 따라서,

권리(의) 행사: right's exercise라 하지 않고 exercise of right
연장의 승낙: extension's acceptance라 하지 않고 acceptance of extension

단 대상이 되는 것의 질이나 특징을 나타낼 때는 아래와 같은 용법이 있다.

컴퓨터의 작동 상태: computer's performance
차의 외관: car's appearance

④ 때로는 아포스트로피를 붙일 수도 있지만 명사를 형용사처럼 쓴 명사 + 명사형도 있다.

정부의 허가: the government's approval이라고도 할 수 있으나 the government approval이라고 해도 된다. 이 형이 the approval of the government보다 짧고 간결하다.
변호사의 비용: attorney's fee라고 해도 좋으나 attorney fee로도 충분하다.

⑤ ④의 첫째 보기에서 government를 governmental이라고 하는 것도 가능하다. 또 명사를 형용사로 쓸 수 없지만 형용사로 어형을 변형해 쓸 수 있는 것은 그렇게 한다.

계약상의 의무: obligations under the contract라고 할 수 있으나 contractual obligations라고 하면 더 짧은 표현이 된다.

⑥ 예컨대 ①과 ⑤의 결합도 생각해 볼 수 있다.

채무자의 계약상의 의무: the Obligator's contractual obligations

이때의 '…의'를 of와 under로 옮기면 the obligations of the Obligator under the contract가 되어 단어 수가 두 배가 되어 버린다.

⑦ 마찬가지로 of it 대신으로 its, of him 대신에 his 등 인칭대명사의 소유격도 매우 유용하다. 전후의 문맥에 따라 의미가 분명하다면 ⑥의 보기는 아래와 같이 처리할 수 있다.

its contractual obligations

그 밖에 아래와 같은 보기도 생각할 수 있다.

the Goods may bo delivered at the Buyer's principal place of business or at any of its branches

이와 같이 한국어로 '…의' 가 나올 땐 먼저 시험적으로 아포스트로피를 써 보고 좋지 않으면 of나 다른 단어로 써 보면 영어다운 문장이 나올 것이다.

6 계약조항의 구성 방법

계약서의 언어는 알기 쉽게 모호함이 없고 목적을 정확하게, 또한 의도한 목적만을 전달하는 것이라야 한다. 문장이 읽기 어렵고, 무슨 말을 하는지 알 수 없으며, 계약서 전체를 이해하는 데 고심해야 한다면 소용없는 일이다. 그런데 실제의 계약서에는 가끔 뒤에 생각나는 것을 무질서하게 삽입하거나 충분히 정리하지 않고 필요한 사항들만을 나열하는 일이 많다. 어떻게 하면 알기 쉬운 계약조항을 구성할 수 있을까.

A. Coode's rule

George Coode라는 사람이 쓴 「Legislative Expression or, the Language of the Written Law」라는 입법상의 문장 작성법에 관한 논문(1843년에 영국 의회에 제출된 Report on the Poor Law Commission on Local Taxation이라는 리포트 부록의 서론으로 출판됐음)은 오늘날에도 영문 계약서 작성 지침으로 유용하다. 아래에 Coode의 원칙에 따른 작문의 기초를 알아보자. Coode에 따르면 법률문은 아래 4단계로 나누어 생각하면 가장 읽기 쉽게 쓸 수 있다고 한다.

(1) 적용 장소-case

계약 조문이 적용되는 상황, 장소를 나타내는 것이다. 일반적으로 where나 때의 경과 기간의 요소가 들어 있을 때는 when으로 시작하는 것 이외에 if … then 형도 사용된다. Case는 룰이 적용되는 기본이 되는 상황 설정이므로 규정의 앞부분에 쓴다. 문장을 읽는 사람은 처음에 눈에 들어오는 것을 가장 인상 깊게 받아들인다는 사실을 봐서도 중요한 요소이다. Coode의 논문에 따라 만든 보기를 읽어 보자.

Where any Buyer refuses to pay any purchase price payable …

Where number of directors of a corporation is more than six …

두 보기 모두 지금부터 어떤 규정을 말하고자 하는 데에 전제가 되는 장소를 나타낸다.

단, (2)에서 말하는 condition이 존재하지 않는다는 등의 이유로 문장 전체가 비교적 짧을 때는 읽기 쉽게(readability)하기 위해 case를 문두에 두지 않고 뒤로 돌리는 것도 가능하다.

더욱이 case는 그 조항이 적용되는 일반적 환경을 말하는 것이므로 그 안에 단서를 넣어 적용을 한정하거나 수식하는 건 좋지 않다.

그런데 여기선 동사의 현재형이 쓰였다. 이 같은 경우에 때때로 shall이 쓰이기도 한다(when any Buyer shall refuse to …).

하지만 계약서는 미래 사실을 쓰기보다 그런 상황이 됐을 때 무슨 일을 해야 좋을지를 현재형으로 말하는 것이기 때문에 미래의 의미라면 필요가 없다. 그 밖의 계약서에서의 shall의 사용, 즉 '의무', '강제', '약속', '지시' [상세한 것은 7장 A항 (1) 참조] 등 어느 경우에도 해당되지 않는다. 가정법과의 관련성도 고려할 필요가 없다.

(2) 적용 조건-condition

룰의 적용에 조건이 붙는 경우를 알아보자. 시제는 현재 또는 현재완료가 대부분인데, 조건을 나타내는 절 자체는 if, unless에 의해 도입된다. 때에 따라서는 case와의 구별이 모호할 때도 있다.

여기서 말하는 조건은 정지 조건(condition precedent)이다. 이것이 충족되지 않으면 그 뒤에 적힌 규정은 실행되지 않는다. 먼저 case를 말하고 나서

condition을 쓴다.

> Where any Buyer refuses to pay any purchase price, if the failure continues in excess of thirty days …
>
> Where the number of directors of a corporation is more than six, if authorised by a special by-law …

(3) 권리 의무의 주체–legal subject

계약서는 당사자에게 권리를 부여하고 의무를 부과하는 문서이다. 그 가운데서 가장 중요한 것은 의무를 지는 자, 누가 의무자인가를 밝히는 일일 것이다. 계약상의 분쟁이 발생했을 때 자신이 권리자라고 씌어 있는 것보다 상대방이 의무를 지고 있다고 씌어 있는 게 문제 해결에 있어서 훨씬 유익하다. 물론 권리만을 써야 할 때는 권리라도 좋다. 아무튼 권리, 의무의 주체를 쓰는 것이 필요하다. 이 주체를 legal subject라고 한다. 주체를 찾아내면 그 다음엔 그것을 바로 표현한다. 모처럼 legal subject를 특정하고도 그것을 분명히 쓰지 않고 독자에게 상상으로 권리자, 의무자를 생각해 내도록 하는 것은 좋지 않다.

> The Seller shall receive the purchase price on …

라고 하여도 알 수 있지만, 매수인에게 의무가 있다는 것을 명시하여

> The Buyer shall pay the purchase price on …

이라고 하는 것이 단순하고 알기 쉽다.

물론 모든 계약조항이 의무를 규정하는 것이 아님은 말할 필요가 없다. 그 가운데는 의무자는 없으나 권리자가 있는 경우도 있다. 하지만 그런 경우에도

> This Agreement may be assigned …

라고 하여도 알 수 있지만

Either party may assign this Agreement …

라고 하면 누가 무엇을 할 수 있는지, 어떤 의무를 갖는지를 표현하므로 훨씬 직접적이고 나은 표현이다.

(4) 권리 의무의 내용–legal action

legal subject를 특정한 후에는 그 legal subject에게 부여되는 권리, 의무의 내용을 쓴다. (3)의 보기에서 shall pay, may assign 이하가 이에 해당한다. legal action을 감추거나, 묵시적으로 나타내거나, 다른 곳에 쓴다든지 하면 안 된다. 의무는 shall, 금지는 shall not 또는 may not, 그리고 허가, 권리는 may를 사용한다.

(1)에서 든 보기에 condition, legal subject, legal action을 보충해서 완성해 보자.

Where any Buyer refuses to pay any purchase price [case], if the failure continues in excess of thirty days [condition], the Seller [legal subject] may declare an Event of Default [legal action].

Where the number of directors of a corporation is more than six [case], if authorised by a special by-law [condition], the directors [legal subject] may elect from among their numbers an executive committee [legal action].

위에서 다룬 네 요소를 정확하게 다루어 수식이나 제한이 수반되어 문장이 길어질 때도 그것들을 각각의 어군 속에 넣어 두면 길어도 읽기 쉬운 문장이 될 수 있다.

B. Coode's rule의 보충

Coode의 룰은 입법자를 위한 법률 문장의 작성 지침이므로 그대로 계약서가 되는 것은 아니다. 아래와 같은 경우는 다르게 쓰지 않을 수 없다.

(1) 선언적 조항(declaratory clauses)

무엇을 선언하는 조항은 legal subject가 사람이 되는 형식이 아니고 사물을 주어로 하게 된다.

Taxes are payable to the Tax Authority.

이는 국민은 세금을 납부하지 않으면 안 된다라는 점에 중점이 있는 게 아니라, 세금은 세무 당국에 납부해야 한다는 사실을 말하고 있을 뿐이다.

정의 조항 등도 그러한 보기이다.

"Products" means products Manufactured by …

This Pension Act may be cited as the Act.

The trusts may be referred to as the "Founders Trusts".

정의 조항인 아래 문장은 Coode의 룰 그대로는 아니지만, 형태상으로는 그것을 나타내고 있다고 말할 수 있다.

In this Agreement [case], unless the context otherwise indicates [condition], references to Clauses and Schedules [legal subject] are to the relevant clauses and schedules of this Agreement [legal action].

(2) 당사자 이외의 제3자에게도 무엇인가를 요구하는 경우

선언적 조항 중에서도 당사자뿐 아니라 그 조항을 해석하는 제3자에게 무엇인가를 요구한다고 생각될 땐 shall도 사용된다.

This Agreement shall be governed by English law.

Incoterms 2000 shall apply to this Agreement.

이 경우의 shall은 '지시'를 나타내는 것인데, '…하기로 한다'라는 뜻이다.

아래 보기는 당사자에게 무엇을 요구하는 것이지만, 당사자를 주어로 하면 쓰기가 어렵게 되는 경우다.

This Agreement may be amended by a writing signed by both parties.

이 규정은 당사자에게 수정은 서면으로 해야 한다는 것을 의무로 부과하고 있지만 그렇다고

The parties shall amend this Agreement only in writing signed by both parties.

라고 쓴다면, 필요하지도 않은데 당사자에게 수정할 것을 의무로 부과하는 의미가 되고 만다.

If the parties wish to amend this Agreement, they may do so but only by a writing signed by both parties.

라고 하더라도 괜찮지만 길이뿐 아니라 읽고 이해하는 데 있어서 첫 문장보다 못하다.

7 계약서에 자주 사용되는 어구

앞에서 법률 용어는 어려워도 사용하지 않을 수 없지만, 될 수 있는 한 쉬운 언어로 쓰는 것이 중요하다는 말을 했다. 여기선 약간의 외국어와 평이한, 또는 특히 법률 용어는 아니지만 계약서에 자주 쓰이면서 나름대로의 효용적인 어구 몇 개를 제시하고자 한다.

먼저 계약서 작성 시 키포인트가 되는 조동사 용법에 관해 설명하겠다.

A. 조동사–shall과 may

(1) shall

계약 영어에서 shall의 주요 역할은 '의무', '강제'를 나타내는 것이다. 그 의미로는 must와 같다. 계약서에서는 같은 단어는 같은 의미를 갖는 것으로 다루는 것이 원칙이므로 본래는 shall을 그 의미로만 사용하는 것이 좋다. 그러나 실제로는 여러 가지 의미로 사용된다. 흔한 예로 '약속'의 의미로 쓰인다.

The Seller shall be paid $20 for the Product.

여기서는 shall의 주어인 Seller에게는 아무런 의무가 없으며("매도인은 상품대금 $20를 지급받을 의무를 진다."라는 의미가 아니다), Buyer의 약속을 나타내는 용법이다. 계약서는 누가 어떤 의무를 지는가를 명확히 하기 위한 서면이라

는 관점에서는,

The Buyer shall pay the Seller $20 for the Product.

라고 써야 한다.

그 밖에 shall이 '지시'를 나타내는 데 사용되는 일도 있다.

A notice of claim shall be sent to the Seller within 20 days after the Buyer has found any defect in the Goods.

라는 용법이다. 번역하면, "상품에 결함이 발견되면 매수인은 발견 후 20일 이내 클레임 통지를 매도인에게 보내기로 한다."가 될 것이다. 이 의미의 shall은 직접 당사자에게 의무가 발생하는 게 아니라 그 규정의 적용 전에 어떤 조치를 취하는 것이 필요하다. 즉 "만일 통지하기를 원한다면 정해진 기간 내에 하라."는 것을 말한다. 결함이 발견되면 반드시 통지하라는 의무를 매수인에게 부과하는 것은 아니다. 이처럼 같은 어구에 두 가지 뜻을 지니게 하는 것은 통일된 언어 사용이라는 관점에서 볼 때 바람직하지 않다. 또 구문에 따라서는 의무인지 지시인지 알 수 없는 경우도 있다.

Payment of the royalty shall be made by cheques payable to the Licensor.

라는 조항은 Licensor에게 로열티 지급 의무를 주어서 그것을 Licensor 앞으로 수표로 처리해야 한다고 말하고 있는지(의무), 수표를 발행한다면 Licensor 앞으로 해야 한다는 점을 요구하고 있을 뿐인지(지시) 이것만으로는 잘 알 수 없다. 이 조항을 Licensor의 의무로 해독할 수 있기 위해서는 또 하나의 별도 명문에서 Licensor에게 지급 의무를 부과하는 조항이 필요하게 된다. 그렇다고 하면 처음부터,

Licensor shall pay the royalty by cheques made payable to the Licensor.

라고 해 Licensor를 주어로 하여 '의무'의 shall을 사용하는 것이 명쾌하다.

이와 같이 '의무'와 '지시' 중 어느 쪽에 해당되는가에 따라서 shall의 효과가 달라진다. 의무자와 그 의무를 뚜렷하게 하는 것이 계약서에서 기본이라고 감안한다면 이러한 용법은 피하는 편이 좋다.

6장의 B항 (2)에서 든 아래 보기는 지시의 용법이라고 생각되더라도 '해석할 때'라는 단계가 필요하지만 효과에 의심이 없으므로 허용될 것이다. 관계 당사자에게 그렇게 해석하는 의무를 주게 된다고 해석해도 문제가 없다고 보는 시각도 있다.

This agreement shall be governed by English law.

Incoterms 2000 shall apply to this Agreement.

또 shall이 단순히 '미래'를 나타내는 데만 쓰이는 것은 아니다. 금지의 목적으로 쓰이는 shall not에 관해선 아래를 참조하기 바란다.

(2) may

may는 보통 '허가'나 '권리'를 나타낸다. 드물게는 '의무'를 나타내는 경우도 있으나("Congress may determine the time of choosing the electors"라는 문장이 미국 헌법에 있을 뿐 아니라 영국의 옛 판례에도 그 보기가 있다), 이 용법은 계약서에서는 매우 예외적이다. 일반적으로는 '…하는 것이 가능하다, …해도 좋다'라는 뜻을 나타내기 위해 쓰인다고 생각하면 된다.

may의 부정인 may not은 '허가될 수 없다', '권리가 없다'라는 뜻으로 쓰인다.

The shareholder may not receive any dividend unless the board so resolves.

이 문장에선 "주주는 이사회의 결의가 없으면 배당을 수령할 권리를 갖지 않는다." 라는 말이다. 이때 결의가 없으면 주주에겐 아무런 권리도 없으며, 물론 의무도 없다.

그런데 '허가되지 않는다' 라는 내용이 부작위의 의무일 때는 '금지' 의 뜻을 나타내는 shall not을 쓰는 것이 뜻이 분명해져 좋다. 그 이유는 may not과 shall not에 있어서 not의 기능 차이에 있다. shall not의 경우 not은 반드시 후속하는 동사를 부정하므로 금지의 뜻이 확실해진다. 아래 예를 보자.

Seller shall not assign its right to any third party.

이 문장에서 not은 assign을 부정하기 때문에(… is obligated not to assign) seller에게 '양도하지 않는다' 라는, 의도한 대로 금지 의무를 지게 할 수 있다. 하지만 may not의 not은 '허가' 의 may일 때는 may를 부정해 '허가되지 않는다' 라는 뜻이지만, '가능' 의 may라고 해석하면 후속하는 동사를 부정하게 되는 특성을 가지고 있기 때문이다. 구체적으로 살펴보자. 에이전트의 업무 집행에 관련해 말하는 조항에 권리나 의무를 열거한 가운데에,

Agent may not interview more than 100 customers.

라고 썼다고 하자. 얼핏 보아 이 규정은 Agent is not allowed …라는 뜻(may의 부정, 즉 허가의 부정)으로만 해석되는 것 같지만, 실은 it is possible for Agent that he will not …(100명 이상을 면접하지 않을지 모른다. 즉 not가 interview에 붙어 not interview가 가능하다가 된다)라는 의미로 해석할 수도 있다. 의뢰자는 100명 이상을 만나는 것을 금지할 생각으로 썼는데도 에이전트의 입장에서는 만나지 않을 가능성을 인정토록 했다(하지만 만나더라도 별다른 상관은 없다)라고 받아들이는 것이 가능하다. 의뢰자의 의도를 정확하게 나타내려면 shall not을 사용하는 것이 맞다. D항 (27)의 보기를 참조하는 게 좋다.

no person 등의 부정어를 주어로 사용해 '허가하지 않는다' 를 나타낼 때는 no person shall이 아니고 no person may라고 하는 것이 낫다. shall이 의무라고 받아들여지면 아무도 그 의무를 지지 않지만(no person is obligated to …), 하고

싶으면 해도 좋다는 의미로 오해할 염려가 있기 때문이다. 그러나 현실적으로는 금지의 의미로 no … shall이라는 용법은 적지 않다.

B. 그 밖의 조동사

그 밖의 조동사는 대체로 통상의 의미에 따라 쓰인다. 하지만 계약서는 어디까지나 권리, 의무를 기재한 서류이므로 많은 조동사가 쓰이지는 않는다.

(1) can

may 대신 쓰이기는 하지만 특히 may보다 더 많이 쓰이지는 않는다.

(2) will

이 조동사는 많은 경우는 통상 의미에 따라 '미래'를 나타내기 위해 쓰인다. 권리, 의무를 밝히지 않고, 무엇을 서술할 때나 상황을 설명하는 식으로 말하고자 할 때 쓰인다.

Use of magnetic tools will reduce the precision of the Products.

이 문장은 "자성(磁性)이 있는 도구를 사용하면 제품의 정밀도가 떨어진다."라는 주의 설명이다. 자성이 부착돼 있더라도 Seller에게 책임이 있는 것은 아니다. 이 같은 용법은 기계 취급 설명서 등에서 자주 볼 수 있다. may가 쓰이는 일도 많다. 이 경우는 '추측' 또는 '가능'의 may이다. 그러나 계약서는 미래의 일을 쓰는 게 아니라 그때그때에 적용되는 원칙을 현재형으로 쓰면 된다는 의미에서 말하면,

Use of magnetic tools reduces the precision of the Products.

라도 충분하다.

그런데 계약서에선 will이 의무의 뜻으로 사용되는 예가 없지 않다.

The Seller will try to spread the shipments as evenly as possible over the shipment period.

라는 규정은 될 수 있는 한 같은 시간 간격으로 선적해 달라는 매수인의 희망을 나타내는 것이라고 해석되지만, 오히려 Seller에게 그러한 의무를 부과했다고 하는 해석이 자연스러울 것이다. 강한 의무가 아닐지라도 Seller가 그렇게 할 수 있는데도 자의적으로 하지 않았을 때는 문제가 될 수 있다. 확실히 어떻게 이해해야 좋을지 쉽게 알 수 없는 것도 있다. 이를테면,

The Owner will cooperate with the Contractor to select the most capable subcontractor in the country.

이 규정에서는 수급인의 선택은 본래 도급인의 책임 범위에 속하므로 선택에 있어서 Owner는 협력을 아끼지 않지만 의무를 지는 것은 아니라는 해석도 충분히 가능하다.

하지만,

The Lender will disburse the Loan within three (3) days after the Borrower's request in writing.

The Borrower will repay the Loan in five (5) equal semi-annual installments.

라고 씌어 있으면 이것은 분명히 의무를 나타낸다.

때때로 shall을 사용하지 않고 will을 사용하는 계약서를 상대방에게 받았는데 일부러 will을 모두 shall로 고쳐야 하는가라는 질문을 받는다. 이런 경우엔 '미래'나 '의무' 어느 한쪽의 의미로 통일해서 사용하고 있음이 분명하면 그냥 두어도 좋다. 하지만 뜻이 뒤섞여 있을 땐 역시 의무의 부분은 shall로 바꾸는 것을 권하고 싶다.

또 상대의 문안에 거의 shall이 씌어 있고 몇 군데 will이 씌어 있으면 특별히

주의를 기울여 상대방의 의도를 확인해 본다든가, shall이라야 한다고 생각되면 shall로 바꾸는 것이 좋다. 계약서에서는 같은 개념은 같은 말을 사용해야 하며, 다른 표현을 썼을 때는 아무리 비슷하게 보이더라도 상이한 의도라고 판단하는 게 정상이다.

(3) must

A항 (1)의 shall의 설명에서도 다루었지만, '의무' 를 나타내는 조동사로서 사용이 가능하기는 하나 그다지 계약서용은 아니다. 그러나 계약서의 새로운 작성법으로서 shall 대신 must의 사용을 권장하는 학자도 있으며, 소비자 계약 등에서 그 실례가 가끔 보인다. shall과 혼동하지 않고 모두 must로 통일해 쓴다면 아무런 문제가 없다. 혼용하는 경우엔 (2)에서 지적한 문제가 생긴다.

(4) do

동사를 '강조' 하기 위한 do는 특히 보증서, 위임장 등에 사용된다.

> The Seller DOES warrant that the Products sold are fit for the particular purpose of the Buyer.

상품이 매수인의 특정 목적에 일치하는 것을 명확하게 보증하기 위해 강조하고 있다. 그러나 강조했다고 해서 의무가 무거워지는 것은 아니다. 이때 문법적으로는 DOES처럼 대문자로 쓸 필요는 없으나 의미적으로는 대문자가 사용되고 있다.

(5) dare, ought to, used to

거의 사용되지 않는다.

(6) need

문법적으로는 긍정문에서 동사로 사용하는 것이 대부분이고, 조동사로서는 '부정', '의문' 의 경우에만 쓰이는 것이 보통이다. 물론 의문문은 계약 문서에는 있을 수 없으므로 사실상 한정된 부정문에 나타날 뿐이다. 하지만 '필요 없는'

(need not) 것을 계약 문서에서는 일부러 쓰지 않는다. 써야 할 때는 not required to …나 not obligated …라고 하는 것이 일반적이다.

(7) should

'의무'를 나타내지만 반드시 의무자의 위반 시에 제재를 수반하는 단어가 아니고 오히려 도의적 책임을 부과할 뿐이다. 따라서 shall이나 must의 대용이 아님을 유의해야 한다. 드물게 그러한 의도로 사용된 예를 볼 수 있지만 should의 올바른 용법은 아니다. 어디까지나 엄격하게 권리, 의무를 나타내는 것을 목적으로 하는 계약 문서에서는 그러한 효과를 기대해 사용하는 것은 금지해야 한다.

C. 외국어

(1) bona fide

라틴어. '선의로(의), 사기성이 없는, 진실한, 정직한' 등의 뜻.

한국 민법에서 말하는 사실을 모른다는 뜻으로서의 '선의'보다 의미가 넓다. 용법에 있어서는 부사, 형용사가 있으며 아래와 같이 쓰인다.

부사: an offer made bona fide …
형용사: a bona fide offer …

부사적 용법의 경우는 in(또는 with) good faith로 바꿔 쓸 수 있다.

(2) consortium

라틴어. 본래의 뜻은 '우정, 친목(fellowship).'

영미법의 본래 뜻은 혼인 관계에 있어서 '남편과 아내의 우애 관계, 서로 원조, 애정을 구하는 권리'였으나, 지금은 '공동의 목적, 하나의 행위를 목적으로 하는 몇 사람의 결합, 공동'을 뜻한다. 은행의 협조 융자단, 건설 공사를 위한 공동 기업체 등이 좋은 보기일 것이다(복수형은 consortia이다). 공동 기업체의 경우에는 joint venture로 표현하는 일도 많다. 공동 기업체의 법적 성질, 멤버의 대외적 및 대내적 권리, 의무 관계는 각각 상대방과 또는 당사자의 계약에 명기할 필요가 있다.

(3) force majeure

프랑스어. 본래 뜻은 '우월한 힘.'

특히 원래는 보험법에 있어서 불가항력을 의미했으나 지금은 모든 계약에 있어서 불가항력을 표현하는 말이다. 또 문안을 만들 때 특히 주의해야 할 점은 소위 force majeure 가운데서도 모든 사람에게 영향을 끼치는 분명한 천재지변과 어느 특정 당사자에게만 면책이 바람직한 것이지만 자연 현상이 아닌 경우가 있다. 예를 들면 매도인의 공장에서의 파업은 매수인(주로 지급 의무를 진다)의 입장에서 문안을 작성할 때는 그다지 관계가 없으나, 매도인을 위해 문안을 작성할 땐(대체품이 풍부하게 있는 경우의 거래는 상관없지만) 공급 책임에 중대한 영향을 미치는 것으로서 이것을 force majeure의 한 사항에 포함해 두지 않으면 안 된다.

이같이 force majeure는 다만 서식집의 예문을 도용하지 말고 자신의 입장에 맞추어 쓰지 않으면 오히려 상대방에게 무기를 제공하는 결과가 됨을 명심해야 한다. 또 드물게 force majeure 대신 라틴어의 vis major(본래 뜻은 '더욱 큰 힘' 인데 복수형은 vires majores)가 사용되기도 하지만, 이것은 천재(天災)에만 한정한다는 판례도 있으므로 분명한 천재에 한해서 사용해야 함을 명심해야 한다.

덧붙이면 act(s) of God(라틴어의 vis divina, 본래 뜻은 '신(神)의 힘' 이라는 영역)도 vis major와 같은 뜻이다. 실제 계약서에 force majeure의 하나로서 acts of God을 제시하는 것을 종종 볼 수 있다. 그런데 이 같은 경우, 작성 당사자는 acts of God를 천재라고 받아들여 맨 앞에서 말한 인재적 불가항력을 포함한 전체를 force majeure라고 받아들이고 있다고 보는 것이 타당한 해석이다. 어느 경우이든 자신의 의무가 분명히 효과적으로 면책되도록 컨트롤이 미치지 않는 것을 가능한 한 많이 예시하는 것이 좋다.

불가항력 조항을 문안할 때 일반적으로 사용되는 형식(양자 모두 면책을 받을 수 있는 경우)은 아래와 같다.

Neither party may be held liable for delay or failure to perform any of its obligations hereunder, if such delay or failure occurs because of force majeure including, but not limited to, acts of God, war, rebellion, commotion …

또 including, but not limited to …는 예시 · 열거할 때 쓰이는 관용 어구이며, including, without limitation …라고 해도 좋다[상세한 것은 D항 (27) 참조]. 또 force majeure의 사건 가운데에 쓰이는 war, rebellion 등이 모두 단수형으로 기재하는 경우도 있고 복수형을 쓰는 경우도 있으나 어느 쪽이든 상관없다. 단, 본래 개념이 복수형으로 적도록 돼 있는 사항은 전체가 단수형으로 통일돼 있더라도 복수로 쓸 수 있다.

아래에 대표적 force majeure 항목을 제시해 본다.

〈단수로 쓸 수 있는 것〉

War, invasion, act of foreign enemies, act of public enemies, rebellion, insurrection, military or usurped power, civil war, riot, mobilization, commotion, civil commotion, disorder

act of God, fire, lightning, storm, tempest, flood, bursting or over-flowing of water, earthquake, natural disaster

epidemic

explosion, shortage of transport, general shortage of material, strike, industrial action

arrest or restraint of princes, rulers or people, seizure under legal process, embargo, requisition

〈항상 복수로 쓰이는 것〉

hostilities

quarantine restrictions

restrictions in the use of power, perils of the seas, pirates, assailing thieves currency restrictions

여기서 내용에 관련된 한 가지 중요한 사항을 지적해야겠다. 영미 계약법에는 일본어에서 말하는 불가항력이나 대륙법에서 말하는 force majeure 개념은 들어 있지 않다는 사실이다. 즉 아무것도 규정해 두지 않으면 지극히 한정된 경우를 제외하고 불가항력에 의한 면책은 받지 못한다(영국과 미국의 정도의 차이는 있다). 따라서 영미법 계통의 법률을 준거법으로 하여 계약할 때, 통제 불가능한 사태가 발생하여 의무를 면제받으려고 생각한다면 특별히 force majeure의 조항을 설정, 예측되는 사항을 가급적 많이 열거하는 것이 절대적으로 필요하다. 그렇게 하기 위해 영문 계약서에선 필수적이라고 할 만큼 이 조항이 들어 있다. 또 계약법상에 불가항력 개념이 존재하는 법체계를 준거해야 할 법으로 삼는 경우에도 한계선과 관련한 논란을 피하기 위해선 역시 이 조항을 넣어야 할 것이다.

(4) formula

본래 라틴어. 법률 용어는 아니고 일반 단어다. 수학의 수식이나 어떤 일정한 방식을 나타내는 단어로 사용된다. 계약서를 쓸 때, 문장으로 쓰려고 하면 한국어로 생각하더라도 간단하지 않은 것을 수식을 써서 나타내려면 영어로는 의외로 간단한 것이 많다. 때때로 법률가는 특수 기능을 활용하기 위해 문장에 의존하려고 하는 경우가 많은 듯하지만, 간단하고 오해 없는 수식, 경우에 따라선 도표(diagram, chart, graph)를 사용하는 것은 평이한 계약서 작성법의 첫걸음이다. 단, 수식 등을 사용할 때는 모든 경우에 적용할 수 있도록 충분히 음미하는 것이 중요하다는 건 말할 나위가 없다(또 이 단어의 바른 복수형은 formulas와 formulae 두 형태이다).

(5) in re

라틴어. 뜻은 '…에 관하여' 이다. 본래는 소송법 용어로서 상대방이 없는 소송사건에서 대상물을 나타내는 데 사용되는 용어이며, '…에 관해서' 를 나타내는 concerning의 대용으로 가끔 쓰인다. in re는 그대로 읽어도 좋고 in the matter of로 읽기도 한다. 또 re만 사용하는 때도 있다.

(6) memorandum

라틴어. 원래의 뜻은 '기억해야 할 일, 비망 사항, 서면에 당사자의 의사를 기재한 것, 장래의 계약을 위한 골자를 적은 서면' 을 의미(복수형은 memoranda 또는 memorandums).

이 같은 명칭을 가진 서면에 법적 강제력이 있는지 없는지는 내용에 좌우된다. memorandum이라고 부른다고 해서 계약이 성립되지 않는 것은 아니다. 일본법에서 '계약서' 와 '각서' 의 관계와 비슷하다. 따라서 작성 시에는 법적 효과를 지니도록 기대하여 쓰고 있는지 여부와, 완성된 것이 의도에 반대되는 법적 효과가 생기지 않는지를 잘 생각해 계약서 못지않게 주의를 기울여 작성해야 한다. 만일 법적 효력을 지니지 않도록 하려면 This Memorandum is not legally(legally는 없어도 좋다) binding on the parties라고 명시하는 것이 상책이다.

여담이지만 법률적 구속력을 내포하지 않은 서면을 작성할 때는 Letter of Intent, Heads of Agreement라는 어구들(보통 계약에 앞서서 주된 합의점 등을 미리 서면에 명시할 때 사용하는 헤딩)이 사용되는 경우가 많다. 하지만 이 경우에도 그런 서면이 법적 구속력을 갖는지의 문제는 쓰는 방식에 좌우되기 때문에 이 점에 대해서도 주의가 필요하다. 그런데 서면의 법적 구속력의 유무라는 문제를 생각할 때, all or nothing의 견지에서 생각해선 안 된다. 그 서면에 씌어 있는 내용 전부에 구속력이 인정되지 않는다고 해도 그 서면이 전혀 구속력을 지니지 않는다고는 볼 수 없다. 일부는 구속력을 가지지만 나머지는 그렇지 않은 것도 충분히 가능하다. 그런데 구속력을 갖지 않도록 하는 것을 의도한다면, "전체로서 의무를 진다고 이해할 수 있는가."라는 시점에서 검토할 것이 아니라, "구속력을 가질 수 있을 정도로 구체적이고 확정적으로 씌어 있는 사항이 하나도 없다."라는 것이 필요하다.

또 이것과 유사한 상황인데, 계약 교섭 과정에서 아직 합의에는 도달하지 않았으나 서로가 발언한 것을 우선 기록해 두고 싶은 것이 있을 것이다. 특히 '말했다', '말 안 했다' 라는 분쟁을 피하기 위해 이 같은 기록을 만드는 일은 매우 유용하다. 하지만 이 경우 준비 없이 서면을 작성하면 돌이킬 수 없는 사태가 올 염려가 있다.

계약 교섭은 내용 전부가 확정되지 않았는데도 개별로 약속을 정해 나가는 것이 아니다. 어떤 데서 양보하는 것은 그것과 교환하여 무엇인가를 얻을 수 있을 때다. 그런 의미에서 중간적 서류로 의무를 확정하는 일은 하고 싶지 않을 것이다. 하지만 상대가 자신에게 유리한 제의를 해 주었을 때, 같은 이유로 이것을 서면에 남겨 두지 않으면 이번엔 이쪽에서 그 점을 이야기할 때 상대가 모른 체할 염려도 있다. 이것을 막기 위해선 아래의 minutes of meeting이 가장 알맞다. 외국어는 아니지만 참고로 여기에 예시해 본다.

(7) minutes of meeting

'의사록.' 말 그대로 회의 등의 발언록이다. 계약은 원칙으로 구두로도 성립하기 때문에 회의에서의 발언은 주의를 요하지만, 합의된 사항을 "…을 검토할 것을 약속했다.", "…에 대하여 상세한 점을 다시 논의해 마무리하기로 합의했다." 등의 표현으로 의사록에 적어 두면 의도에 반해 실언한 부분의 정정도 가능하다. 그리고 구속력은 없을지 모르지만 교섭의 유력한 자료가 되는 발언록이 된다. 또 minutes는 보통 복수형으로 사용되는데, 한 번의 회의 의사록도 minutes of meeting이다. 원칙적으로 minute는 '기억해야 할 한 가지'를 의미한 데서 나온 것이지만, 대부분의 회의는 두 가지 이상의 사항을 협의하는 것이므로 minutes로서 항상 사용되고 있다. 위에 지시대명사를 붙일 때는 하나의 의사록이라도 these minutes of meeting이 된다. 또 이것을 받는 동사는 복수형으로 the minutes of the last meeting were read and approved …가 된다. 구체적 보기에 관해선 14장 C항의 (4)를 참조한다.

(8) mutatis mutandis

라틴어. 본래 뜻은 '필요한 변경을 한 뒤에. 본질적으로는 같으나 상세(당사자, 주소 등)한 것에 필요한 수정을 보태서' 라는 구이고 부사적으로 쓰인다. 내용도 거의 같은 문장이나, 계약서 자체를 다시 한 번 쓸 필요가 있으나 전부를 다시 쓰는 일이 없는 경우나, '…와 같으나 세부만은 바꾸어서 읽어 주기 바란다.' 라는 의미로 사용된다.

If the Licensee desires to disclose any information given under this

Secrecy Agreement to any third party, the Licensee shall enter into a separate secrecy agreement wherein the provisions of this Secrecy Agreement shall apply mutatis mutandis.

"이 계약과 같은 취지의 계약을 맺고 난 뒤에만 정보를 타인에게 공개해도 좋다."라는 문장이다. 여기서 mutatis mutandis는 '당사자 이름 등만을 바꾸어서' 라는 것을 의미하기 위해 사용되고 있다.

(9) pari passu

라틴어. '같은 보조로, 나란히, 우열 없이' 를 나타내는 라틴어이고 부사적으로 쓰인다.

이를테면 loan을 할 때 상대 채무자와 담보 등의 보증 조건에 있어서 동열(同列)에 있음을 나타내는 경우에 사용된다.

The present Loan shall rank pari passu with all other existing or future loans.

(10) pro rata

라틴어. '비례하여' 의 뜻. 무엇을 두 개 이상으로 분할할 때 단순히 사람 수에 따르지 않고 불충분한 비례에 따라 비례 배분할 때 사용된다. 용법은 부사적이지만 형용사로 쓰일 때도 있다.

each creditor is to receive a dividend pro rata to the amount of its claim …

파산 절차 등에서 각 채권자가 그 채권액에 따른 배당을 받는 것을 나타낸다. 가령 100% 배당이 있다고 한다면 pro rata가 아니고 equal이다.

The Charterer shall pay demurrage at the rate of US $4,000 per running day and(or이라 해도 좋다) pro rata for a part of running day.

"용선자(用船者)는 1일당 정박료를 US $4,000 지급한다. 1일에 미치지 않은 부분에 내해신 시간의 비율에 따라 지급한다."라는 의미의 문장이다.

또 이 단어를 영어화한 것으로는 prorate(동사), proratable(형용사), proratably(부사)가 때때로 사용된다.

The amount to be delivered each Contract Year shall be 1,000 tons or the prorated amount for the number of months therein.

연도마다 정해진 양을 인수하는 계약에 있어서 어느 해가 1년이 안 되는 경우에 개월 수에 따른다는 것을 나타낸다.

(11) proviso

어원은 라틴어(proviso semper에서 왔다)지만 영어 단어이다. 본래는 '…라고 규정한다' 라는 뜻이고, 조건, 한정, 예외 등을 그 다음에 쓴다. 실제 용법을 보면 대개 한국어에서는 '단, …라고 한다(또는 …이다)' 라고 번역하면 적절한데 '단서' 라고 번역된다. 계약서 내의 옆에 있는 단서를 언급할 때 쓰인다. 단서 자체는 보통 provided that … 또는 provided however, that …가 유도하는 문장에 쓰인다. 그 단서를 가리켜 as specified in the proviso of Article 5 … 등으로 사용된다.

단서라고 해도 좋고, 조건이라고 해도 좋은 보기로서 계약 기간의 조건부 연장이 있다. 8장의 E항 (2)에 있는 예문을 참조한다.

(12) vis major

(3) force majeure에 대한 설명을 참조한다.

그리고 영어 문장에 외국어를 사용할 때, 그 어구가 영어 어휘에 속해 있지 않으면 이탤릭체로 하든지, 그렇게 하지 못할 때나 손으로 쓸 때는 밑줄을 치게 돼 있다.

D. 영어 표현

마지막으로 영어 표현으로 계약서에 자주 나타나는 어구를 알파벳 순으로 설명하고자 한다. 여기선 키워드가 둘 이상 있다고 생각되는 어구는 두 곳의 항목에 제시하기로 했다(보기: then obtaining은 t 항목에도 o 항목에도 제시해 두었다). 또 알파벳 순으로 열거할 때, 전치사 등은 그것이 중요하지 않는 한 무시하기로 했다.

(1) in the absence of

'…이 없으면' 의 뜻이며, 예문에 대해선 (50)과 (59) 내 항목을 참조한다.
같은 뜻으로 아래와 같은 표현도 있다.

Absent manifest error, the Lender's figure shall be binding upon the Borrower.

자주 론(loan) 계약에서 금리 등의 계산에 대해 뚜렷한, 그리고 틀림이 없는 한 채권자의 계산에 따른 청구 금액은 채무자를 구속한다는 점을 표현하는 데 사용된다.

(2) act or omission

(13) commission or omission 항목을 참조한다.

(3) accordingly

계약 사항에 당사자가 예측한 범위 내에서 변경이 발생했을 때, 미리 그 변화에 대응해 어떠한 조치를 취할 것인가를 결정해 둘 때가 있다. 이를테면 선적에 있어서 ±10%의 적재 옵션이 매도인에게 있을 때는 그 옵션의 행사 결과에 따라 매매 대금의 총액은 약정 금액에서 ±10%의 범위 내에서 변한다. 이때 가격의 결정은 아래와 같이 될 것이다.

Price: The Buyer shall pay to the Seller ₩2,000,000 for the Products; provided however, that if the Seller exercises its option to load more/less Products in accordance with Article 5 hereof, the price shall be adjusted accordingly.

accordingly 자체는 아무런 계산식도 나타내지 않는다. 따라서 accordingly라고 썼을 때(별도로 계산 formula가 있는 경우는 제외하고), 단순한 비례 배분적 조정만 행해진다고 보아야 한다. 앞의 보기에서 100M/T에 대해 2,000만 원이라고 하면, 105M/T이면 2,100만 원이 되는 게 accordingly의 결과이다.

100M/T까지는 1M/T당 20만 원, 100M/T를 초과하면 1M/T당 18만 원이라고 별도로 쓰여 있으면, 105M/T는 accordingly 2,090만 원이 된다. 또 다른 보기 하나를 들어 보겠다.

If after the execution of this Contract, any new law, rule or regulation is enacted in the Buyer's country or an existing law, rule or regulation is amended the consequence of which is to make illegal the sale of the Products therein, the Seller shall change the specifications of the Products to conform to the requirements of such law, rule or regulation as it then reads. In such event, the unit price of the Products shall be changed accordingly thereafter.

이때의 accordingly는 앞의 보기처럼 산술적으로는 계산되지 않지만, 규정이나 계약 변경에 따른 단가의 인상은 합리적 범위 내에서 인정을 받을 수 있다고 생각해도 좋다. 당연히 그 인상률은 상품이 특별 주문품이고 계약의 잔여기간이 짧으면 높아지고 그 역이면 낮아질 것이다. 아래 보기는 동일한 상황 아래서 규정 변경에 대해 accordingly를 사용한 것이다.

If after the execution of this Contract, an existing law, rule or regulation in the Buyer's country is amended or a new law, rule or regulation is promulgated and as a result thereof the Buyer becomes unable to import the Products without violating such amended or new law, rule or regulation, the Seller shall make necessary changes in the specifications of the Products accordingly.

이때의 accordingly는 '신법에 적합하도록' 이라는 의미가 된다. 앞에서 이 단어는 예측된 변화에 대응하기 위해 약정을 할 때 사용한다고 했으나, 만일 상세한 약정을 할 수 있으면 일단 그렇게 하는 것이 가장 중요하다.

계약의 취지를 바꾸는 일이 발생할 때는 차라리 계약을 해제하거나, 새로운 상황에 맞추어 개정하는 게 적절한 해결 방법일지 모른다(예컨대 마지막 보기에서 신법에 맞추기 위해 코스트가 배가될 때까지 변경의 의무, 그리고 반대급부로서 매수인의 거래 의무가 존속해야 하느냐 하는 건 방침의 문제로서 검토를 요한다). 따라서 어디까지나 효과가 확인된 범위에만 사용하여 마구 쓰는 것은 삼가야 하는 어구이다.

아래 보기는 위의 보기와는 조금 다른 뉘앙스인데, '이므로, 따라서 당연한 결과로서' 라는 뜻으로 사용된다.

To the extent that the Company wishes to buy any of the stored Grains, he may do so upon payment of the price therefor and thereafter remove a corresponding quantity of the Grains from the warehouse and accordingly title to such quantity of the Grains shall pass to the Company at the time of making such payment.

창고업자가 맡고 있는 곡물을 자신이 인수하고 싶을 때, 대금을 지급함으로써 그렇게 할 수 있다. 이때 소유권은 지급과 함께 이전한다는 규정이다. 아래 (4) affected의 두 번째 예문을 참조한다.

(4) affected

force majeure에 의해 그 의무 이행에 대해 영향을 받은 당사자에게 어떠한 면책이 주어지는 것은 일반적인 일이다. 이것을 문장으로 할 때 'force majeure에 의해 영향을 받은 당사자'를 말하는 데 쓰이는 것이 the affected party이다. 이행 연체에 처해 있는 당사자이면 the party experiencing the delay라고도 한다.

> The time of performance by the party experiencing the delay shall be extended by the length of such delay.

라고도 할 수 있다. 일부러 이 같은 말을 쓰지 않고,

> The party whose performance is delayed by such an event of force majeure shall be entitled to an extension of the time for performance accordingly.

라고 해도 좋다.

force majeure에 한하지 않고 '영향'을 논할 때 사용 가능하다.

이 밖에 party라는 단어를 수식하는 방법은 아래와 같다.

불이행을 하고 있는 당사자: defaulting party, party in default, breaching party, party in breach, …

불이행을 하고 있지 않은 당사자: non-defaulting party, party not in default, non-breaching party, party not in breach, …

위와 같음(당사자가 어떤 손해를 입고 있는 경우): aggrieved party, …

대체로 일반론으로서 타동사에 'ing'나 'ed'를 붙임으로써 어떤 동작(행동)을 한다든가, 또는 당하는 당사자를 나타낼 수 있다. 한쪽의 당사자에게 특유한 사항을 쓰고 싶으나, 그렇다고 해서 반드시 당사자가 누구인지 정해져 있는 것도 아닐 때(예를 들면, 매매계약에서 계약 위반을 논의할 때, 반드시 buyer가 된 당

사자만이 계약 위반을 하는 것이 아니다) 편리한 방법이다. 맨 앞의 보기처럼 affected, experiencing이라고 말하더라도 affect하고 있거나 experience하는 대상은 계약 당사자 이외의 불가항력 사항일 때도 있고 notifying party나 notified party처럼 어느 한쪽의 계약 당사자인 경우도 있다.

(5) among other things, among others, inter alia

Whereas Clause 등에서 당사자의 영업범위를 말할 때 자주 쓰인다. '예를 들면' 이라는 의미일 때도 있고, '그중에서도, 특히' 라는 뜻이 들어 있기도 하다.

> Whereas, the Seller is in the business of, among other things, manufacturing turbine generators; …

이 경우 Seller의 설명으로서 그 영업 항목을 전부 언급하기는 불가능하고, 실제 계약 목적에 관계가 없는 것까지 쓰는 것은 무의미하다. 그래서 '여러 가지가 있으나 그중 한 가지는' 이라는 뜻으로 이 말이 사용된다. among others도 그렇게 쓰인다. 이 밖에도 같은 사항을 말할 때 사용 가능하지만, 계약서는 원래 권리, 의무를 밝히는 것을 목적으로 하는 것이고, 여러 가지 다른 경우가 있으면 적극적으로 표현하도록 노력하는 것이 중요하므로 본문 내에서는 자주 쓰지 않는 것이 좋다. 그러나 아래와 같은 용례도 있다.

> If the facilities to be constructed include anything other than standard facilities, the Policy Committee shall determine the most practicable and economical scheme for the establishment of the facilities. The scheme, among other things, shall include an estimate of the cost of different categories of facilities.

"Policy Committee는 새 설비 가운데에 표준 설비 이외의 것이 포함되는 경우엔 새 설비가 어떻게 하면 가장 현실적으로, 또한 경제적으로 건설되는가 검토하지 않으면 안 된다. 그때 특히 각종 설비 방식의 코스트 비교 검토를 해야 한다."

라는 문장이다.

among others 대신 라틴어의 inter alia라는 어구도 사용되기도 한다. 용법은 꼭 같다. 이것은 외국어이므로 이탤릭체로 표시하지만 밑줄을 칠 필요가 있다.

(6) if any

'있을지 없을지는 경우에 따르겠지만, 만일 있다면' 이라는 뜻이다.

> The Contractor shall obtain necessary governmental approvals, if any, for the execution and performance of this Contract.
>
> The Guarantor shall not be subrogated to the security, if any, taken by the Lender to secure the guaranteed obligation until all the guaranteed obligations have been fully satisfied.

어떤 경우든 있고 없고는 당사자의 의사 밖의 사정에 따라 결정되는 것이 보통이다(정부가 허가를 요구하느냐 하는 것은 법률 문제이고, Lender가 담보를 가지고 있는지는 Lender와 담보 제공자 사이의 교섭 결과 여하이지, Lender와 Guarantor의 의사만으로는 어떻게 하지 못한다).

만일 있고 없고가 당사자의 의사로 결정된다면 오히려 누가 어떤 권리에 따라 무슨 일을 했을 때나 하지 않았을 때 등을 계약 조건으로 분명히 써 두어야 한다. 단, 당사자와 관련되는 일이지만, 어떻게 되는지 예상이 안 된다든가, 예상이 되더라도 어떻게 대응하느냐 하는 것은 계약 시에 정해지지 않는다. 이때 '당사자가 장차 일어날 일에 합의한다면' 이라는 취지에 대응해 이 표현을 쓰는 건 문제가 되지 않는다.

> If there is a change (if any) in the currency of payment for the Products upon the Parties' agreement, then the Price List attached hereto shall be substituted accordingly.

(32) if necessary 항목도 참조한다.

(7) arm's length

arm's length란 두 사람 당사자가 서로 독립된 주체로서 거래를 하는 관계를 나타내는 말이다. 완전한 타인인 두 당사자 사이의 거래는 통상 arm's length의 거래가 되어야 하지만, 모자(母子)회사의 거래에서 계약 조건을 조정하면 arm's length의 거래가 안 될 수 있다.

> The subsidiary company shall conduct its affairs so as to ensure that it makes such profit from the sales of the products to its parent company as can reasonably be regarded as being normal based on the assumption that all dealings between them are conducted at arm's length.

특히 계약서 내에서 많이 쓰는 말은 아니지만 모자회사의 거래, 관계 회사 간의 거래에서 세금 문제를 피하기 위해서 '이 거래는 arm's length로 이루어진다' 라는 원칙적 표현을 넣어 두는 것은 의미가 있다. 사용되는 전치사는 at이다.

(8) as

as의 일반 용법 이외에 계약 영어에서는 전치사를 강하게 한정하기 위한 부사적 용법이 있다. 의미상으로는 as가 없어도 동일하다.

> This Contract shall become effective as from the date when the necessary governmental approval is obtained.
>
> The enforcement of any remedy available hereunder as against the party in default shall be …

이 밖에 as between, as at 등 여러 전치사와 결합된 것이 있는데 모두 계약서적 색채를 나타내는 데 유용하지만 실제 이점은 없다. 한편, 계약의 성립 날짜 등을 나타내는 아래와 같은 문장에서 as는 생략할 수 없다.

> This Contract is entered into as of November 27, 2006.

그리고 성립 날짜는 보통 on this 27th day of November, 2006 …라고 하며, as of는 어떤 사정으로 성립일을 실제 체결일 이외의 날에 하는 경우에 많이 쓰인다. 예를 들면, 서로 떨어져 있는 사람 사이에 계약서를 우송해 서명하기 위해 서명일이 둘이 될 때 어느 날로 하느냐, 또는 끝맺음이 좋은 제3의 날짜에 하는 경우이다.

그 밖에 이른바 백데이트를 하기 위해 이렇게 하는 때도 있다. 백데이트는 antedate(동사)라고 한다. 단 계약서를 백데이트한다는 것은 그날에는 계약서가 존재하지 않았는 데도 불구하고 있었던 것처럼 증거를 만드는 결과가 되기 때문에 권장할 일은 못 된다. 실제 범죄가 되는 나라도 있다. 4월 1일부로 서명할 생각으로 그렇게 쓴 서류를 준비했지만 서명이 며칠 늦어졌을 뿐이라면 설명을 할 수 있겠으나, 몇 달 뒤에 작성해 4월 1일에 서명된 것처럼 겉모양을 만드는 일은 역시 피해야 한다. 그때는 실제 서명일을 기재하고 본문 내에 계약의 소급 효과를 넣는 조항을 아래 요령으로 삽입하는 것이 좋다. 백데이트의 반대(사후 날짜)는 postdate(동사)라고 한다. 소급 효과를 갖게 하거나 장차 발효하도록 하기 위해 계약일은 실제 날짜로 하지만, 발효를 다른 날에 할 때는 아래와 같은 규정을 넣는 게 좋다. 소급 효과를 갖게 한 경우는,

> This Agreement shall take effect retroactively as of November 1, 2006.

라고 한다. as of 대신에 as from(이때 as는 한정의 as인데 없어도 상관없다)일 때도 있다. retroactively를 빼면 장래의 날짜를 나타낸다. 장래의 날짜로 하는 것은 백데이트와 달라 문제는 없다. 그날에 실제로 계약서가 존재하기 때문이다.

(9) as may be necessary

(32) if necessary 항목을 참조한다.

(10) on a … basis, on the(a) basis of, based on

위는 모두 '… 조건으로, …을 기준으로' 라는 뜻인데 한국어에서도 '… 베이스로' 라고 한다. 어떤 조건, 기준, 전제를 말할 때 요긴하게 쓰인다.

All sales are made <u>on an as-is basis.</u>
"있는 그대로의 조건(기준)으로 매매한다."

와 같은 뜻의 표현으로 with all faults가 있다. 인도 장소도 현 상황이면 'as-is, where-is' 라고 한다.

The interest shall be calculated <u>on the basis of</u> a year of 360 days (또는 <u>on the basis of</u> a 360 day year).
"금리는 1년을 360일로 계산한다."
All services shall be rendered <u>on a commission basis.</u>
"용역은 수수료를 기준으로 제공하기로 한다."
Commission shall be payable <u>on a monthly basis.</u>
"용역비는 달마다 지급한다."

이 표현은 정기적인 사항을 나타낼 때 응용이 가능하다.

The price of the Products shall be decided <u>on an individual contract by contract basis.</u>
"제품 가격은 개별 계약마다 결정된다."
The price adjustment shall be made <u>on an equitable basis.</u>
"가격 조정은 형평의 원칙에 따라 이루어져야 한다."

이 밖의 뉘앙스는 조금 다르지만 based on도 사용이 가능하다.

The damages shall bo paid <u>based on</u> the actual effect of the delay.
"손해배상금은 실제 지체 효과에 따라 지급한다."
The contract price hall be adjusted <u>based on</u> the exchange rate between US Dollar and Korean Won prevailing on the date when payment is made.
"계약 가격은 지급 시의 미국 달러와 원화 사이의 교환률에 따라 조정한다."

이 밖에 (7) arm's length 및 (13) commission or omission의 두 번째 예문을 참조한다.

(11) bear

이 단어에는 두 가지 주요한 의미가 있다. 그 하나는 '비용, 책임, 위험 등을 부담한다' 이고 다른 하나는 '…이 …에서 갖는 (비율)' 이다. 후자에 관해선 (53) proportion 항목의 설명을 참조한다.

All costs and expenses incurred in relation to the services to be rendered hereunder shall be borne by the Principal.

Each party shall bear any and all responsibility arising from its respective share of the Works.

The risk of loss and damage to the Goods shall be borne by the Carrier until delivery of the Goods at the named port has been effected.

(14) without commitment의 세 번째 보기도 참조한다.

실제로 금전을 지출하는 것보다 '금선 시급을 수반하는 의무가 발생한다' 라는 점에 중점이 있는 경우엔 bear 이외에 incur라는 단어가 있다. 이를테면 '납세 의무가 발생한다' 는 incur liability라고 한다. 자주 bear and pay라는 표현을 볼 수 있는데, 여기서 bear는 지급 의무의 부담에 중점을 두고, pay는 실제 지급에 무게를 두고 있다. 비용 지급 의무의 부담자와 실제 지급인이 다를 때는 이 두 단어의 구별이 중요하다. 더욱이 incur는 실제로 지급할 때도 쓰인다. 또 그 의미로는 suffer라는 단어도 있다. (17) credit/debit 및 (13) commission or omission의 두 번째 예문도 참조한다.

반환을 요구해야 하는 성질의 금전임을 나타내는 경우에는 disburse, disbursement가 쓰인다. 예를 들면 agent가 사무의 이행을 위해 필요한 비용을 principal이 상환해야 할 때는 성질상 agent가 pay, incur 또는 spend한 비용은 disbursement이라고 한다. disbursement는 'Lender가 Borrower에게 돈을 빌려주는 것' 을 말할 때 관용적으로 사용된다. (20) disburse 항목을 참조한다.

(12) as the case may be

이것만으로 하나의 부사절이 되고 '경우에 따라서' 라는 의미이다. 어떤 서술의 적용이 둘 이상이고 각각 대응해 읽어야 할 때, 일일이 그것을 쓰지 않고 '적당히 경우에 맞추어 읽을 것' 이라는 뉘앙스로 사용한다.

> If any material adverse change in circumstances prevents the party from making appropriate preparations for participation in the second stage or the third stage of the development project, such party may withdraw from participation in the second stage or the third stage (as the case may be).

만일 어떤 중대한 환경의 변화에 의해 제2 또는 제3단계로의 참가가 준비되지 않을 때, 그것이 제2단계라면 제2단계에의 참가를, 제3단계라면 제3단계에의 참가를 취소해도 좋다는 취지이다. 제2가 되는지 제3이 되는지 알지 못하기 때문에 as the case may be라고 한다. 그 밖에 (17) credit/debit의 예문도 참조한다. 또한 as the case may be는 괄호에 넣거나 … as the case may be …라고 해도 좋다.

(13) commission or omission

동사 commit(…을 한다), omit(…을 하지 않는다)의 명사로서 '작위 또는 부작위' 를 뜻하는 것으로 사용한다. commission은 '계약상 또는 법률상 해서는 안 되는 일을 하는 것', omission은 '계약상 또는 법률상 할 의무가 있는 것을 하지 않는 것' 을 나타낸다.

예를 들면 '의무자의 작위 또는 부작위의 결과에 따른 경우는 …' 이라는 글에 사용된다. 운(韻)을 따른 언어 용법이다. act or omission이라도 좋다. commission을 '수수료', omission을 '생략' 이라고 옮기면 의미가 통하지 않는다.

> Seller shall be liable for any damage arising out of its failure to perform the obligations hereunder, unless such failure is due to a commission or omission of Buyer to perform its obligations hereunder.

act, omission의 성질을 더욱 뚜렷이 하는 용례도 있다.

The Management Company shall be liable to the Company for any loss or damage suffered by the Company based on a negligent act or omission of the Management Company's personnel in carrying out the Management company's obligation under this management Contract.

라고 해서 반대 해석으로 의도적 의무 위반은 책임을 지지 않는다고 생각하지만, 계약 해석을 그렇게 해야 하는가 하는 문제는 검토해 두는 것이 좋을 것이다.

또 commission이나 act는 '계약상, 법률상 하지 않으면 안 되는 것을 불완전한 형태로 하는 것' 을 뜻한다고 생각해도 좋다.

(14) without commitment

이때의 commitment는 어떤 의무를 적극적으로 지는 것을 의미한다. 따라서 without commitment는 '아무런 의무를 지지 않고' 라는 말이 된다. 계약서는 권리를 쓴 서면인 동시에 거래상의 이야기가 들어 있다고 하는 점은 충분히 이해가 된다. 예를 들면 매매계약에 있어서, '이 메메기 잘 이행되면 앞으로 계속 판매할 것을 검토해도 좋다.' 고 하는 취지를 넣는 일도 있을 것이다. 또 더욱 계약적 상황에 따라 이런 말을 할 수 있다. 풀턴키(full turn key) 방식의 건설계약에서 "시공인이 의무를 지지 않으나 도급인의 수입 통관 절차에 적극 협조한다." 라는 항목을 추가하는 경우가 그 한 보기다. 아래 문장에 나타나 있다.

Upon the successful performance of this Contract by the Buyer, the Seller agrees, without any commitment, to consider appointing the Buyer as its exclusive distributor of the Products in the Territory.

The Contractor shall be responsible for completing all necessary import procedures. However, the Owner, without any commitment on its part, agrees to fully cooperate with the Contractor to such end.

commitment라는 명사를 사용하지 않고 commit라는 동사를 써서 without committing oneself라는 표현도 있다. 또 (10)에서 본 on a … basis를 써서 on a non-commitment basis라는 표현도 가능하다.

계약 교섭이 있는 조항 때문에 교착 상태에 빠져 그것을 전부 받아들일지 완전히 삭제할지 양자택일을 강요받을 때, 타협 방법으로서 without commitment라고 쓰는 것도 해결 방법이다. 상대방 의무의 경우는 강제적이지는 않더라도 도의적 책임을 지게 하는 정도의 효과는 있을 것이다. 자신의 의무일 때는 전혀 면책되지 않거나, 해태했다고 하더라도 벌칙 적용은 피할 수 있는 효과는 있다.

위탁판매 계약의 일방적 통지에 의한 해제 조항 중에, "수탁자에 의해 계약이 해제됐을 때, 미판매의 위탁품을 될 수 있는 한 다른 수탁자에게 보내도록 노력함으로써 헛된 반송 비용을 피하는 데 협력한다."라는 목적으로 아래와 같은 문장을 삽입한 보기도 있다.

> All expenses incurred in connection with the return of any Commodity held by the Consignee at the time of termination shall be borne by the party requesting termination. However, if this Contract is terminated by the Consignee, the Consignor will endeavor, but without any commitment on its part, to have the Commodity delivered to other consignee in order to minimize expense to the Consignee.

(15) cooperate, cooperation

계약서는 권리, 의무를 엄격히 나타내는 문서라고 하지만, 그 밖에 협력 의무만 쓸 수밖에 없는 경우도 있다. reasonable이란 무엇인가, necessary란 무엇인가라는 논의가 자주 계약의 해석과 관련해 이루어진다. 계약은 두 당사자의 공동행위로 '공존공영, 호혜평등' 이라는 정신을 부정할 수는 없는 일이다. 거기에 이 단어의 존재 이유가 있을 것이다. 특히 Whereas Clause에서는 이 정신을 강조하는 뜻으로 cooperate가 잘 쓰인다. 그 밖에 (14) without commitment에서 제시한 건설계약 내의 조항과 같은 보기도 있다.

아래의 보기는 건설공사를 위해서 도급인 사이에 체결된 컨소시엄 계약 내의

General Obligations라는 제목의 조항이다.

> The members shall cooperate with each other and use their best endeavors to achieve the object of the Consortium.

단 어느 쪽으로 하든 어떻게 cooperate했을 때 협력 의무를 수행한 것인지를 밝힐 수 없는 한 논란이 남는 단어임을 알아야만 한다.

(16) at the cost of

(57) at one's own risk, at the risk of 항목을 참조한다.

(17) credit/debit

credit은 '채권' 이라는 뜻으로 사용되는 때도 있으나, 여기서는 '빌려 주다' , debit은 '빌리다' 라는 뜻으로 쓰이는 예이다.

> If a party delivers material less than or in excess of the material agreed to be processed by the Processor, such party shall be credited or debited for an amount equal to the cost saved or incurred thereby, as the case may be.

위탁자가 합의된 것보다 적은 양의 원료를 처리업자에게 인도하면, 그 사람 입장에서는 '저금' 이 되고 반대편은 '차용금' 이 된다는 취지다.

credit만을 말한다면 대응 부분은 … credit shall be given for the amount of the cost saving realized thereby라고도 할 수 있다. debit의 경우에는 대응하는 표현을 발견할 수 없다.

(18) cumulative

'누적적' , '배타적이 아니다' 라는 뜻이다. 누적적이라는 의미에서는 전형적으로 cumulative voting(누적 투표)과 관련해 쓸 때 사용한다. 두 번째의 의미로 쓰이는 대표적 경우, 일반 조항 중의 "각 당사자가 이행하는 구제는 이 계약에 정해진 다른 구제의 이행을 방해하지 않으며, 법률상의 구제의 행사도 방해하지 않는다. 당사자는 그 모든 구제를 선택적으로나 병합적으로 행사할 수 있다."라는 조항이다.

> No remedy herein conferred upon each party shall be exclusive of any other remedy provided herein, by law or in equity, but each shall be cumulative and shall be in addition to every other remedy available hereunder, at law or in equity.

이러한 규정을 함으로써 각 당사자는 계약상의 구제, 법률상의 구제를 가능한 한도의 재량에 따라 청구하거나, 또 하나의 권리만을 행사하더라도 다른 권리를 잃지 않는다는 점을 분명히 할 수 있다. 단 그렇게 쓰지 않으면 그런 일을 할 수 없거나 그렇게 할 권리를 잃게 되는 문제도 아니다. 오히려 명문의 규정으로써 반대 해석을 봉쇄해 두는 게 목적이다.

계약 중에 규정돼 있는 구제만에 대해 말한다면 아래와 같은 문장이 된다.

> The rights and remedies hereby created are cumulative and the use of one remedy shall not be taken to exclude or waive the right to the use of another.

cumulative가 아닌 경우는 in exclusion of, to the exclusion of, exclusive of, in limitation of, limited to 등의 표현을 사용한다.

선택적으로나 병합적으로 쓰이는 구제를 cumulative remedies, cumulative rights and remedies라고 한다.

아래 보기는 제품의 계속적 매매계약인데, cumulative의 동사형 accumulate를 '누적하다'라는 의미로 쓰고 있다.

> The Buyer shall take delivery of a minimum of 500 M/T and a maximum

of 1,000 M/T of the Products each month. If the Buyer elects to take less than the maximum amount of the Products in any one month, the Buyer may accumulate the unused portion for up to three consecutive months and take such accumulated amount in any immediately subsequent month in addition to the amount that the Buyer decides to take in such month; provided that in no event may such right be carried over into the next calendar year.

이렇게 하면 1, 2, 3월에 700M/T, 900M/T, 800M/T를 인수한 뒤, 4월에 1,000M/T에 600M/T를 보태어 합계 1,600M/T를 인수하는 것이 가능하다. 하지만 10월에 750M/T, 11월에 920M/T, 12월에 900M/T를 인수했을 때, 다음 1월에 430M/T를 더 보태기는 불가능하다.

(19) d. b. a.

doing business as의 약자(略字)이다. 한국에선 그다지 쓰이지 않지만, 미국 등에서는 회사명과 별도로 어떤 부문의 거래를 위해 상이한 회사명을 가지고 있는 경우가 있다. 전형적으로는 계약서의 첫 번째 당사자 표시에 나온다.

The Continental Producers Inc. (d. b. a. Dairy Food Distributors) …

상표와 서비스마크 등과 관련해 언급할 때도 있다.

때로는 법률적으로는 개인이 영업을 하면서 상호로서 Company 등을 사용할 경우에 John C. Ho (d. b. a. Oriental Pearls Trading Co.) 등으로 할 때도 있다. 이러한 상대와 거래할 때는 그 법률적 주체가 누구인가를 유의하면서 거래를 해야 한다.

영국에선 t/a라는 표현을 쓴다. trading as의 약자이다.

(20) disburse

두 가지 용법이 있는데 하나는 융자계약 등에서 대출을 의미한다.

The Loan shall be disbursed in three (3) separate installments during the Disbursement Period.

또 하나의 '지출하다' 라는 의미에 대해서는 (11) bear 항목을 참조한다.

(21) at one's discretion

'재량으로, 자유로' 라는 뜻이다. 어떤 당사자가 자유 의사로 어떤 일을 할 수 있다는 내용을 명문으로 규정할 때 쓰인다.

The Distributor may set the retail price of the Goods at its sole discretion.

대리점이 재판(再販) 가격을 자신의 의사로 정하는 것은 당연한 일이지만, 이것을 확인한 규정이다.

The Manufacturer may, at its discretion, change the specifications of the Product at any time during the life of this Agreement; provided that any such change does not materially alter the nature or character of the Product.

(27) to the extent의 두 번째 보기는 더욱더 규제가 엄격한 경우이다.

어느 경우도 discretion의 행사에는 어느 정도의 합리성이 있어야 하며, 계약의 취지를 벗어난 행사는 허용되지 않는다고 생각하는 것이 안전할 것이다. 조금이라도 규제를 완화하기 위해 sole discretion이라고 하거나 absolute discretion이라고 하는 때도 있다. 또 discretion 대신에 judgement라고 해도 상관없다. 뉘앙스는 목적 달성을 위해 판단을 요하는 경우에 사용되는 것 같지만 분기점은 뚜렷하지 않다.

이 어구를 쓸 때는 위치에 특히 주의를 하지 않으면 안 된다. 이를테면 아래 문장은 품질보증 조항에 자주 나오는 것이지만, at its discretion을 넣는 위치에 따라 당초의 의도가 충분히 나타나지 않는 경우가 있을 수 있다.

Upon demand of Buyer, Seller shall at its discretion repair or replace the defective Product …

Upon demand of Buyer, Seller shall repair or at its discretion replace the defective Product …

이들 문장의 의도는 "매수인의 요구가 있으면 매도인은 보증 의무의 이행 방법으로 수리나 교환을 하지 않으면 안 되지만, 어느 쪽을 하느냐는 매도인의 선택에 달려 있다."라는 것이다. 즉 의무를 지지만 이행 방법은 매도인이 재량으로 정한다는 것이다. 첫 번째 문장은 at its discretion이 Seller 바로 뒤에 있고, Seller의 재량이라는 점이 명확하므로 의도한 바를 정확하게 문장화하고 있다고 말할 수 있다. 또 그것이 repair와 replace 양쪽에 관련돼 있음도 잘 알 수 있다.

하지만 두 번째 문장에서는 at its discretion이 Seller로부터 떨어져 있고, 도대체 Buyer와 Seller 중 어느 쪽이 repair나 replace의 선택을 할 수 있는지 알기 어렵다. 따라서 discretion이 기대한 대로 작용을 하지 못한다. 물론 "its는 위치에 있어서 가까운 Seller에 관련돼야 한다."라고 주장할 수는 있으나, 첫 번째 문장이 나은 것은 말할 필요도 없다. 이 정도의 짧은 문장이면 위치가 틀리는 일은 없으리라고 생각하지만, 긴 문장에서 이 구를 사용할 때나 작성 후에 가필 정정할 때 이 구를 넣거나 옮기거나 할 때는 어구 간의 연관 상태를 잘 파악해야 한다.

(46) opinion 항목의 설명을 참조한다.

(22) best efforts

(14)에서 제시한 non-commitment basis와 유사한 목적으로 사용하는 표현에 best efforts, best endeavors라는 말이 있다. 법률상의 뜻은 반드시 명확하지 않다(단 영국에서는 이 표현을 쓰면 무거운 의무가 부과된다. 또 reasonable efforts는 그 정도는 아니다).

The Buyer agrees to exert its best efforts to obtain the export licence as soon as possible after the execution of this Agreement.

The Owner will negotiate with the relevant authority to obtain a tax exemption for the import of the Equipment on a best effort basis.

The Joint Venture Company shall use its best endeavors to conduct its affairs so as to have no taxable income.

마지막 보기는 합작으로 당사자 전용의 생산회사를 만들었을 때, 당사자에게 될 수 있는 한 많은 이익이 있도록 회사 자체의 법인세 부담을 가볍게 하기 위해 만든 규정이다.

The Joint Venture Company shall endeavor to produce at its factory a quantity of the Metal equal to the total quantity agreed to be taken by all the parties hereto.

동일한 합작회사에서 metal의 생산은 될 수 있는 한 각 당사자의 합의 거래량에 가깝도록 의무를 붙인 규정이다. 이때 endeavor는 동사로 씌어 있다. 이 보기에서 생산은 회사만의 노력으로 직접적으로 조절할 수 있으므로, 위의 세 보기(모두 당사자의 노력만으로는 목적을 달성할 수 없으며, 정부 당국이라는 제3자가 관여하고 있다)보다 그 의무는 무겁다고 생각할 여지가 있다.

이 밖에 (14) without commitment의 마지막 보기 및 (30) good faith 항목도 참조한다.

(23) endeavor

(22) best effort 항목을 참조한다.

(24) except where

(50) otherwise 항목을 참조한다.

(25) then existing

(62) then, then existing, then obtaining 항목을 참조한다.

(26) (the party) experiencing the delay

(4) affected 항목을 참조한다.

(27) to the extent

'…의 범위 내에서, …의 한도 내에서' 라는 통상 의미로 쓰인다. 일반론과 달리 예외를 만드는 경우가 있다.

To the extent that Performance of this Contract is suspended due to closure of the Seller's factory, the Agent may not submit daily sales report.

보통 같으면 에이전트는 판매 리포트를 매일 제출해야 하지만, 매도인의 공장이 폐쇄되어 판매 활동이 중단됐을 때 그 의무를 면제하는 취지를 규정한 것이다. 또 여기서 may not은 금지가 아니고 제출 의무를 이행하지 않아도 좋다는 뜻인데, 제출했다고 해서 금지 의무 위반이 되지 않는다.

반드시 일반론의 규정이 명문이 아닌 경우에도 쓸 수 있다.

The Contractor may change the work order according to which the Work is to be performed at its own discretion to the extent such change does not affect the time of completion of the Work.

일의 순서는 변경해서는 안 된다고 하는 규정이 특히 없을 때(극히 원칙적 합의는 묵시적으로 존재하겠지만), 완공 시기가 빗나가지 않으면 수급인은 그것을 변경해도 좋다는 규정이다.

또 한 경우는 원칙을 나타내는 때이다. 아래 보기는 건설에 관한 수급인 사이의 컨소시엄 계약 중에서 각 수급인은 내부 관계의 문제로서 자신이 도급받은 범위를 한도로 하여 책임을 진다고 하는 취지의 규정이다.

Each Member shall be liable for any damages assessed against the Consortium to the extent of his proportionate obligation provided herein with respect to the Main Contract.

여기서 Main Contract란 컨소시엄으로서 도급받은 건설계약 본체를 말한다.

(28) first refusal

(55) right of first refusal 항목을 참조한다.

(29) without limiting the generality of the foregoing

무엇을 말할 때 일반적으로 쓴 뒤에 보기를 들 때가 있다. 하지만 그 일반어로 지시된 개념의 모든 경우를 열거한다는 것은 불가능하므로, 그러한 보기의 열거는 예시임을 밝힐 필요가 있다. 그래서 "지금부터 제시하는 보기는 단지 보기일 뿐, 앞서 사용한 어구의 뜻은 이를 한정하는 것이 아니다. 아래 보기는 어디까지나 그 개념 속에 들어가는 몇몇 경우를 참고로 할 뿐이지, 일반론으로서 그 어구가 의미하는 것 모두를 포함한다고 하는 원칙을 깨뜨리지 않는다."라는 것을 말하는 것이다.

Neither party may be liable to the other for any delay in performing or failure to perform any of its obligations on account of any event which is beyond the control of the party so affected. Such events shall include, without limiting the generality of the foregoing, acts of God, war, riot, fire …

이는 "일반론으로 당사자가 지배하지 못하는 사유〉는 모든 면책 사유에 해당한다. 이해를 돕기 위해 보기를 들면 천재지변, 전쟁, 폭동, 화재 같은 것들이다. 하지만 이것들은 단순한 보기이고, 그것들이 전부라고 생각해선 안 된다. 어디까지나 일반론으로서 〈당사자가 지배하지 못하는 사유〉는 모두 면책 사유가 된다." 이기 때문에 이 구가 쓰이고 있다.

with limiting … 대신 without affecting the generality of the foregoing라고 해도 같은 것이다.

그 밖에 아래와 같은 표현도 있지만 기능은 동일하다.

> No claim of any Member against other Member(s) may include indirect or consequential damages such as, <u>but not so as to limit the generality of the foregoing,</u> loss of profit, loss of production, exchange loss or interest loss.

loss of profit 이하는 확실히 indirect damages, consequential damages를 대표하는 것이지만, 그것뿐만 아니라 다른 damages라고 하더라도 indirect, consequential한 것은 모두 포함된다. 이것으로 알 수 있듯이 이 표현을 쓸 때는 그 앞에 일반론으로서 계약상, 법률상 의미가 있는 어구가 반드시 있어야 한다. 따라서 아래와 같이 썼을 때 but not be limited to 대신으로 사용할 수 없다.

> Neither party may be liable to the other for any delay in performing or failure to perform any of its obligations on account of any event of force majeure, which expression shall include, but not be limited to, war, riot, fire, flood … and any other event which is beyond the control of the party so affected.

왜냐하면 이 문장에서 force majeure는 그것만으로는 그 이하 것을 총칭하기에는 지극히 모호하다. 그리고 이 계약에 있어서 이 어구의 뜻은 열거한 보기의 전부와 마지막의 any other event which is beyond the control of the party so affected로써 비로소 확정되기 때문이다. 즉 기호는 만족할 만한 generality를 지닌 단어가 아니기 때문이다.

바꾸어 말하면 여기선 'force majeure, 즉 (예시를 하지 않아도 의미는 충분히 명백하지만, 굳이 제시한다고 하면) … 등' 이라는 의미는 아니고 '… 등의 force majeure 사유' 라고 번역하는 것이 적당하다. 이에 대해서 앞의 두 문장에서 보기를 들지 않고, any event which is beyond the control of the party so affected나 indirect or consequential damages로 끝이 나더라도 그런 표현 자체가 의미를 지니고 있으므로 규정의 내용을 확정할 수 있다.

또 마지막 보기에선 may 뒤에 오는 동사로서의 기능이 필요하기 때문에 but

not be limited to …라고 돼 있다.

이 밖에 같은 것을 나타내는 것에는 any event of force majeure including, without limitation, war, riot, …나 any event of force majeure including, but not limited to, war, riot, …라는 표현도 있다. 후자의 경우 limited to는 event of force majeure를 수식하는 기능을 가진 과거분사형의 형용사이므로 위의 보기처럼 be 동사를 동반하지 않는다. 12장 D항 (5)의 ⑥ 설명 중 예문도 참조한다.

(30) good faith

C의 (1) bona fide 항목을 참조한다. bona fide의 항목에서 쓴 것처럼 보통은 in, with 등과 함께 부사구로서 사용된다.

> The Parties hereto agree to endeavor to resolve any dispute or difference among them arising out of or with respect to this Agreement by discussions to be held in good faith in a spirit of mutual goodwill and understanding.

때로는 a good faith obligation 등과 형용사처럼 사용되는 일도 있다. 단 이 규정이 어느 정도의 의무를 당사자에게 부과하게 되는가 하는 것은 준거법에 따를 뿐이다. 영국법은 이 조항을 그대로 이행하면 어떻게 해야 하는지를 규정하지 않기 때문에(즉 논의를 해 어떤 결론을 내야 좋은가에 대한 지침이 아예 없다) 법적 효과는 거의 기대할 수 없다.

(31) here-와 there-

① here-

here-는 문법적으로는 … this …로 바꿔 쓸 수 있다. 계약서에 쓰일 때, 이 this는 본 계약서 그 자체인 this Agreement, 그 조항 자체인 this Article, 또는 그 단락이나 문장 자체인 this paragraph, this sentence 등을 가리킨다. 따라서 in this Agreement 대신에 herein이, after this sentence 대신에 hereafter가 쓰인다. 즉 here는 좁게는 그 here-가 사용되고 있는 문장으로부터 점점 범위를 넓혀 최대한 이 계약서 전체까지를 가리킨다. here-라는 단어를 사용하는 경우, 이 범위 내의 무엇인가를 대입하여 읽어서 의미가 통하면 그것은 바르게 사용됐다고 할 수 있다. 대개 … this Agreement의 대용으로 사용되고, … this Agreement라고 자주 되풀이하거나 문장 구성상 부자연스럽거나 체제가 어색하다고 생각될 때 사용된다.

이 밖에 정의 조항에서 '이하 …라고 칭한다' 라는 뜻으로 hereinafter(또는 hereafter) called라고 하거나, '뒤에서 말한' 의 뜻으로 described herebelow, '앞에서 말한' 의 뜻으로 mentioned hereinbefore 등이 쓰인다.

아래와 같은 전치사와의 결합이 자주 나타난다.

hereafter, hereby, herein, hereinafter, hereinbefore, hereinto, hereof, hereto, heretofore, hereunder, hereunto, hereupon, herewith

또 하나의 here-의 용법은 시간적으로 현재를 here로 바꿔 쓰는 방법이다.

All letters exchanged <u>heretofore</u> shall be superseded by this Agreement.

라고 하면 heretofore는 up to the present time(즉 the date of this Agreement)이라는 뜻이다.

The parties hereto shall <u>hereafter</u> meet regularly to discuss the policy of this Joint Venture.

이를테면 hereafter는 after the date of this Agreement가 된다.

② there-

there-는 사전에 의하면 문법적으로 … this, …that, …it로 바꿔 쓰인다고 돼 있다(이 경우의 … this는 here-의 경우와 달리, 문법의 일반 원칙대로 그것보다 앞에 나오는 단어, 구, 절이나 문장을 가리킨다). 이 말은, there는 어느 것을 대신하든 이미 언급한 것을 가리킨다. here-의 경우는 here가 '이 …' 라고 해 무엇을 지시하는지 알기 때문에 예고 없이 어디서나 사용할 수 있다. 그러나 there는 this, that, it에 해당하는 것이 그 앞에 한번 나오지 않으면 안 된다. 즉 there는 '그' 의 뜻이므로 그것이 무엇인지를 미리 나타낼 필요가 있기 때문이다. 단 이전에 나오는 것은 지시하는 내용 그것이 아니더라도 단순한 레퍼런스라도 좋다. 레퍼런스만 있으면 내용의 상세한 점은 그 there- 앞에 있거나 뒤에 있어도 상관이 없으며 본 계약서 이외의 자리에 있어서 here가 같은 뜻으로 대상을 지시하고 있는 것에(즉 항상 지시된 대상물이 자신을 중심으로 한다) 대해, there는 이미 언급된 것이고 자신을 포함하지 않은 무엇을 지시하고 있다. 그러므로 레퍼런스를 통하기만 하면 이 계약서 내에 있는 것 이외의 이 계약서 밖에 있는 것을 지시하는 것도 가능하다.

this로 지시하느냐, 또는 that나 it로 지시하느냐 하는 것은 그다지 문제가 되지 않을 것이다. 어느 것이든 there- 형은 그 위치로부터 앞(전형적으로는 바로 앞의 문장이다. 극단적인 경우는 복문, 중문에 있어서의 첫째 문장일 때도 있다)에서 목적, 시간, 장소, 조건 등이 나온 뒤에 그것을 끌어당겨 표현하고 싶으나, in …, at …라고 전체를 반복하게 되면 문장이 지나치게 길어지거나 혼란스러울 때 사용한다.

목적: (Whereas Clause에 있어서) The LICENSOR intends to assist the LICENSEE in the realization of the plan to manufacture and sell certain construction equipment and machinery in the TERRITORY and to render technical assistance therefor to the LICENSEE by supplying technical information and dispatching its technical personnel.

이 there는 this(purpose)를 의미한다. 그리고 this(purpose)란 구체적으로는 같은 문장 앞부분의 the realization부터 TERRITORY까지다. 이 문장에서 there 대신 그 대상이 되는 전부를 쓰면 그 문장이 너무 길어질 뿐 아니라 지극히 체제가 나쁜, 이해하기 어려운 문장이 될 것이다.

시간: (매월 인도할 것을 규정한 조항에 있어서) The Seller shall deliver the

Products not later than the last day of the month in which this Agreement is executed. Thereafter, the Seller shall make delivery on the 10th day of each month.

이 there는 that(day)의 대용으로 앞문장의 the last day에서 executed까지를 가리킨다.

장소: The Buyer shall take delivery of the Products at the port of shipment, Title to the Products shall pass therat.

이 there는 that(place) 대용이고, 앞 문장의 the port of shipment를 가리킨다.

지금까지의 보기에서는 there 앞에 그 지시하는 내용이 모두 기재돼 있지만, 앞에서 말한 것처럼 반드시 그렇게 할 필요는 없다. there 앞에 나오는 것은 다른 곳에 씌어진 구체적 내용으로 독자를 유도하는 화살표에 해당하는 레퍼런스만이라도 좋다. 그렇게 하면 there는 간접적으로 계약서 내의 어느 곳에 있는 것이라도 지시할 수 있다. 단, 이 레퍼런스 자체가 나오는 장소는 지금까지와 마찬가지로 there 앞인데 내개 바로 앞이다. 또 실세로 바로 앞이 아니면 무엇을 가리키는지 분명하지 않다. 이 규칙만이라도 지키면 간접적으로 먼 것을 가리켜 thereunder, thereto 등과 사용할 수 있다.

계약서 내의 다른 장소에 있는 것을 지시하는 보기: Article 13 relating to notices shall apply also in case of assignment hereof by the Borrower. Therefore, no assignment shall become effective until and unless the Lender is notified of such assignment in accordance therewith.

이 보기에서는 Article 13을 가리킨다. Article 13은 이 조항 앞에 있거나 뒤에 있어도 상관없다.

아래 보기는 이 계약서 밖에 있는 것을 가리키고 있다.

The Investor shall subscribe to the stock of this Corporation in accordance with the Subscription Agreement entered into between the Investor and the Corporation on November 21, 2006. However, the subscription price of each share specified therein shall be valid only until January 31, 2007.

여기서 there는 Subscription Agreement를 가리킨다.
아래 보기는 이 계약서 밖의 다른 개념의 일부를 지시하고 있다.

The specifications of the Machine shall be set forth in the Seller's offer sheet. The operating parameters specified therein shall be strictly observed by the Buyer.

there는 the specifications(의미를 말하면 the specifications which shall be set forth in the Seller's offer sheet)를 가리킨다.

이와 같이 there는 장소에 한하지 않고 this, that, it로 바꿔지는 모든 개념의 대용이 될 수 있다. 또 there 뒤에 오는 전치사는 here의 경우와 거의 같지만 for와의 결합이 가능하다. here의 경우에는 의미가 거의 없다.

there의 경우 지시하는 대상은 단수, 복수 어느 쪽이라도 된다. 또 there형을 사용할 땐 그것이 무엇을 지시하는가를 분명히 할 수 있도록 주의해야 한다. there의 대상 후보가 둘 이상 있으면 간결한 표현을 위해 사용한 there가 오히려 혼란과 분쟁을 초래하게 된다. 이를테면 접속사 and로 연결된 어구 뒤에 사용되는 경우 there가 and의 앞뒤에 열거된 것 중에서 뒤의 것만을 가리키는지, 전부를 가리키는지 분명하지 않을 때가 종종 있다.

덧붙이면, 이 테크닉은 there를 사용하지 않고 문장 전체를 나타내려고 단지 해당 부분을 그대로 반복만 한다고 해서 문장이 되지 않을 뿐 아니라, 짧은 말로 바꿔 나타내려고 해도 쉽지 않을 때 타개책으로 쓰이기도 한다.

In the event that the construction work is delayed by any event of Force

Majeure as defined in Article 20, the time of completion of the plant shall be extended for the period corresponding thereto.

이 문장에 있어서 thereto를 쓰시 않으려면 어느 정도 앞부분을 바꾸어 to the period during which the construction work of the plant is so delayed라고 하든가, to such delay라고 할 필요가 있다.

이 경우는 그래도 delay라는 한 단어로 앞부분이 총괄되므로 괜찮지만, 아래 보기는 그런 말이 없기 때문에 더욱 there가 편리한 경우이다.

Upon termination of this Contract by the Owner on account of default by the Contractor, the Owner may employ other contractor to complete the Work. The Contractor shall be liable for all increased costs incurred by the Owner as a result thereof.

이때의 there는 굳이 말하면 the Owner employing other contractor to complete the Work일 것이다. 하지만 이것을 짧은 말로 나타내려고 하더라도 적당한 말을 찾기 어렵다. 이 정도의 짧은 문장의 경우는 그대로 쓸 수도 있지만, 더 긴 문장일 때는 무리를 하는 것보다 there형을 쓰는 것이 결과적으로 알기 쉬워진다.

어느 쪽이든 이 방법은 기본적으로는 편법이므로 그 결과로 문장이 모호해지면 다른 방법을 생각해야 한다.

here-에 시간적 용법이 있는 것처럼, there-에도 '그때'와 대치되는 기능이 있다. 물론 어떤 때를 지시하는 규정이 그 앞에 나와야 하는 것은 장소의 경우와 같다.

When the Assignee establishes a bank account, the Assignee shall notify the Assignor the name and umber of the account to the Assignee. Thereafter the Assignor shall cause all account debtors to remit the purchase price into such account.

"양수인이 은행계좌를 개설하고 그 명세를 양도인에게 통지하면, 그 후 양도인은 각 채무자에게 매매대금을 해당 계좌에 입금하도록 해야 한다."는 규정이다. there는 '계좌 개설의 통지를 받은 때'를 가리킨다. '시간'의 보기와 8의 E (2)의 맨 앞 두 보기도 참조한다.

(32) if necessary

단어의 뜻 그대로이지만, 계약서에는 자주 쓰이고 있다.

> The Borrower agrees to obtain all licences and permits for this Agreement, if necessary, from the relevant governmental authorities.

이와 유사한 표현으로 if required가 있다.

> The statement shall be prepared and signed by the Secretary of the Company and, if required, the signature shall be verified by the appropriate governmental official(s).

이 같은 문장을 작성할 땐 항상 누가 necessary라고 판단하는가, required하는가를 생각할 필요가 있다[5장의 (1) 참조]. 첫 번째 보기는 법률의 규정이고, 두 번째 보기는 statement를 수령하는 측의 당사자일 것이다. 법률 등은 강제 법규인 경우가 많으므로 지나치게 신경질적일 필요는 없지만, 당사자의 임의의 요구에 따른 것인 경우엔 이것을 if required by …라고 명시하는 것이 좋다. 이런 경우 if deemed necessary by …같은 문장도 적당할 것이다. 이 경우에는 necessary라고 판단하는 주체를 밝히는 것이다.

이 밖에 유사한 구조를 가진 성구(成句)로서는 if appropriate, if possible, if deemed advisable, if deemed recommendable 등 여러 가지가 있다.

또 if necessary 대신 as may be necessary, if required 대신 as may be required나 as circumstances require, if appropriate 대신 as may be appropriate 등으로 할 수 있다. 어느 것이든 '만일 필요하다면', '만일 요구된다면', '만일

적절하다고 생각되면' 이라는 뜻이다. deemed를 넣거나 by …를 넣는 것도 가능하다.

> The Licensee shall take whatever precautionary measures as may be deemed appropriate to keep confidential all the Know-how supplied hereunder.

Licensee는 일반적으로 말해 적절하다고 생각되는 보안 조치를 취하도록 요청하는 취지다.

(33) including

(29) without limiting the generality of the foregoing의 항목 중의 예문을 참조한다.

사전적 의미는 '…을 포함해' 이지만, 실제 문장 안에서는 오히려 '예컨대' 라는 뜻으로 쓰이는 경우가 많다. 물론 예시 · 열거 이외의 용법에서는 본래의 어의에 따라 사용된다.

(34) incur

(11) bear 항목을 참조한다.

(35) indemnify

의미는 '보상하다' 이지만, 대상은 현재 이미 발생한 손해와 향후 발생할 것으로 예측되는 손해의 양쪽이다. 장래의 손해에 대해서는 '장차 손해가 발생하지 않는 것을, 또 만일 발생했을 경우 보상할 것을 현 시점에서 약속한다, 보증한다' 라는 의미가 되는 점에 주의할 필요가 있다. 즉 현재 발생하고 있는 손해에 대해 One hereby indemnifies the other against all losses incurred라고 하면, '발생한 손해를 지금 여기서 보상한다' 라는 의미가 되지만, 장래의 손해에 대해 One hereby indemnifies the other against the losses the other may incur in the future라고 하면, '향후 손해를 끼치지 않도록 하겠다(폐를 끼치지 않겠다)' 라는 계속적 약속과 함께, '만일 현실적으로 손해가 발생하면 보상할 것을 지금 약속한다' 라는 의미가 된다.

거기서 그 의미를 강조하려면 아래와 같은 문장이 된다.

> The Borrower indemnifies and agrees to indemnify the Guarantor against any loss, expense or damage the Guarantor may suffer as a result of the issuance of the Guarantee.

맨 앞의 indemnifies를 보고 현실적으로 손해가 발생하지 않았는데 왜 그런 말을 하는가 의문을 갖는 사람이 있겠지만, 여기서의 뜻은 손해를 끼치지 않을 것을 이 시점에 약속한다는 뜻이다.

보통 hold harmless라는 표현과 결합해 to indemnify and hold harmless (someone) from and against …라고 하는 경우가 많다.

indemnify는 보통 against를 전치사로 갖는다. 이에 대해 유사한 뜻으로 사용되는 reimburse는 for를 취한다.

(36) insofar as 항목을 참조한다.

(36) insofar as

(27) to the extent와 유사하다.

> Each party hereby agrees to indemnify and hold harmless the other party from and against any and damages, costs, expenses or liabilities arising out of any responsibility imposed on such other party by the Main Contract insofar as the same relates to any portion of the Work for which the indemnifying party is responsible.

컨소시엄 계약의 책임분담 조항에, "한쪽 당사자가 이 계약서상 책임이 있는 것으로 규정됐을 때, 그것이 다른 쪽 당사자의 책임시공 범위에 기인하는 경우는 다른 쪽 당사자는 최초의 당사자의 손해를 보상할 것을 약속한다." 라는 내용이다. to the extent that로 대체해도 상관없다. 아래 예문은 이처럼 컨소시엄 계약 중에 "main contract의 시공주로부터 받은 서류 가운데 각자의 책임 범위 내에 있는 것을 체크하지 않으면 안 된다."라는 조항이다.

Each party shall check the Customer's technical data and drawings insofar as they concern such party's scope of work.

이것도 to the extent that로 바꿔 써도 좋다.
아래 save(except의 뜻)가 유도하는 보기를 들어 본다.

Save insofar as it is illegal or physically impossible, the Contractor shall execute and maintain the Works in strict accordance with the Contract.

to the extent it is legal and physically possible …라고 바꿔 써도 같은 뜻이다. 또 save insofar as라고 하지 않고 unless라고 써도 좋다.

(37) jointly, jointly and severally

보통 의무에 관해 언급할 때 많이 쓰인다. jointly는 2인 이상의 채무자 전원에 대해 의무 이행을 일제히 요구해야 할 때(따라서 소송의 경우는 전원을 피고로 해야 한다) 쓰고, jointly and severally는 한 사람이나 전원에게 전부 또는 일부를 청구해도 좋을 때(소송 경우의 피고도 한 사람이든 전원이든 인원 수에는 관계없다)에 쓴다. 권리에 대해선 이렇게 명확한 구분은 없고 판례, 학설과 더불어 상황에 따라 다양하다. 즉, joint라고 쓰여 있더라도 경우에 따라서는 개별적으로 청구가 가능한 때도 있는 것 같고, 법률로 갖가지 예외를 설정하고 있는 경우도 있다.

또 joint and several의 권리는 존재하지 않는다는 영국 판례도 있고, joint and several이면 당연히 several에게 청구할 수 있다는 판례도 있다. 이 경우도 채권이 분할 불능일 때는 joint로 취급하는 경우도 있는 것 같다. 결론적으로는 권리에 대해 쓰는 경우는 joint, joint and several이라고 나누어 쓰는 것만으로는 불충분하다. 그리고 명문으로 청구 형태를 쓰는 것이 실제적일 것이다. 의무에 대해 쓸 때의 일반적 문장을 제시해 보겠다.

> The obligations of the Contractors created hereunder are joint and several.
>
> The Guarantor shall be jointly and severally liable with the Borrower for any breach of this Loan Agreement by the Borrower.

그리고 jointly and severally 대신 jointly and separately, jointly and individually, jointly and solidarily라는 표현도 드물게 쓰인다.

(38) including, but not limited to

including, but not restricted to라고도 한다.
(29) without limiting the generality of the foregoing 항목을 참조한다.

(39) including, without limitation

(29) without limiting the generality of the foregoing 항목을 참조한다.

(40) liquidate

주된 의미는 둘인데, 그 하나는 '(회사 등을) 청산하다' 이고 해약 조항 속에 잘 나타난다.

> This Agreement may be terminated by either party upon the occurrence of any of the following events:
>
> a) …;
>
> b) if the other party undergoes liquidation; …

또 하나의 의미는 '금액을 확정하다' 이다. 단 이 의미로 쓰이는 것은 거의 liquidated damages라는 구에서다.

> If the completion of the Works is delayed for any reason attributable to the Contractor, the Contractor shall pay to the Owner liquidated damages at the rate of US $ … for each complete week of delay; provided that the total of such liquidated damages shall in no event exceed … % of the Contract Price.

이 liquidated damages는 일본법에서 말하는 손해배상액의 예정이다. 배상액이 불확실한 것을 미리 일정한 율 또는 금액으로 확정해 두고 실제 손해의 유무, 금액에 관계없이 그 지급으로 손해배상 의무는 충족된다는 약속이다.

또 손해배상액(금)의 의미로 쓰일 때는 damages라고 항상 복수로 써야 한다는 것은 이미 말한 대로다. 또 '손해배상을 청구하다' 라고 말하는 경우에 동사는 ask, demand, seek 등을 써서 damages를 목적어로 갖는다.

(41) make good

'불완전한 것을 완전하게 하다' 라는 뜻으로 종종 품질성능 보증 조항에 쓰인다.

이 방법은 금전의 지급이건, 수리이건, 교환이라도 좋고 계약의 정하는 바에 따른다.

> If any Product sold hereunder proves to be defective in materials or workmanship, the Manufacturer shall make good such defect by promptly repairing or replacing the same.

이 밖에 보증에 관해 쓸 때, 그 구체적 경우에 쓰이는 어구로 편리하다.

(42) in one's name and for one's account

(57) at one's own risk, at the risk of 항목을 참조한다.

(43) notwithstanding

'에도 불구하고' 라는 말 그대로다. 계약서에서는 어떤 특별한 규정을 만들 때

'옆에 무엇이 씌어 있건 상관없이' 라는 뜻을 나타내는 목적에 쓰인다.

바로 앞에 있는 것(예컨대 같은 조항의 전반부)에 대한 특칙을 만들 때는 아래와 같이 한다.

> Notwithstanding the foregoing, …

더욱 세밀하게 대상 부분을 지정하고자 하면 foregoing 대신 foregoing sentence, foregoing sub-paragraph라고 하면 된다. 앞에 있는 것에 한하지 않고 알려져 있는 곳의 어떤 것을 가리킬 때는 아래와 같이 분명히 지시하면 된다.

> Notwithstanding (the provision of) Article 10, …

어디엔가 있기는 하지만 그것을 구체적으로 지시하기가 어렵다. 예를 들면 세분되어 흩어져 있거나, 해석과 운용상으로는 있을지 모르지만 반드시 명문으로 규정돼 있지 않은 경우(그 밖에 실제로 어딘가에 있으면 곤란하므로 유무에 관계없이 여하튼 써 두는 경우가 있다)에는 아래와 같이 한다.

> Notwithstanding anything herein contained to the contrary …
> Anything contained herein to the contrary notwithstanding …

herein은 in this Agreement이므로 '계약서 어딘가에 반대 사실이 씌어 있더라도' 가 된다. 계약서를 만든 지금 현재 아무것도 해당하는 게 없다는 것은 알고 있지만, 장차 수정이 되는 때도 이 점은 바꾸지 않는다고 할 때 처음부터 삽입해 두는 일이 있다.

이 같은 규정을 만들 때는 이것 때문에 옆에 적은 일반 규칙이 부정되어 버리는 점을 유의해, 의도한 경우에만 적용되도록 조건을 달지 않으면 안 된다. 이를테면 지급 조건 가운데 지급은 L/C로 한다고 하면서, 옆에서 그럼에도 불구하고 수표로 지급해도 좋다고 쓰면 매수인은 언제나 수표로 지급할 것이다. 이런 경우에는 '매도인이 합의한 경우는' 이라든가 '은행 보증 또는 당사자의 배서가 있는 경우는' 이라는 한정 조건을 붙이지 않으면 안 되기 때문이다.

Notwithstanding the foregoing, the Buyer may make payment by means of promissory note if the payment under the note is guaranteed by a bank acceptable to the Seller or the note is endorsed by a party approved by the Seller.

(44) then obtaining

(62) then, then existing, then obtaining 항목을 참조한다.

(45) set opposite

아래와 같은 표를 썼을 때, 이것을 문장으로 설명하고 '각 이름 우측에 적힌 비율로 주식을 보유한다' 라고 할 경우 이 표현을 사용한다.

Each shareholder shall initially subscribe to and pay for shares of the Company in an amount equal to the percentage set opposite its name as follows:

J.D. Watson and Company	49%
Mycroft Manufacturing Inc.	20%
Cadogan West and Sons Ltd.	20%
Valentine Paper Mills Co., Ltd.	11%

이같이 좌측에 열거한 것에 각각 대응해 우측에 무슨 기술이 있는 표의 경우는 항상 이 말을 써서 작문을 한다.

예컨대 정의 조항에서 리스트를 작성했을 때 아래와 같이 말할 수 있다.

The following words shall hereby be given the meanings respectively set opposite each of them:

ADVANCE: The money disbursed …

BAND: The Bank of …

INTEREST PERIOD: A six month period commencing …

(46) option

option은 명사로서 아래 첫 두 개의 보기처럼 쓰는 게 보통이지만, 드물게 동사인 opt를 셋째 보기처럼 쓰는 경우도 있다. 문장 형태를 정돈하는 목적으로 가려 쓰는 것 같다.

The Lender has the option of applying all repayments either to repayment of the principal or to payment of interest.

The Seller has the option to ship the Goods on its own ship, if she is available.

If the Distributor opts to carry an appropriate stock of spare parts, the payment for such spare parts shall be made by an L/C payable ninety (90) days after sight.

보통 option은 exercise한다고 하기 때문에 opt 대신 exercise the option이라고 할 수 있다. (여담이지만, 첫째 보기에서 loan의 변제를 repayment라고 하지만, 이것은 영어에선 최초의 대출, 즉 대여금 지급을 lender의 borrower에 대한 payment라는 것에서 나왔다. 한국어의 감각에서 말하면 변제만이 payment와 같은 기분이 들기 때문에 조금 이상하게 느껴지기도 한다. 이자는 변제 때 처음으로 지급하므로 re가 붙지 않는다.)

option을 주는 경우에 동사는 give 또는 grant가 보통이다.

때로는 '자유 의사로'라는 뜻으로 at one's (sole) option이라는 표현을 쓰는 일이 있다. 아래와 같은 경우다.

If the Product is found to be defective, the Seller agrees, at its sole option, to repair or replace the same at the Seller's cost.

이것은 repair를 선택하느냐 replace를 선택하느냐 하는 것에 대해 Seller에게 선택권이 있으므로 option이라는 단어를 사용한다. 하지만 반드시 당연한 계약 사항으로서 예정된 선택이 아닌 경우엔 option보다 discretion, judgement가 나은 표현이다. 또 judgement의 경우엔 in one's judgement라고 한다.

If the market conditions in the Territory do not warrant operation of the Joint Venture Factory at full capacity, Tokyo Technology Company may, in its sound and reasonable judgment, reduce the number of Engineers to be dispatched hereunder.

이 경우도 option이 좋지만, 장래의 계약에 공장이 100% 조업이 안 되는 때의 조치를 예상할 때 계약 항목에 끼워 넣는 건 정신적 저항이 있을 것이다. 어디까지나 뉘앙스의 문제라고 할 수 있을지 모르겠다. 더욱이 예상된다고 해서 기대하고 있는 것은 아니므로, 이 문장은 if로 시작하지 않으면 안 된다. 발생하는 것이 처음부터 예정돼 있을 땐 when을 쓴다. 해제 조항에서 '당사자가 계약 위반을 했을 때' 라고 하는 게 좋은 예이고, when이 아니고 if가 맞다.

또 분명하게 하기 위해 in the exercise of its sound and reasonable judgement라고 할 때도 있다.

아래 문장은 option보다 discretion이 낫다고 생각되는 예다.

The Contractor may engage, at its sole discretion, subcontractors for its scope of work.

물론 수급인의 사용에 관해 특별한 규정이 있으면 몰라도, 없으면 Contractor가 자신의 책임으로 수급인을 고용하는 일은 원칙적으로 자유다. 때문에 계약 사항으로서 option의 대상으로 하는 건 이상하다.

(21) at one's discretion 항목의 설명을 참조한다.

(47) or(er)와 ee

'…하는 사람', '…되는(당하는) 사람'을 의미하는 어미이고, 의미만 이상하지 않으면 많은 동사에 자유롭게 붙는다. 대표적인 것과 예외를 아래에 열거하였다.

Advisor — Advisee
Appointer — Appointee
Consigner — Consignee
Donor — Donee
Employer — Employee
Franchiser — Franchisee
Grantor — Grantee
Indemnitor — indemnitee
Lessor — Lessee
Licensor — Licensee
Mortgagor — Mortgagee
Obliger — Obligee
Offeror — Offeree
Optionor — Optionee
Payer — Payee
Pledgor — Pledgee
Transferor — Transferee
Vendor — Vendee

아래에 or(er) — ee로 반대어가 되지 않는 예를 몇 개 들어 보면 다음과 같다.

Depositor — Depository
Guarantor — Guaranteed person(party)
Insurer — Insured 또는 Beneficiary
Settlor, Trust Settlor 또는 Trustor — Trustee

감각적인 의미로 주의를 요하는 것은 보통 or(er)이 붙은 쪽이 부여하는 쪽이 되기 때문에 어쩐지 입장이 강한 자 같은 기분이 든다는 것이다. 하지만 mortgagee, obligee, pledgee의 경우는 각각 ee가 붙는 당사자 쪽이 담보권자, 채권자, 질권자가 된다.

또 철자 문제에서 indemnitor의 경우는 indemnify 되는 사람은 indemnitee가 되고, indemnity가 명사인 '보상'이 되지만 guarantor의 경우는 guarantee로 하거나 guaranty라고 하더라도 명사인 '보증'이 되는 점을 혼돈하지 않도록 주의해야 한다.

그러면 보증의 주체(예컨대 은행)는 무엇이라고 부르느냐 하면 guaranteed person이 될 듯하지만 이것은 보증 의뢰인(차주)이 될 수도 있으므로 보통 이 말은 쓰지 않는다.

or(er) — ee를 붙여서 대립하는 당사자 관계를 말할 수 있는 것은, 그것들의 근본이 되는 동사가 당사자 간에 거래를 할 수 있는 것에 관한 경우뿐이다. distri-butor라고 하는 말이 있으나 distributorship Agreement 안에서는 distribute하는 권리는 주고받을 수 있지만, distribution 자체는 distributor와 그 고객 사이의 문제이므로 권리를 부여하는 자를 distributee라고 부를 수 없다(여담이지만 distributee에는 상속인이라는 전혀 다른 뜻이 있다). 또 Patent Licence Agreement 안에서 licensor는 동시에 patentee(특허권자)이지만 patent를 주는 측은 정부이므로 patentee는 정부와의 관계에서만 그 입장을 웅변적으로 나타내는 단어이다. licensor가 patentee라고 해서 그 반대인 licensee가 patentor가 되지 않는 것은 두말 할 것도 없다.

investor는 보통 권리나 사물에 투자를 하기 때문에 상대방 사람을 가리켜 investee라고는 하지 않을 것이다. 그 밖에 contractor는 성립에 있어서는 contract에 or이 붙었다고 하지만 도급을 하는 사람이라는 뜻의 용법이므로 시공사를 contractee라고 부르지 않는다.

(48) order

둘 이상의 물건이 있을 때 그 우선순위나 적용순위를 정해야 하는 경우가 있다. 건설계약 중에 관계 서류의 우선순위를 정하는 문장에 아래와 같은 것이 있다.

The following documents shall have the following order of priority(또는 precedence):

a) Contract Agreement;

b) General Terms and Conditions;

c) Specifications;

d) Annex; and

e) Minutes of Meeting dated December 31, 2006.

또 이때 아래와 같이 표현하는 것도 가능하다.

In case of a discrepancy or conflict among the following documents, the document listed earlier shall prevail over and listed below it:

a) Contract Agreement;

⋮

e) Minutes of Meeting …

이 보기에서 any listed below it 대신에 a later라고 하면 순서에 맞는 느낌이라 더욱 좋다.

아래 문장은 융자계약 안에서 prepayment가 있을 때의 충당 순서(분할 지급의 최후 것부터 충당한다)를 나타내는 것으로 종종 사용된다.

Any such prepayment shall be applied to repayment of the Loan in the inverse order of the maturity of the installments.

그 밖에 alphabetical order, numerical order, chronological order 등이 있다.

(49) other

몇 가지 사물을 열거할 때 그것들을 모아서 한 단어로 표현하는 말이 있으면 일단 그것을 제시하고, 앞에 나온 without limiting the generality of the foregoing을 써서 예시하면 좋다. 하지만 general term이 없는 경우는 '그리고 기타'를 의미하는 표현이 필요하다. 그 때문에 보기를 열거한 뒤에 이 other를 사용한 문장이나 구가 삽입된다.

The Consultant shall render the following services:

1. Collecting information on power projects sponsored by the Government of …;
2. Obtaining quotations from the local suppliers for the equipment to

be locally procured;

⋮

6. Any other services from time to time requested by the Principal.

The Importer shall obtain the import licence and any other permit or approval necessary to import the Goods into the Territory.

The Contractor shall effect insurance covering erection, third party liability, workman's compensation and such other insurance as would normally be effected by a prudent contractor in similar circumstances.

이들 용법에 있어서 other는 매우 개괄적인 말이기 때문에 가끔 앞에서 말한 if any, if necessary 등과 결합해서 쓰이기도 한다. 예를 들면 둘째 보기는 import permit and any other permit or approval, if necessary, to import …라고도 쓸 수 있기 때문이다.

(50) otherwise

otherwise는 자주 쓰이며, 또 때로는 해석이 어려운 단어이다. 이 용법은 몇 가지가 있으나 여기서는 법률적인 세 용법을 제시하고자 한다.

① 그 하나는 or otherwise라는 용법인데 '또는 그 이외의' 라고 번역된다.

The Guarantor shall pay the guaranteed amount immediately upon demand by the Lender if the obligations become due and payable, at stated maturity or otherwise.

이 경우는 '계약상의 기일 도래에 따라, 또는 그 이외의 이유에 따라서' 이다. 가끔 whether를 동반해 whether at stated maturity or otherwise라는 형태로도 쓰인다. 또 otherwise를 쓰지 않고 whether or not at stated maturity라는 것도 생각할 만하다.

> If the manufacture of the Products is discontinued by the manufacturer for business reasons or otherwise, the Seller may terminate any outstanding order which has been accepted but with respect to which delivery has not yet been made.

평이한 말로 하면 이 otherwise는 differently의 뜻이다. 대개의 경우 이같이 otherwise로 묶어진 내용 전체(여기서는 for business reasons or otherwise가 그것에 해당)는 in any manner, for whatever reason이라는 표현으로 묶어서 처리한다. 하지만 그런 표현을 쓰지 않고 일부러 otherwise를 선택하는 건, 먼저 그 앞에 가장 있을 법한 것을 언급하고(첫째 예에선 stated maturity, 둘째 예에선 business reason), 이것에만 국한되지 않는다는 단서를 otherwise로 덧붙임으로써 본래 조항의 취지를 될 수 있는 한 분명하게 해두고자 하는 배려가 있기 때문이다(또 otherwise 앞에 오는 것은 관련 예에서는 하나뿐이었으나, remedy available at law, in equity or otherwise처럼 둘 이상 있어도 좋다).

계약서는 가능한 한 specific해야 바람직하다는 일반 원칙에서 말하면 이렇게 하는 것이 좋다. 그 의도가 매우 잘 표현된 예를 들어 보겠다.

> Neither this Agreement nor any of the rights or obligations of any party created hereunder shall be assigned, pledged, charged, transferred or otherwise disposed of, in whole or in part, by operation of law or otherwise.

이 예의 첫 번째 otherwise는 그 뒤에 오는 어구(disposed of)를 수식하는 점에 있어서 뒤의 예와 조금 다르다. 이 같은 예를 하나 더 들어 본다.

> The Borrower shall not create any mortgage over its property; provided that a mortgage may be created on any property acquired to provide living accommodations for persons employed, by or otherwise

associated with the Borrower.

이것도 평이한 표현으로 말하면 differently로 Borrower와의 결합이 고용계약이 아닌 것도 포함한다는 취지다.

앞에서 whether와 결합된 보기를 제시했는데, 또 하나 그런 보기를 들어 보겠다.

> The Manager shall not be liable for any loss or damage suffered by the Company (whether general or special, direct or consequential, arising from breach of contract, tort or otherwise at law or in equity, or pursuant to any statute, regulation or by-law).

이 보기의 경우, 실은 otherwise는 없어도 좋다. 그 이유는 지금까지의 보기에서는 무엇인가 분명하게 표현되는 것에 추가하여, 그 이외 특정할 수 없는 요소를 주의 삼아 '기타' 라고 덧붙이는 데 반해, 이 표현에서는 그 밖의 요소를 모두 명문(明文)으로 특정하고 있기 때문이다. 즉 여기서 or otherwise는 '또는', '만일 그렇지 않으면' 이라는 것을 나타내고 있을 뿐이지만, 없어도 상관이 없다. 다시 말해 모두 특정해 버리는 경우는 whether A or otherwise B 등으로 말하지 않더라도 whether A or B라고 하면 된다.

한편 A와 B의 선택이 아니고, A이거나 A가 아니거나라고 말하고 싶을 때도 whether A or otherwise라고 쓰기도 한다(여기서 otherwise의 뜻은 단지 not에 불과하므로). 이런 경우 아래와 같이 whether or not으로 처리할 수 있다. 이 보기는 A의 내용이 두 개로 되어 있지만 같은 것이다.

> The obligation to make all payments hereunder shall not be deferred, excused or otherwise affected by Force Majeure or by any other reason whether or not foreseen or foreseeable.

이 경우 any other reason은 foreseen, foreseeable이냐 아니냐의 한쪽밖에

없으므로 일부러 whether … or otherwise를 써서 whether foreseen, foreseeable or otherwise라는 표현을 하지 않았다. 또 이 보기 안의 첫 번째 or otherwise는 지금까지 말한 보기의 하나다.

② 이어서 두 번째 용례를 살펴보겠다. 이 용례는 '다르게 정한 경우를 제외하고', '별도 합의하는 경우를 제외하고' 라는 정해진 문구에 쓰이는 것이다.

Except as otherwise expressly provided in this Agreement, …
Except where otherwise mutually agreed, …
Unless otherwise specifically agreed, …

문두, 문중, 문미 어디에나 꽤 독립된 단어로 사용 가능하다. 이 경우도 differ-ently로 바꾸면 간단히 해석된다. 다짐하기 위해 예문 하나를 더 들고자 한다.

Unless otherwise agreed between the parties, the Receiving Party shall not disclose any part of the information made available hereunder to any third party.

이 문장에 언급된 '별도 합의' 는 이미 존재하는 다른 계약서 내의 결정일 때도 있고, 계약 후에 새롭게 이루어지는 합의일 경우도 있다. 관련이 있는 다른 계약(때로는 Annex나 Specifications일 때도 있고, 개별 계약의 기초가 되는 기본 계약일 때도 있다)이 있어 거기에 언급할 때는 Except as otherwise expressly provided in the Basic Sales Agreement …라고 해도 된다.

본래 계약서는 통일해서 쓰는 것이기 때문에 동일 계약서 안에 상반하는 것이 적혀 있으면 이상하다. 만일 쓰여 있으면 분명하게 거기에 언급해 subject to …라고 하는 것이 옳다. 하지만 때로는 (43) notwithstanding 항목의 설명에서 말한 것처럼 다른 규정이 명문이 아니고 해석, 운용에서 나오는 경우가 있을 수 있으므로 아래와 같은 표현도 가끔 쓰인다.

Unless otherwise provided elsewhere in this Agreement, …

'이 계약 안에 별도 규정이 있는 경우를 제외하고' 라는 뜻이다. 하지만 이 같이 그다지 자신이 없는 계약 문서를 처음부터 만드는 것은 상당한 이유가 없는 한 권장할 수 없다.

다른 표현으로 이 대신에 in the absence of specific agreement라는 표현도 있다.

실제로 별도로 이루어지는 것은 규정, 합의하는(provide, agree) 것뿐만이 아니다. 아래와 같은 보기도 있다.

If any damages are assessed by a competent governmental authority, unless otherwise demonstrated, the Leader shall be presumed to be responsible and shall pay any amount so assessed.

Leader와 또 한 사람의 당사자가 공동으로 어떤 일을 했을 때, 정부로부터 손해배상을 요구받으면 그렇지 않다는 증명이 없는 한 Leader가 책임을 진다고 하는 규정이다.

그런데 계약서란 것은 당사자가 합의하기만 하면 언제라도 수정이 가능한데도 왜 일부러 Unless otherwise agreed …라고 쓰는가라는 의문이 생길 것이다.

그 이유의 하나는 그것들의 단서가 붙는 조항은 변경하는 일이 있더라도 반드시 불합리하지는 않다든가, 또는 변경하는 것을 어느 정도 예측, 경우에 따라서는 당사자 한쪽이 기대하는 바를 명문으로 기록해 두고 싶어 하기 때문이라고 생각한다. 앞에서 말한 Receiving Party에 대한 정보의 공개 금지 조항은 적절한 수단을 취하면(예컨대 비밀 준수 계약을 체결한 상황에서) 공개가 허용되는 경우도 있다는 함축도 남기고 있다. 이 같은 문형이 전형적으로 쓰이는 계약의 양도 금지를 나타내는 아래와 같은 조항은 Purchaser가 어떤 이유로 양도를 바라는 경우에 상대방과 교섭하기 쉽도록 계기를 만들고 있는 것일 게다.

Unless otherwise agreed, the Purchaser shall not assign is Agreement to any third party.

이 항목의 서두에서 제시한 Neither로 시작한 양도 금지 조항과 비교하면, 이 조항이 Purchaser에 있어서 상대방과 교섭하기 쉬운 것은 분명하다.

이러한 이유 때문에 가령 합의에 의한 변경의 가능성이 이론적으로 있다고 하더라도, 그런 점을 예측도 기대도 하고 있지 않은 조항에서는 이 같은 표현이 쓰이지 않다. 예컨대 준거법의 변경을 예정하는 일은 거의 없으므로, 그 조항에 Unless otherwise agreed, this Agreement shall be governed by the laws of France라고 하는 건 생각할 수 없다.

③ 마지막으로 세 번째 용법을 설명하기 전에 예문을 들어 보겠다.

If any Interest Period would otherwise end on a day which is not a Banking Day, such Interest Period shall be extended to the next succeeding day that is a Banking Day, unless the result of such extension would be to carry such Interest Period over into the next calender month, in which case such Interest Period shall end on the first preceding Banking Day.

Interest Period란 금전소비 대차계약에 있어서 금리를 계산하는 기간의 단위를 말한다. 은행이 미국 달러를 유로 달러 시장에서 반년마다 대차해 조달하는 경우에는 은행 자신의 차입금 금리, 즉 London Interbank Offered Rate(소위 LIBO Rate 또는 LIBOR)가 반년마다 바뀌므로 차주에 대해서도 반년마다 이에 링크한 금리의 변경을 요구한다.

이 반년의 기간을 Interest Period라고 부른다. 이를테면 1월 1일에 LIBOR 7%로 6개월 것을 조달했을 때, 은행은 Borrower에게 이것을 LIBOR + α%의 금리로 대차하고 6개월 뒤의 응답일 7월 1일에 제1회 금리 지급을 받고, 조달선 은행에는 LIBOR(7%)로 전액 금리를 변제한다. 또 같은 금액을(만일 반년

뒤에 이미 Borrower가 원금 일부를 갚았을 땐 그만큼 뺀 금액을) 새로운 LIBOR(가령 6.5%)로 빌린다.

Borrower에 대한 금리율도 이에 준해서 7월 1일부터 익년 1월 1일까지의 Interest Period에 대해선 6.5% + α%로 변경, 익년 1월 1일에 제2회의 금리 변제를 수령한다. 그러한 계약에선 Interest Period의 최종일에 지급이 이루어지기 때문에, 그날은 Banking Day(은행이 개점하고 있는 날)라야 한다. 만일 그 날이 비영업일이면 Interest Period는 다음 영업일까지 연장된다. 단, 그렇게 하면 다음 달에 들어가는 경우는 해당 달 안의 최종 영업일에 되돌리는 것이 보통이다.

이 점과 관련된 것이 앞의 문장이다. 여기서 otherwise는 어떠한 기능을 하고 있을까. 앞의 두 용법처럼 이것을 differently로 대치하더라도 뜻이 통하지 않는다. 실은 이 otherwise는 '특별한 방도를 강구하지 않고 일반 원칙을 그대로 적용한다면', '앞으로 쓰게 될 변경을 하지 아니한 채로 적용한다면' 이라는 뜻이다. 즉 '이 문장의 후반에 씌어 있는 것처럼 Interest Period를 다음 영업일까지 연장하지 않고 둔다면' 이라는 것이다. unless까지의 문장의 전반과 후반을 바꿔 넣어 읽어 보면 알기 쉬울 것이다.

> An Interest Period shall be extended to the next succeeding Banking Day, if such interest Period would otherwise end on a day that is not a Banking Day …

otherwise를 without such an extension이라고 해 보면 잘 알 수 있다. apart from that(그것이 없으면)라고 생각해도 좋다.

이런 용법은 그다지 많지 않으나 매우 법률적 문장이기 때문에 실수하는 때가 많다. 같은 규정의 뒷부분에 잘 나오는 같은 예를 하나 더 들어 보겠다.

> If any Interest Period would otherwise end on a day on which there is no corresponding calender date in the month in question, the relevant Interest Period shall end on the last Banking Day in such calender month.

어떤 Interest Period가 2월 27일부터 8월 29일까지고, 다음 Interest Period가 8월 29일부터 2월 29일인 경우, 2월 29일은 2년 연속하지 않기 때문에 그 Interest Period의 끝은 2월 28일 이전의 2월의 최종 영업일로 되돌아간다는 취지다.(또 Interest Period는 LIBOR 베이스의 경우, 최종일이 다음의 Interest Period의 첫날이 되는 것이 관례이다. 단, 금리 계산은 한쪽 끝만 넣는다.)

(51) without prejudice to

'어떤 일을 함으로써 다른 일을 배제하지 않고' 를 뜻하는 표현이다. 어떤 권리를 주장할 때, 당연히 또 하나의 권리는 포기한 것으로 간주한다든가, 또는 그렇게 지레짐작하는 것을 미리 막기 위해 쓰이는 일이 많다.

> Without prejudice to our right to resort to legal means to enforce our claim for all damages suffered by us, we hereby make, for your consideration, a settlement offer as follows: …

여기서는 재판에서 전체 손해배상을 청구하는 권리를 포기했다는 의미가 아니고, 단지 교섭의 자료로 화해안을 제시하는 것을 나타내기 위해 쓰고 있다. 만일 이렇게 해 두지 않으면 청약을 승낙했을 때, 화해계약이 성립해 버리고 소송할 권리는 포기했다고 간주될 염려가 많다.

아래 보기는 법률상 해제권의 행사는 다른 권리의 포기를 의미하지 않음을 알고 있더라도 다짐하는 뜻에서 분명하게 한 것이다.

> Without prejudice to any rights and remedies that either party may have against the other party, each party shall be at liberty by notice in writing to the other to forthwith terminate this Agreement in any of the following events: …

prejudice라는 단어 자체가 부정적인 함축을 지닌 것이라는 사실에서 당연히 알 수 있는 것처럼 without prejudice to는 '본래 자신에게 있어서 마음에 드는 것이 함부로 해를 입거나 부정되는 일이 없도록 하기 위해' 쓰인다. 따라서 아래와 같은 예는 문법적으로는 바르더라도 내용적으로는 조금 이상하다고 할 수 있다.

> Without prejudice to your right to seek arbitration, we hereby solicit your participation in settlement talks.

어디까지나 상대편의 입장을 고려해 주려고 하면 별 문제이다.

(52) prevail

(48) order 항목을 참조한다.

(53) proportion

A가 B에서 차지하는 '비율' 이라고 말할 때 쓴다.

> In proportion to each party's shareholding ratio …
> "각 당사자의 지주 비율에 따라서"
> The cost of registration shall be borne by each Member in the same proportion as its respective investment amount bears to the total investment amount.
> "등기 비용은 각자의 투자액이 전체 투자액 내에서 자지하는 비율에 따라 부담한다."

여기에 나온 bear라는 단어는 어떤 것이 어떤 것 안에서 '차지한다' 라는 것을 나타낸다. (11) bear 항목을 참조한다.

(54) for purpose of, for the purpose of, for -ing purpose

모두 '…을 위하여' 의 뜻으로 용도는 매우 넓다. 먼저 '다른 곳에서의 의미는 모르겠으나 이 계약, 이 조항에서는 아래와 같다.' 라는 용법이 있다. 이때 purpose에 the를 넣어도 좋다.

For purposes of this Agreement, a "business day" means a day on which banks are open for business and foreign exchange transactions may be carried out in each of London and New York City.

For purposes of this Article, the expression "Reference Value" means …

말하자면 정의의 적용 범위를 설정하기 위한 용법이다. 아래에 더욱더 실질적 내용을 목적으로 지시하는 경우도 있다.

For auditing purposes, the Consignee shall send the Consignor a monthly statement showing the quantity of stock received and withdrawn and the balance at the beginning and end of such month.

이때 purpose가 복수로 쓰이는 것이 통상이다.

For purposes of analysis, the Seller shall take three separate samples of the Commodity shipped …

이때도 purposes라고 복수로 한다. 목적이 하나로 정해져 있을 땐 아래와 같이 단수이다.

For the purpose of establishment of a production schedule, the Distributor shall provide the Manufacturer with an estimate of its orders for the next three months at the beginning of each month.

이 밖에 purpose를 쓰지 않고 느닷없이 목적을 문장 속에 넣어 버리는 아래와 같은 표현도 있다.

For the avoidance of doubt, it is hereby understood and agreed that title to and risk of loss in the Goods shall be vested in the Buyer from the time of payment by the Buyer.

또 (64) from time to time의 첫 예문을 참조한다.

(55) right of first refusal

refusal이라는 단어에서 자칫 거부권이라고 생각할 수도 있는데, 선택권이라는 적극적 의미를 지닌 말이다. 따라서 refusal right를 exercise한다는 것은 주어진 것을 받는다는 것이고, 이미 제공된 것을 거부하는 게 아니다.

The Consignee shall have the right of first refusal to buy the Consigned Commodity on its own account.

수탁자는 위탁된 물품을 사느냐 사지 않느냐를 결정할 때, 그 권리를 다른 매수인에 앞서서 가진다. 조건이 타협되어 그가 refusal을 행사하면 그는 자신의 지급으로 물품을 산다.

If any Shareholder wishes to sell its shares in the Joint Venture Company, the other Shareholders shall have the right of first refusal to buy such shares, in the proportion that each such Shareholder's interest in the Joint Venture Company bears to the total outstanding interests.

이때 다른 당사자는 first refusal right를 행사하여 주식을 취득할 수 있다.

이는 보기에서도 만일 refusal 권리를 가진 것이 최초의 offer 조건으로 매입을 원하지 않았다면 신청을 한 사람은 다른 사람에게 자유로 팔 수 있으나, 아무도 살 사람이 없으면 다시 새 조건으로 권리자에게 offer하지 않으면 안 된다. 그런 뜻에서 right of first refusal은 팔릴 때까지 몇 번이나 같은 것에 대한 조건의 제시, 수용되는 권리이므로 매우 유리한 조건이다. 따라서 끝까지 권리를 갖는 것을 분명히 하기 위해 first and last refusal이라고 주의 깊게 말하기도 한다.

이 밖에 first preferential right, first priority라는 표현을 쓰기도 한다. 이런 말

은 first refusal만큼 공통 이해가 철저하지 않기 때문에 사용할 때 내용 설명을 분명히 할 필요가 있다.

(56) reserve the right

(51)의 without prejudice to와 같은 뜻으로 쓰이는 경우도 있다.

> Reserving our right for all damages incurred, we hereby make an offer for the settlement on the following terms:

이 밖에 법률상 또는 계약의 다른 조항의 해석상, 당연히 있는지 어떤지 의심이 되는 권리를 명문으로 규정하는 데도 쓰인다.

> The Consignor reserves the right to withdraw or reduce its consignment stock and the Consignee agrees to carry out the Consignor's instructions to the effect without delay.

수탁판매 계약에 있어서 위탁자가 위탁품을 늘리거나 그 수량을 줄일 수 있다는 취지를 정한 것이다. 법률상 또는 그 계약의 해석으로서 그같이 될 수 있는지 어떤지 뚜렷하지 않을 때 유용하다. 의미로는 The Consignor may withdraw … 라고 말하는 것과 같지만, 뉘앙스의 차이가 있다. 때때로 클레임레터 안에서도 이 표현이 쓰인다.

> We request that you immediately dispatch a qualified engineer to our factory site to repair the Machine. We hereby reserve the right to enforce the Sales Contract in strict accordance therewith by termination the Sales Contract and claiming an appropriate amount of damages, of the Machine is not repaired to our satisfaction.

매도인이 매도한 기계에 관한 보증 의무를 이행하지 않으면 매수인은 법률상,

계약상으로 주어진 권리를 행사할 수 있는 것은 당연하다. 그러나 상대방이 engineer가 수리를 위해 파견된 것으로 충족되었다고 오해하는 점을 방지하기 위해 주의 삼아 첨부한 것이다. 이 권리는 본래 있는 권리이므로 첫 보기와 같이 without prejudice to를 사용하더라도 같은 뜻을 나타낼 수 있다.

(57) at one's own risk, at the risk of

물건에 대한 책임, 위험을 부담하는 것을 말한다. 물건의 멸실, 훼손의 위험 이외에 다른 위험과 관련해서도 쓸 수 있다.

> Transportation of Contract Equipment from the port of destination to the Construction Site shall be undertaken by the Contractor at its own risk.

건설 현장까지의 자재 운반은 수급인이 자신의 책임으로 행한다는 것이다.

> It is expressly understood and agreed between the Employer and the Researcher that the Researcher's responsibility is limited to the invention and development of the Formulae. Once the Formulae are approved and accepted by the Employer, the Employer shall, at his own risk, make use of the Formulae in the manufacture of the Product.

연구자는 연구개발에는 책임을 지지만, 완성된 포뮬러(formula)의 사용은 연구를 위탁한 측이 자신의 리스크로 행하는 것이다. 예컨대 이미 등록돼 있는 특허의 침해 여부의 위험은 연구를 위탁한 사람에게 있다고 하는 것이다.

아래 예는 매수인은 결과에 대해 자신이 책임을 질 생각이라면, 매입한 기계를 자유로이 개조할 수 있다는 취지다.

> After the Machine is accepted by the Buyer, it shall be placed at the sole disposal of the Buyer and the Buyer may make whatever modification he deems necessary; provided, however, that any such modification shall be

made entirely at the risk of the Buyer.

단 매수인이 자신의 책임으로 했다고 하더라도 개조한 경우, 매도인은 종종 그 이후에 발생한 고장의 원인이 어디에 있는지 모른다는 이유로 기계 전부에 대한 보증 책임을 거부하는 것을 고려할 수 있다. 그래서 책임을 어떻게 하느냐에 대해 별도의 교섭을 하고 규정을 마련할 것을 생각해야 한다.

위험 이외에 대금 지급을 합해서 책임을 지는 경우도 일반적이다. 그런 경우에는 at the risk and for the account of라고 한다. risk와 결합해 말할 때는 account가 많으나 비용만에 관해 말할 때는 at one's own expense(또는 cost), at the expense(또는 cost) of …라는 표현도 쓴다.

Spare parts and Implements for the Products shall be maintained and distributed at the risk and for the account of the Distributor.

In case the Vehicle sold hereunder proves to be defective during the warranty period, the Manufacturer agrees to repair or replace the defect at its own expense(또는 cost).

이 밖에 이와 유사한 구조로서 in one's own name이 있다. in one's own name이란 '자신의 이름으로' 라는 것이지만, 이 법률적 의미는 본인을 말하는 것이지, 즉 타인의 대리인으로서가 아니라는 것이다. 앞서 제시한 연구 위탁 예문에서 위탁자가 자신의 이름으로 특허를 신청해도 좋다고 한다면 아래와 같이 표현한다.

The Employer may in his own name but at his own cost apply for patents with respect to the Formulae.

The Franchisee may in its own name and on its own account conduct an advertising campaign to promote sales of the Licensed Products; provided that the general outline of any such campaign shall be approved by the Franchisor beforehand.

프랜차이저(franchisor)는 자신의 이름과 계산(대금 지급)으로 선전 활동을 해도 좋으나, 사전에 프랜차이저의 허가가 필요하다는 규정이다.

(58) settlement

settlement에는 '화해, 조정, 합의, 확정' 등 여러 가지 의미가 있지만 특히 '분쟁의 해결', '대금 지급의 정산' 이라는 의미에서 자주 쓰인다. 여기서 대금 지급의 정산이라는 의미로 사용된 예를 들어 본다.

> All disbursements made by the consuttant from the Provisional Expense Account shall be settled at the end of each month and a statement shall be submitted to the Principal together with all receipts and vouchers there for.

Consultant는 비용의 정산을 매월 실시하고, 정산서와 증빙 서류를 매월 Principal에게 제출하지 않으면 안 된다는 점을 동사 settle를 써서 정한 규정이다. 위탁판매에 있어서 대금 지급의 정산도 이 같은 문장으로 쓸 수 있다.

> The settlement of accounts between the Consignor and the Consignee shall be made within ted (10) days after the close of each calender quarter and the Consignee shall thereupon remit the total proceeds less the stipulated amount of its commission to the Consignor by means of telegraphic transfer remittance.

settlement를 '정산의 결과 발생하는 지급' 이라는 뜻으로 쓰기도 한다. 아래 예문은 settlement 대신 payment라고 해도 좋다.

> Settlement of the purchase price for the Products shall be made promptly upon inspection of the Products at the Purchaser's factory and by means of remittance to the bank account of the Vendor to be designated by the Vendor.

이 보기의 끝에 있는 to the bank account of … 이하 부분을 to the account of the Vendor's designated bank로 표현하는 예가 있지만, 이것은 엄밀하게는 'Vender가 지정한 은행의(즉 그 은행 자신의) 계좌' 라는 뜻이 된다. 따라서 위의 보기처럼 하든가, to the Vendor's account with the bank designated by the Vendor라고 하는 것이 좋다.

(59) so

so는 보통의 용법 이외에 계약서에서 종종 동사 앞에 넣어 in such manner, in this way라는 뜻으로 쓰이는 일이 있다. 번역할 때는 한국어와 같은 순서로 '그렇게 …하다' 라고 옮기면 매우 알기 쉽다.

> If it is agreed among the Parties that an inspection is to be conducted, the Engineer shall determine the most economical and efficient scheme of the inspection so to be conducted.

만일 당사자가 검사할 것을 결정했을 때는 엔지니어에게 가장 경제적 · 능률적 방법으로 결정할 것을 의무로 부과한 것이다.

> An investor may, in an appropriate situation by notice to the other Investors stating its reasons for doing so, withdraw from participation in the Second Phase of the Development and thereupon shall have no further right or obligation vis-a-vis any other Investor in relation to the Second Phase from which it has so withdrawn.

두 번째의 so는 앞에서 말한 용법의 보기에서 '그렇게 철수했다' 라는 뜻이다. 이때의 so는 부사다. 이에 대해 이 예문의 첫 번째 so는 지시대명사인데 it, that 등과 같은 기능을 갖고 있다.

이런 경우에 so가 이같이 쓰이느냐 하는 것은 오히려 실제의 예를 연구해 익숙해지는 것이 가장 좋을 것이다. 몇 가지 예를 들어 본다.

It is desirable that all monies in the account be properly identifiable with the Goods sold. But if any such monies cannot be so identified, …

The parties shall meet to agree upon a new price list to replace the old price list, but in the absence of an agreement being reached within two (2) months after first so meeting, this Agreement shall automatically terminate …

If at any time the Rehabilitating Manufacturer is unable to obtain the whole of its working capital requirements in the market, then the balance required shall be provided, if the Rehabilitating Manufacturer and the Bankers so agree, by the Bankers on such terms and conditions …

앞에서 말한 것처럼 so는 in such manner, in this way의 뜻이므로 그 내용은 so가 쓰이기 전에 이미 나타나 있는 것이 원칙이다. 하지만 보기에서는 문장을 알기 쉽게 하기 위해 앞쪽에 굳이 삽입해 놓았다. 그러나 이것도 본래 뒤에 있을 것이 앞에 와 있을 뿐, 예외는 아니다. (29) without limiting the generality of the foregoing 항목의 예문을 참조한다.

(60) subject to

거기에 적혀 있는 규정이 어떤 다른 결정에 따른다는 것, 다른 규정이 그것에 우선한다는 것을 표현할 때 쓰인다. 하지만 세밀하게 분석하면 이것도 두 개의 큰 경우로 나뉘어, 그중 하나는 다시 또 두 경우로 나눌 수 있다.

일단 대분류의 하나는 언급된 우선 대상이 그 규정에 항상 앞서는 경우다. 그 가운데 하나는 전제 조건일 때이다. 계약의 발효 조건으로서의 정지 조건(예컨대 매매계약에 있어서 수출 허가) 등 그것이 없으면 계약 사항 전체가 이행되지 않는다는 성질의 것이다.

This Agreement shall take effect as of the execution hereof by both parties subject to issuance of the Export Licence.

Subject to the availability of funds from the Export-Import Bank, the Seller agrees to sell the Machinery on a deferred payment basis as hereinafter more specifically set out.

아래 예는 계약 해제를 위한 전제 조건을 정한 것이다.

This Contract may be terminated at any time subject to the party requesting termination giving the other party hereto at least thirty (30) days prior notice of such termination.

최초의 대분류의 다른 한 경우는 전제 조건이라기보다는 기초 조건을 정하는 경우이다.

This Agreement is subject to the laws of England.

Each individual contract to be made pursuant hereto shall be always subject to the terms and conditions of this Basic Sales Agreement.

두 경우 모두 우선하는 대상(the laws of England, Basic sales Agreement)이 있으므로 계약이 존재한다는 것은 아니지만, 그것이 없으면 계약의 운용, 해석의 근거와 관련해 따라야 할 기준이 없다는 의미에서 기초 조건이라고 할 수 있다.

이 같은 경우엔 subject to 대신 governed by를 쓰는 것도 가능하다.

This Agreement shall be governed by the laws of England.

아래 조항 등은 subject to로 씌어 있으나 제5조가 통상의 지급 조건을 규정할 뿐이라면 차라리 in accordance with, pursuant to를 사용하는 것이 알기 쉬울 것이다.

Payment for the Goods shall be made subject to the payment terms specified in Article 5 hereof.

대분류의 두 번째는 특칙, 예외 조건을 나타내는 것이다. 수학적으로 말하면 어떤 조항에 포함되는 집합이 우선 조건을 정하는 조건으로 포함되는 집합과 겹쳤을 때만 우선 조건이 적용되고, 그 이외에는 당해 조항이 적용되는 경우이다.

Subject to provisions concerning force majeure in Article 16, the Contractor shall execute the Works in strict accordance with the Construction Schedule attached hereto.

통상의 경우는 이 조항이 적용되지만, 천재지변이 발생했을 때에 한해서는 불가항력 조항이 예외적으로 우선 적용되는 것이다. 이 경우엔 일반칙과 특칙은 상반하는 것일 필요가 있다. 바꿔 말하면 두 조항은 동일한 것에 대해 다른 결과가 생기는 내용일 필요가 있다. 같은 화제를 취급하더라도 결과에 충돌하는 부분이 없으면 subject to를 써서 관련 지을 수 없다.

(61) suffer

(11) bear 항목을 참조한다.

(62) then, then existing, then obtaining

then은 형용사로서 '그 당시에 그러하다(being so at that time)' 라는 뜻으로 쓰이는 때가 있다. The then president(그 당시의 사장) 등으로 하는 용법이다.

또 때때로 아래 예처럼 부사로 쓰인다.

Each shareholder shall subscribe to any newly issued shares of the Company on the basis of its then exiting shareholding ratio.

"각 주주는 신주 발행 때는 그때의 각자의 지주 비율에 따라 인수하지 않으면 안 된다."라는 취지의 규정이다.

The supply of electricity, materials, services and facilities, on the then available terms, necessary for production of the Products shall be arranged by the Partners.

The arbitration proceedings shall be conducted in accordance with the then obtaining rules of the Association.

If the said Index is not available because the National Statistics Bureau does not exist at the time of the renewal of this Contract, statistics prepared by any other reputable institution then existing may be substituted therefor.

Upon termination of this Contract for whatever reason, the Buyer shall immediately pay all then outstanding credits irrespective of their original due dates.

모두 '그때의 …' 라고 그대로 한국어 순서에 따라 번역하면 된다. 또 then obtaining는 특히 위와 같은 규정에 저촉되는 조문에서 자주 쓰인다. '그때 유효한', '그때 시행되었던' 이라는 뜻이다.

같은 사실을 표현하는 데 for the time being in force …라는 표현도 있다. in effect라도 좋다. 법률, 규칙 등에서 그 당시에 시행되고 있는 법규를 적용한다는 등의 말을 하는 데 자주 쓰인다.

Performance of the Buyer's obligation shall be subject to Foreign Exchange Act of 1951 or any statutory modification or re-enactment thereof for the time being in force.

즉 "매수인의 의무 이행은 그 당시에 유효한 1951년 외환법, 동법의 개정 또는 신법을 따른다."라는 취지다. for the time being 대신 then을 써도 좋다.

(63) there-

(31) here-와 there- 항목을 참조한다.

(64) from time to time

계약기간 중 몇 번이나 단속적으로 발생하는 것은 알고 있지만, 반드시 언제인지 확정되지 않는다든가 정기적으로 일어나지 않는 일에 관해 말할 때 쓰이는 구이다.

For the purpose of shipment of the sample materials, the Licensor and the Licensee shall confer from time to time regarding arrangement for the carrying vessels.

라이센서 계약상 검사를 위해 허락자에게 보내야 하는 샘플의 선적에 관해서는 적절히 협의할 것을 정한 조항이다.

The Manufacturer shall make the Products available at the Buyer's main office or at such other address as may be mutually agreed upon in accordance with the Buyer's instructions given to the Manufacturer from time to time.

제조사는 매수인의 수시 지시에 따라 제품을 매수인의 본점이나 다른 합의된 장소에서 인도하기로 합의한다는 의미이다.

이러한 예처럼 from time to time은 어떤 기간 중에 몇 번이나 일어날 것을 상정하고 이에 대처할 목적으로 쓰이는 게 보통이다. 하지만 아래 예처럼 한 번만 일어날지 모르는 경우에도 쓸 수 있다.

Unless otherwise from time to time agreed between the Author and the Publisher, the Royalty payment shall be made by the tenth day of the month following publication.

인지세의 지급은 별도로 합의하지 않는 한, 출판한 다음 달인 10월까지 지급한다는 규정이다. 인지세의 지급기간 상담은 대개 한 번이면 충분할 것이다.

(65) unless otherwise agreed

(50) otherwise 항목을 참조한다.

(66) whatsoever, wheresoever, howsoever

모두 그 자체의 뜻 때문이라기보다 강조의 의미로 쓰인다. 따라서 반드시 써야 하는 것은 아니다. 이같이 so가 들어 있는 것은 그것이 없는 형태의 구식 표현이기도 하다.

> Vessel shall proceed to a safe berth, dock, anchorage or any other place whatsoever as ordered by the Charterer.
>
> The Hotel Management shall not be liable for any accident, loss or damage to the personal belongings of the Guests howsoever arising.

첫 번째 보기의 경우는 없어도 좋으며, 두 번째 경우는 arising in any manner 라고도 할 수 있다. 때때로 in any manner whatsoever 등으로 any를 넣어 쓴다.

(67) where-

이미 제시한 here-, there-의 닮은 조어 성분으로서 where가 있다. 문법적으로는 관계부사이다. 단 where가 붙는다고 해서 장소를 나타내는 것이 아니고, which에 의해 나타나는 것에 전치사가 붙은 것이란 점에 주의를 요한다.

> whereat(=at which), whereby(=by which), wherefrom(=from which), wherein(=in which), whereof(=of which), whereon(=on which), whereupon(=upon which)

이 가운데 whereof는 계약서 맨 뒤에 In Witness Whereof, the parties hereto have caused …라고 나오므로 눈에 익은 것이다.

이때의 whereof, 즉 of which는 계약서 그 대로의 내용 전체를 가리키고, '이상의 증거로서' 라고 번역할 수 있다. 문법적으로 말하면 앞에서 말한 긴 하나의 문장으로서의 계약서 맨 뒤에 마무리하는 관계부사가 되는 셈이다. 그 선행사는 그 앞에 있는 내용 전부이다.

이 where-형이 분해된 형태가 … which라는 점에서 이해되는 것처럼, … which로 작문이 되는 경우엔 특히 필요하지 않지만 스타일(문체), 어조 등의 이유로 종종 쓰이고 있다.

또 계약서 전문에 나오는 whereas는 형태는 닮았으나, 이것은 기능적으로는 전혀 다르다. 복합접속사로서 '…라는 이유로서' 라는 뜻이고 약속의 기술이나 계약서 성립의 경과를 나타내는 문장을 쓰기 위해 사용된다. 또 가끔 사용되는 wherefore도 '따라서 그런 이유로' 를 나타내는 복합접속사이다.

(68) without limitation

(29) without limiting the generality of the foregoing 항목을 참조한다.

8 숫자, 날짜, 기간에 관한 표현

여기서는 숫자 쓰기, 날짜, 기간, 수량의 표현법 등에 관해 설명하고자 한다.

말할 나위 없이 어떠한 계약일지라도 숫자와 기간이 나오지 않는 것은 거의 없다. 그만큼 숫자에 관련된 분쟁도 많고, 또 부주의 탓으로 생각지도 못한 결과에 당황해하는 일도 실제 상황에서 눈에 많이 띈다.

충분히 작성자의 의도가 전달되도록 표현하기 위해 유의할 점을 제시해 보고자 한다.

A. 숫자 쓰기

(1) 숫자 또는 문자

같은 숫자를 나타내는 데에도 25라고 쓰는 방법과 twenty-five라고 쓰는 방법이 있다. 시각적으로는 25가 간단하고 명확하다고 할 수 있고, 숫자만을 사용하는 계약서도 많이 보인다. 그러나 숫자의 경우는 문자로 일일이 적는 경우에 비해, 단지 한 자를 잘못 쓰거나 타이핑의 실수로 중대한 결과를 초래할 가능성이 있다.

그뿐 아니라 앞의 숫자를 예를 들어 말하면, 25는 1을 보탬으로써 간단히 125나 251로 바뀌어 버릴 위험도 있다. 이 같은 점을 생각하면 문자로 쓰는 것이 안전하다고 말할 수 있다. 하지만 문자로 쓰면 특히 한국인들처럼 알파벳이 일상 문자가 아닌 사람들에게는 시각적 이해도가 반감되고, 때로는 읽으면서도 분명한 착오를 간과하는 경우가 있다. 2,574,901을 two million, five hundred seventy-four thousand nine hundred and one이라고 쓴다면, 그 길이로 인해 불편하기도 하고 이해도가 한층 떨어지는 것은 확실하다. 또 85,000,000을 문자로 적을 때 무심코 eighty-five billion이라고 써 버리는 일도 있다.

그래서 잘 사용되는 것이 문자와 숫자를 병용하는 방법이다. five hundred and forty-two(542)라고 하면 바꿔 쓸 필요도 없고, 또 문자로 읽어 즉시 파악이 되지 않더라도 숫자로 바로 알 수 있다.

하지만 그렇다고 해서 문제가 없는 것은 아니다. two million five hundred seventy-four thousand nine hundred <u>and</u> one(2,564,901)(and는 없어도 됨)이라고 하면 문자와 숫자 어느 쪽을 근거로 해야 좋을지 모르게 된다. 이 같은 일은 처음부터 잘못 쓰는 경우 이외에, 문안 작업이 끝난 뒤 교섭을 진행하고 있는 도중에 숫자의 변경을 합의하여 숫자를 정정했지만 문자의 정정을 잊어버리는 등의 원인으로 자주 생긴다.

한국과 일본의 어음법은 문자와 숫자에 차이가 있을 때는 문자에 따른다고 규정하고 있다(어음법 제6조 제1항). 또 미국통일상법전도 어음 등에 관해서는 쌍방이 분명하게 읽을 수 있을 때는 문자를 우선한다고 정하고 있다[§3-118(c)]. 그러나 이것도 어음류와 관련한 규정일 뿐, 여러 나라에서 통용되는 상식이라고 말하기는 어려울 것이다. 실제 미국통일상법전도 문자가 불명확할 때는 숫자에 따른다는 특례를 설정하고 있다(미국통일상법전과 같은 조문). 실제로는 갖가지 문제가 발생한다는 점을 명심해 반드시 여러 번 확인하는 것이 필요하다.

문자와 숫자를 병용하는 것이 분명한 메리트가 되는 예로는 10억 이상의 숫자를 쓰는 경우가 있다. 일반적으로 10억은 billion이라고 생각하고 있으나 미국 영어에서는 one billion이 1,000,000,000인 데 반해 영국 영어에서는 1,000,000,000,000이기 때문이다. 즉 미국에선 billion은 1,000×1,000,000이고 영국에서는 1,000,000×1,000,000이 되는 셈이다. 최근에는 미국식이 대부분이므로 실제로 문제는 없지만 신경을 써야 할 것이다. 영국에서는 10억을 one thousand million이라고 한다.

(2) 아라비아 숫자 또는 로마 숫자

로마 숫자로 문장 중에 숫자를 나타내는 예는 거의 없지만 조항을 표시하는 숫자 등에는 때때로 쓰이고 있다. 예컨대 Article I, subsection ii 등이다. 또 이것을 아라비아 숫자와 구별하여 발음할 때는 Roman numeral one, two …라고 읽는다. 드물게는 i를 아이, ii를 아이아이라고 알파벳 I의 소문자로 보고 읽는 경우도 있다.

(3) 분수, 소수

한국인은 숫자를 표시할 때 소수(decimal, decimal number)를 많이 쓰지만, 영어로 계약 문장을 쓸 때는 대체로 분수(fraction)로 표기한다. 따라서 아래와 같이 된다.

1/2 또는 0.5: one half
1/3 또는 0.3: one-third
3/8 또는 0.375: three-eighths

약분이 되는 경우도 있다. 예컨대 0.36은 thirty-six hundredths라고 할 수 있으나, 9/25인 경우에는 nine twenty-fifths라고 약분해도 된다(보통 분수를 문자로 표기할 때는 분자와 분모 사이에 하이픈을 넣는 것이 규칙이지만, 이 두 경우 분자를 표시하는 숫자나 분모를 표시하는 숫자 자체 안에 하이픈이 있기 때문에 분자와 분모 사이, 즉 six와 hundredths, nine과 twenty 사이에는 하이픈이 들어가지 않는다). 또 1보다 큰 수와 함께 1 이하의 수가 나타날 때, 그것을 대분수(帶分數)로 읽으려면 2까지의 수를 보통대로 읽고 소수 이하를 아래 요령으로 읽는다(and는 정수와 분수 사이에 붙을 때가 많다).

257.4: two hundred fifty-seven and four-tenths(이때 two-fifths보다 알기 쉬우므로 four-tenths라고 했다).

또 1 미만의 수에 %를 붙이거나 수량 단위를 붙일 때는 아래와 같이 한다.

0.5%: one-half of one percent

0.25M/T: one-quarter of one metric ton

0.4 man-day: four-tenths of one man-day

1/2×1%, 1/4×1M/T, 4/10×1 man-day라고 생각되기 때문일 것이다.

이것은 1 미만의 수에 한하며, 역으로 1 이상의 수를 이렇게 말하는 것은 이상하다. 즉 1.5%는 one and one-half percent이지 one and one-half of one percent는 아니다.

한국인이 자주 쓰는 소수에 twenty-seven point five(27.5) 등으로 말하는 것이 있으나 이 같은 식으로 잘 쓰지 않는다. 대분수 여하에 상관하지 않고 1 미만의 수가 지나치게 까다롭지 않은 한 분수로 쓰는 것이 보통이다. 하지만 소수점 이하가 너무 길 때는 물론 소수로 써도 괜찮다. 그런 경우엔 아래와 같이 된다.

1.0271: one point zero two seven one

96.76: ninety-six decimal seventy-six

0.047: zero point zero four seven

0.일 때는 zero가 생략되고 문자의 경우는 point부터 쓰고 숫자의 표시에 있어서도 .047이 되는 경우가 많다.

여담이지만, 때때로 1.36을 '일 콤마 삼육' 이라고 읽기도 하지만, 이것을 문자대로 표시하면 1,36이 된다. 이렇게 쓰는 것은 영어 이외의 언어, 이를테면 프랑스어에서 왔으며, 영어에서 (,)는 세 자리마다 단위를 나누는 데 쓰이고, 소수점 (.)을 읽는다면 point나 decimal이라고 한다.

분수에는 아래와 같이 읽는 방법이 있다. 특히 위와 아래 수가 너무 거대하게 될 때나 아래위에 숫자가 아닌 문장이 올 때 쓰이는 방법이다.

$\frac{114}{257}$: one hundred and fourteen over(또는 divided by) two hundred and fifty-seven(두 and는 없어도 된다)

$\frac{\text{the buyer's requirement for the year}}{\text{total output}}$: the buyer's requirement for the year <u>over</u> total output

"매수인의 해당 연도의 요구량을 전체 생산량으로 나눈 것" 또는 "당사자의 해당 연도의 요구량이 전체 생산량에서 차지하는 비율"이다.

더욱이 이같이 쓰면 길고 복잡한 문장 가운데 분수를 문장으로 표현하고 있다는 사실을 인식하지 못하는 경우가 생긴다. 또 분수를 정수에 맞추거나 나눗셈을 할 때 일일이 문장이나 구로 표현하면 무슨 말을 하고 있는지 모르는 경우도 있다.

예컨대 $A\times\frac{B+C}{D}$라고 말하고자 할 때, A by B and C over D라고 쓴다고 하자. 작성자의 머릿속에서는 B and C가 괄호에 들어가 A by (B and C) over D, 즉 $A\times\frac{B+C}{D}$로만 읽는다고 생각하고 있더라도, 제3자는 $A\times B+\frac{C}{D}$라고 읽을지 모른다. 그래서 분수를 문장으로 표시하는 또 한 가지의 방안이 필요하다. 즉 '분자, 분모' 라는 말을 사용하는 것이다. 앞의 예를 가지고 해 보면 아래와 같이 된다.

$\frac{\text{the buyer's requirement for the year}}{\text{total output}}$: a fraction <u>the numerator</u> of which shall be the buyer's requirement for the year and <u>the denominator</u> of which shall be total output.

'분자를 매수인의 해당 연도에 대한 필요량, 분모를 전 생산량으로 하는 분수의 값' 으로 하면 아래와 같은 것도 문장으로 표현할 수 있다.

"각 당사자는 전 비용 가운데 해당 당사자가 인수하기로 합의한 수량이 연간 생산 예정량에서 차지하는 비율을 부담하지 않으면 안 된다."

Each party shall bear such portion of total expenses incurred as is represented by the figure derived by multiplying the total expenses so incurred by a fraction <u>the numerator</u> of which shall be the amount to be taken by each party and <u>the denominator</u> of which shall be the proposed annual production capacity.

물론 이렇게 해서도 알기 어려울 때는 아래와 같은 수식을 쓰는 것이 가장 좋다.

Each party shall bear a portion of the total expenses calculated in accordance with the following formula: $E = T \times \frac{A}{P}$

where:

E = the amount of the expenses to be borne by each party;

T = the total expenses incurred;

A = the amount to be taken by each party;

and

P = the proposed annual production capacity.

이와 관련한 표현으로서 자주 합병계약 등에서 "각 당사자는 출자 비율에 따라 비용을 부담하는 의무를 진다."라는 규정이 나온다.

$$\text{자기가 부담해야 할 비용} = \text{전체 비용} \times \frac{\text{당사자의 소유 주식주}}{\text{전 주식주}}$$

를 의미하는 문장이다. 이 경우에도 아래와 같은 문장이 자주 쓰인다.

Each party shall contribute to the financial requirements of the Company to the extent of its proportional(또는 proportionate) shareholding ratio in the Company.

분수 부분을 분수로 생각하지 않고 비율로 생각한 것이다. 이런 생각은 다른 경우에도 적용된다.

이 밖에 to the extent 이하를 in proportion to its shareholding ratio in the company라고 해도 좋다.

(4) 금액

금액을 표시할 때는 정확성이 각별히 요구된다. 아래 방법은 계약서뿐만 아니라 어음 등의 경우에도 쓰이는 방법이다.

숫자만 쓰는 방법: US$ 254^{27}
문자만 쓰는 방법: United States Dollars two hundred fifty-four and twenty-seven hundredths only(twenty-seven 이하는 twenty-seven cents only라고 해도 좋음)

단 어음 수표는 United States two hundred fifty-four dollars and $^{27}/_{100}$ only와 같은 표현이 미국에서 일반적으로 통용되고 있다. 이때 숫자를 모두 쓰고 나서도 숫자란에 공간이 남으면 ∼∼∼∼∼∼이나 —을 우측 끝까지 긋는다. 또 소수점 이하의 숫자가 없으면 United States Dollars two hundred fifty-four and $^{no}/_{100}$(또는 $^{00}/_{100}$) only라고도 한다. 또 and 이하 대신 only라고도 한다.

문자, 숫자를 함께 쓰는 방법: United States Dollars two hundred fifty-four and twenty-seven hundredths only (US$ 254^{27})

이것은 계약서에 가장 많이 사용되는 방법이다.

금액의 경우는 때때로 각 구성요소의 머리문자를 모두 대문자로 해서 아래와 같이 쓰기도 한다. 이론적이라기보다 체제상의 배려 때문이다. 따라서 어느 쪽이든 상관없다.

United States Dollars Two Hundred Fifty-Four and Twenty-Seven Hundredths Only (US$ 254^{27})

(5) 수의 범위를 나타내는 표현

숫자에 관한 것이데, 어떤 수로부터 어떤 수까지의 범위를 나타내는 표현에 관해서는 D항의 (3)을 참조한다.

B. 날짜 쓰기

날짜 쓰는 방식은 영국식, 미국식 등 몇 가지가 있지만 형식에 상관없이 한 가지 방식으로 통일하는 것이 좋다.

문자로 표시하는 경우(이것은 계약서 첫머리의 계약 연월일을 표시하는 장소 이외에는 거의 쓰이지 않는다): tenth day of July, in the year two thousand and five(in the year는 있어도 좋고 없어도 좋다)

여기에는 A항의 (1)에서 말한 이해(의 어려움)의 문제가 남게 된다.
계약서에서는 아래 방법이 가장 많이 쓰인다.

문자와 숫자를 함께 쓸 때(함께 쓴다고 해도 이 경우는 분리되어 나오는 게 아니고 월을 문자로, 나머지를 숫자로 쓰는 방식을 취한다): 10th July, 2006

이 밖에 10th July, 2006(July와 2006 사이에 콤마를 쓰지 않는 경우도 있다), June 20, 2006이라고도 쓰는데, 어느 것이든 기호에 따라 정하면 된다. Aug. 15, 2006 등 월을 약자로 줄여 쓰는 사람도 있지만 계약서 같은 격식을 갖춘 문장에선 철자를 모두 적는 것이 바람직하다.

또 이것을 음독할 때는 tenth July …, ten July …, June twenty(숫자를 그대로 읽어도 좋다)라고 읽는다. 아래의 방식은 계약서 본체가 아니고 그 부록이나 그 밖의 비공식 문서에 쓰이는 것이다.

숫자만으로 표시한 때: 2005/12/6
6/12/2005
27/6/2006
6/27/2006

이 보기에서도 알 수 있는 것처럼, 첫 번째는 거의 틀림없이 2005년 12월 6일이지만(보통 이런 식으로 쓰지 않는다), 두 번째는 실은 셋째, 넷째 보기를 보면 알 수 있듯이 2005년 6월 12일과 12월 6일일 가능성이 있다. 어느 쪽인가 하면, 주소의 번지를 쓰는 방식 등으로 봐서 '작은 단위(특정한 것)에서 큰 단위(일반적인 것)'로 나아가는 것이 유럽과 미국의 관례이므로 12월 6일일 가능성이 높다.

하지만 미국에서는 그 반대로 6월 12일이다. 그러므로 이 같은 방식은 상대가 오해하지 않을 것을 확신하는 경우나 세 번째처럼 오해의 여지가 없는 용례를 동시에 포함하는 경우 이외엔 사용을 피해야 한다.

또 꼭 사용해야 할 경우는 12M/6/2005 등으로 월(month)을 표시하는 M을 넣는 것도 한 방식이다. 어느 쪽이든 정식 계약서에는 나오지 않는다.

C. 날짜에 관한 여러 가지 표현

계약서에는 특정한 날짜 이외에 장차(때로는 과거)의 날짜, 기간을 나타내는 표현이 요구되는 일이 많다. 우선 날짜를 중심으로 하는 표현들을 모아 보자.

(1) 장차 한 번만 나오는 날짜

여기에는 아래 방법이 쓰인다.

계약 체결일부터 3개월째: the day three (3) months after the date of this Agreement

계약 체결일부터 1년째: on the first anniversary of the date of this Agreement

(2) 장차 2회 이상 주기적으로 나오는 날짜, 또는 구체적인 특정은 할 수 없으나 나올 것이라 예상되는 날짜

매월 10일: the tenth day of each month
ever month on the tenth day

몇 개월마다: every(two, three … 등 개월 수) months, at monthly(2개월 이상

은 bi-monthly, two-monthly, three-monthly 등) intervals
3개월마다: quarterly, trimester(ly)
6개월마다: semi-annual(ly)
1년마다: annual(ly), every year, yearly

그런데 이 표현들을 사용할 때는 주기의 맨 시초가 달력에 따라 1월 1일이지만 어떤 특정일부터 기산해서(예컨대 계약 체결일부터 기산해서) 3, 6개월, 1년마다인지 밝혀 두는 것이 필요하다. 우선 아래 예를 보자.

4반기마다: every calendar quarter
1년마다: every calendar year

이같이 calendar라는 단어를 넣으면 일단 1월 1일부터 3월 31일까지, 이어서 4월 1일부터 6월 30일까지 등 달력 4분기마다, 또 1월 1일부터 12월 31일까지를 가리킨다고 생각된다. 그러나 반드시 누군가가 그렇게 해석해 준다고 기대할 수 없을지 모른다.

calendar라는 말은 단순히 3개월, 6개월, 12개월 후의 같은 날 하루 전날까지의 기간을 가리킬 뿐이다. 예를 들면 달리 아무런 근거가 없으면 계약일(7월 26일부터 1월 25일 등으로 해석되는 경우도 있다)부터 4분기마다, 즉 7월 26일부터 10월 25일, 10월 26일부터 1월 25일까지로 해석되는 경우도 있다. 따라서 역시 시작을 정확히 표현하는 것이 바람직하다. 그리고 그렇게 하면 어느 날부터라도 시작할 수 있으므로, 결국 이것이 최상의 방법이라고 할 수 있다.

2007년 1월 1일(2006년 5월 7일)부터 3개월마다(6개월마다, 1년마다): quarterly (semi-annually, annually) starting on January 1, 2007 (may 7, 2006)

또 숫자 대신 말로 기간을 표시할 수 있는 것에는 아래와 같은 것이 있다.

weekly, bi-weekly, fortnightly, bi-monthly, …

또 two month period로 하는 명사구를 사용하는 것도 가능하다. 이 밖에 아래와 같은 표현이 주기적으로 오는 날을 표시하는 것으로 쓰인다. 단, 아래의 세 가지 예는 해당일 모두를 취하는 것이 아니라 그 가운데 임의로 취하도록 씌어 있는 점에 주의가 필요하다.

2006년 10월 8일 또는 1년 또는 수년 후의 같은 날: October 8, 2006 or any anniversary thereof

'같은 날' 은 그 밖에 (numerically) corresponding date 또는 the same date 등으로도 나타낸다. 따라서

4월 21일 또는 어느 달의 같은 날: April 21 or any corresponding date in any month thereafter
2006년 6월 19일 또는 다음 해 이후의 같은 날: June 19, 2006 or the same date in any following year

라고 말할 수 있다.
이 예들을 모든 해당일로 바꾸려면 or를 and로, any를 each로 하면 된다.
또 앞에서 말한 quarter 등과 결합해 쓸 때는 아래와 같이 한다.

매 3개월의 10일: the tenth day of each quarter

단 semi-annual은 명사가 없으므로,

매 6개월의 10일: the tenth day of each half year
가 된다.

매년 1월 10일: the tenth day of January of each year

물론 이 quarter, half year, year에 위에서 말한 시기(始期)를 표시하는 것이 필요하다. 이때 월일이 특정되면 가장 바람직하지만, 월일을 미리 특정할 수 없을 때 '…(의) 날' 이라고 하려면 the date of …라는 표현을 쓴다.

계약일: the date of execution of (signature of) this Agreement(계약서 내에 작성 날짜, 서명 날짜가 하나밖에 없는 경우는 단지 the date of this Agreement 라도 좋다)
서명일: the date of signature
정부 허가 날짜(수출 허가일, B/L의 날짜): the date of governmental approval (export licence, bill of lading)

이것은 명사를 형용사로 사용하는 용법으로 governmental approval date(day)라고도 할 수 있다. 단 the date of …형이 일반적 용법인 것 같다.
위의 여러 보기를 간추려 몇 가지 표현을 해 보면 아래와 같이 된다.

이 계약 체결일부터 4개월마다 같은 날에: every four (4) months on the same date as the date of this Agreement
2006년 10월 27일 및 그 후 매년 같은 날에: on October 27, 2006 and every anniversary of that date thereafter
각 B/L 날짜의 10일 후에: ten (10) days ofter each B/L date
별도로 정해지는 서명 후 10일 이내의 어느 날부터 시작해 2개월마다: bi-monthly starting on the day to be determined separately which day shall be within 10 days after the date of signature

'…(의) 날부터' 라고 할 때의 '부터' 에는 starting on 이외에 commencing on, commencing with, commencing from 등이 쓰인다. 덧붙여 말하건대 '까지' 에 대해선 ending on, ending with가 쓰인다. commencing from이나 그 상대로서

의 to에 관해서는 대상이 된 날의 산입, 불산입의 문제가 발생하기 때문에 주의가 필요하다. 구체적으로는 D항의 (3)을 참조한다.

D. 기간을 나타내는 표현 I

앞의 C의 표현은 어느 일자가 어떻게 시작되고 어떤 사이클로 이루어지고 있는지를 나타내는 표현이었지만, 여기서는 기간의 내용을 나타내는 표현을 설명하기로 한다.

(1) 일수, 월수, 연수를 단순하게 나타내는 경우

for (a period of) ten days
over (a period of) seven months
during (the first) two years

모두 '…일(월, 년)의 동안', '…일(월, 년)에 이르는 기간' 등을 표시하는 경우에 사용될 수 있다.

어떤 경우라도 사용할 수 있으며, 특히 계약서의 존속(유효)기간을 나타내는 경우에 자주 사용되는 표현으로 다음과 같은 것이 있다.

for a term of two years
for 5 years' duration
over a period of 10 years

단순히 for seven (7) years라는 것도 자주 사용된다.

(2) 다른 것의 존속기간에 종속하는 경우

for so long as the license remains valid

for the period during which the approval remains effective

insofar as the Buyer performs its obligations

등으로 말할 수 있다. 또한 종기(終期)에 초점을 맞추어,

until the expiry of the temporary permit

until the termination of the Contract

up to the date of the notice(그곳보다 앞에 notice에 관한 기술이 있으면 the notice로 하는 대신에 오히려 such notice가 된다).

등의 방법도 있다.

물론 그 일자를 구체적으로 알고 있으면 단지 until January 31, 2006이라고 해도 충분하다. 다만 말일의 산입 여부에 대해서는 다음 페이지를 참조하면 알 수 있을 것이다.

(3) 시기(始期)와 종기(終期)를 특정 짓는 경우

from January 1 to December 31

January 1 through December 31

for the period between March and May

for the period from March through May

starting on(commencing with, commencing on 또는 commencing from) the date of this Agreement and ending on(또는 ending with) the date which falls 365 days thereafter

위의 마지막 예에서 365 days 대신에 one year로 하는 것도 가능하다. 동일하게 이 문형에서 week, month는 30일로 되는 것인지, 다음 달 동일의 1일 전까지의 기간으로 되는 것인지에 대해 문제가 될 수 있으므로 경우에 따라서는 이 방법을 피해야 할 것이다(이 경우 정의상 month를 30일 또는 다음 달의 전일까지

로 정하면 문제가 없다).

일반적으로는 one year는 12개월로 해석하는 것이 상식이며 그중에 월(月)의 대소(大小)는 무시해도 된다. 즉 연으로 말하면 월수(月數)이며, 더구나 월(月)로 말하면 일수(日數)를 무시한 월이 되며, 주(週)는 시간이 아니라 일수로 계산할 수 있다.

다만 일(日)을 시간으로 할 수 있을지에 대해서는 문제가 있다. 과학적으로 1일은 오전 0시부터 오후 12시까지를 말하지만 경우에 따라서는 영업시간(은행 거래가 관련될 때, 노동이 관련될 때 등), 일출일몰(용선계약)로 계산하는 경우가 있으면, 양쪽 끝을 산입하는 등의 계산 및 절상 · 절사(금전소비 대차계약)가 발생하는 경우도 있으므로 계약의 목적과 상관습 등을 고려해야 한다.

또 하나 주의할 점은 최초일과 말일을 산입할지의 여부이다. 이것은 숫자의 표기 방법 등도 공통되는 부분이 있으므로 여기서 일괄하여 설명하기로 한다. 이것을 분명히 하기 위해서는 다음과 같은 표현을 사용한다.

1월 23일부터 2월 11일까지(1월 23일, 2월 11일을 포함할 때): from January 23 to February 11 (both inclusive) 또는 (both dates inclusive)
위와 같음(1월 23일만을 포함할 때): from January 23 (inclusive) to February 11 (exclusive)
위와 같음(양쪽을 모두 포함하지 않을 때): from January 23 to February 11 (both exclusive) 또는 (both dates exclusive)

단지 inclusive(또는 exclusive)라고 제일 마지막에 표시될 때는 both inclusive(또는 both exclusive)라고 해석해도 된다.

시기(始期), 종기(終期)가 구체적인 일자가 아니라 문장으로 표현되는 경우,

<u>since and inclusive of</u> the date of this Agreement <u>up to and inclusive of</u> the date of the actual delivery of the Product

시기의 표현으로서 그 일자를 포함하는 것을 나타내기 위해서는 on and after

도 자주 사용된다.

The Contract shall be effective on and after the date of signature.

또한 from and after로 하는 예도 볼 수 있다. 미국 법률의 발효기일의 규정은 예를 들면,

This Act shall become effective at 12:01 AM on March 20, 2006.

으로 된다. 이것과 관련하여 어느 일자 내지는 그 이후의 언젠가의 1일을 표현하는 것으로서,

The disbursement of the loan shall be made on or after March 20, 2006.

라는 표현도 있다. 이것은 전술한 inclusive를 사용해도 물론 표현할 수 있다. 이 표현에 대해 주의해야 할 것은 disbursement는 1회에 한정되므로 on or after로 하고, 3월 20일부터 매일을 표시하는 것이 아니라 3월 20일부터 시작되는 기간의 언젠가를 표시하고 있는 것이다. 종기에 관해서는 on and after로 완전하게 해당하는 표현은 그다지 볼 수 없지만,

The obligations remain outstanding up to(또는 until) and including September 25, 2006.

등의 사용법이 있다.

일반론으로도 from 및 to가 언급된 그날, 그때 또한 그 장소를 포함할지의 여부는 사전, 판례 등에서도 각각 다르게 되어 있다(따라서 전술한 것과 같은 번거로운 기술이 필요하게 된다). 더구나 법률 문서의 경우는 이 같은 일반론에 더하여 당사자의 의사 해석이라는 문제가 있으므로 더욱이 문제는 복잡하게 된다. 다만 극히 일반론으로는 from, to는 모두 그 점을 포함하지 않는 것으로 되어 있지

만, 이것에는 예외가 동일해서 바로 열거할 수 있다.

예를 들면 일반적으로 신용장통일규칙이라 불리는 『화환신용장에 관한 통일규칙 및 관습』(1993년 개정판)(Uniform Customs and Practice for Documentary Credits 1993 Revision, ICC Publication n° 500: UCP 500) 제47조에는 to, until, till, from 및 이들과 유사한 의미의 용어가 선적과 관련하여 사용된 때는 기재된 날을 포함하는 것으로 규정하고 있다. 또한 after에 대해서는 기재된 날을 제외하는 것으로 하고 있다.

또한 전형적으로 장소에 대해 언급할 때는 from, to 모두 그 지역을 포함한다.

from Seoul to Busan

이라고 할 경우에는 서울 내의 어느 지점에서 부산 내의 어느 지점을 말한다.

One may drive a car from the time he becomes(또는 is) 18 years old.

라고 하면 18세의 생일을 기점으로 운전 자격을 취득할 수 있게 되며 만 19세까지 18세의 1년간을 기다려야 한다.

This Contract is valid for a period of one year starting from January 1, 2005 to December 31, 2005.

의 경우 이것도 양쪽을 포함한다는 것이 당사자의 의사일 것이다. 이같이 from, to는 시간적 요소가 치명적인 영향을 미치는 경우에는 그 용도가 감당하지 못하는 경우가 있을 수 있다. 따라서 전술한 바와 같이 from(또는 on) and after, inclusive 등을 사용하여 더욱 한정하거나 반대로 처음부터 after, before(모두 그 일자를 포함하지 않는)를 사용하여 문제를 피하도록 해야 할 것이다.

The Temporary permit shall be effective after the date of issuance.

The delivery shall be made some time before January 15, 2006.

이렇게 하면 모두 당일은 포함하지 않는 것이 명백하다. 다만 그래도 걱정이라면 exclusive를 사용하거나 반대로 생각하여 포함하는 일자부터 계산하는 것으로 하여 역시 from(또는 on) and after, on or before, inclusive 등을 써도 된다.

E. 기간을 나타내는 표현 Ⅱ

(1) 어느 때부터 며칠 전, 며칠 후를 나타내는 표현

계약 종료 전 며칠까지 통지 후 며칠의 기간 중에 등의 경우, 그 기간은 다음과 같이 표현된다.

계약 종료 60일 전까지: until 60 days prior to the expiration date of this Agreement
계약 종료 전 60일 이내에: during the 60 day period before the expiry of this Agreement
통지 후 60일 이내에: within the 60 day period after the notice
계약 체결 후 60일 이내에: within 60 days after the execution of this Agreement

여기서는 60일의 기간을 나타내는 것으로 60 days 외에 60 day period를 사용했지만, 60 days period, 60 day's period, 60 days' period 등도 각각 문법상의 설명은 다르며 또 어떤 것은 타당하지 않을지도 모르지만 동일한 목적으로 사용되고 있는 것 같다.

그런데 전술한 최초의 두 가지 표현이 구체적으로 어떤 기간을 나타내는지에 대한 의문에 답하기로 한다. 이 같은 표현을 사용할 경우 그 해석을 하는 데 도움이 되는 기술은 60이라는 큰 숫자를 1 및 2의 작은 숫자로 해 보는 것이다. 처음의 두 가지 예를 바꾸면 다음과 같이 된다.

until 1 day prior to the expiration date
during the 2 day period before the expiry

가령 expiration date를 8월 14일로 생각해 보자. 우선 첫째 예에서는 8월 14일의 1일 전이므로 8월 13일로 되며 그날까지(until)이므로 결국 최종적으로 8월 13일 중이라는 것이 된다.

그 다음의 예에서는 8월 14일 이전의 2일의 기간이므로 8월 12일과 13일의 기간(during)을 가리키게 된다. 이 원칙을 이해한 후 60을 결부해 달력을 보면서 생각하면 된다.

(2) 계약기간의 자동 연장 등을 나타내는 표현

계약서의 유효기간을 나타내는 규정으로 자주 자동 연장 또는 조건부 연장의 문장이 나오므로 예를 들어 보기로 한다.

> This Agreement shall be valid and in force for an initial period of three (3) years after the execution hereof. Thereafter, it shall remain in force for further period(s) of two (2) years each unless terminated by written notice of termination to be sent to the other party at least sixty (60) days prior to the expiration of the initial period or any such extended period.

thereafter 이하는 다음과 같은 표현도 가능하다(기간이 조금 바뀌어 있다).

> Thereafter it shall be extended from year to year unless either(또는 one) party gives the other party notice of termination at least three (3) months prior the expiration of the original or the extended period of this Agreement.

첫째 예는 2년마다의 연장, 그 다음 예는 1년마다의 연장으로 모두 원래의 기간 또는 연장기간의 어느 쪽인가의 종료 60일 또는 3개월 전까지의 통지에 의해 해제가 가능하다는 것을 나타내고 있다. 원래 기간의 종료 시점에 해제할 수 있는 것은 당연하지만 위와 같은 경우도 포함하는 것이 바람직하다.

그런데 이 같은 규정이 있는 계약서는 합의에 의한 경우 외에는 규정한 주기가 돌아오지 않으면 해제가 불가능하므로, 해제를 고려할 경우에는 미리 자동 연장이 아니라 조건부 연장을 하는 경우도 있다.

This Agreement shall remain in force for a period of three (3) years after the execution hereof; provided that if both parties agree to an extension thereof not later than sixty (60) days prior to the expiration of the initial term, or any extension thereof, this Agreement shall remain in force for further period(s) of one (1) year each.

provided 이하를 다음과 같이 구성하는 방법도 있다.

…; provided that if either(또는 one) party gives the other party notice of its desire to extend this Agreement at least sixty (60) days prior to the expiration of the initial term or any extension thereof and the other party does not object thereto within thirty (30) days after the receipt of such notice, this Agreement shall continue to be in force for further period(s) of two (2) years each.

첫째 예는 각 종료 60일 전까지 연장 합의를 할 수 있으면 다음 1년씩 순차적으로 연장되는 예, 그 다음 예는 각 종료 60일 전까지 한 당사자가 다른 당사자에게 보낸 연장 통지에 다른 당사자가 30일 이내에 반대의 의사를 표시하지 않는 경우는 2년마다 연장되는 예이다.

이들 예에 대해서도 구체적으로 어떤 기간에 무엇을 해야 할지를 작은 숫자를 사용한 구체적 예에서 보기로 한다. 맨 앞의 예에서 expiration을 8월 14일, 60일을 3일로 해 보면(즉 … not later than three (3) days prior to August 14 …), 합의는 8월 14일의 3일 전, 즉 8월 11일보다 늦으면 안 되므로 늦어도 8월 11일까지 해야 한다. 맨 뒤의 예에서 60일을 6일, 30일을 3일로 함과 동시에 일방의 통지는 늦어도 최후 8월 8일 중에 이루어져야 하며, 상대방의 objection은 통지의 수령을 8월 9일로 가정하면 8월 10일부터 12일까지의 3일간이어야 한다. 이 설명에서 알 수 있는 바와 같이 통지는 발신을 근거로 유효하게 되는지, 아니면 수신을 근거로 유효하게 되는지를 명백하게 규정해 두지 않으면 이들 조항은 의도한 것같이 되지 않을 경우도 있을 수 있다는 것에 유의해야 한다(통상 이 같은 규정은 일반 조항 중의 notice 조항에 삽입해 둔다).

이들 예에서 period(s)라는 표현이 있었다. 이것은 연장이 몇 번 있었는지를 모르는 경우에 1회 내지는 몇 회라는 것을 나타내기 위하여 사용되는 표현이다. 이 표현은 이 같은 경우에 한정하지 않고 어떤 사항이 1회만인지 2회 이상 발생할지를 모르는 경우에 응용할 수 있다.

This Agreement may be terminated by the Seller if a note(s) or check(s) issued or endorsed by the Buyer is dishonored.

매수인이 발행 또는 배서한 어음 또는 수표의 1장 내지 몇 장의 부도가 발생한 경우에 이 계약서는 매도인에 의해 해약될 수 있다(다만 이 규정에 의하면 1장이라고 부도가 되면 해약할 수 있으므로 법률적으로는 그다지 s를 붙일 의미가 없지만 2장 이상, 한 번 부도가 나면 이 규정은 사용할 수 없다는 난처한 논의를 피하기 위해 포함되어 있다).

신용장(L/C)의 매입을 위해 선하증권(B/L)을 제시해야 할 때 다음과 같이 기술하는 것도 동일한 생각에 기초한다.

L/C shall be negotiable against bill(s) of lading.

Bill of Lading을 약칭하여 B/L로 한 경우에는 B/L(s)로 한다. 또 어느 단어의 단축형이 한 문자인 때는 R('s)와 같이 ' 가 붙는다.

A notice(s) is(are) required when …

A notice/s is/are required when …

"…의 때에는 한 번 또는 두 번 이상의 통지가 필요하다."

물론 이같이 문법적으로 의문이 있는 형태를 피하여 a note or notes 및 a notice or notices로 하는 것도 가능하다(또한 이 같은 경우에 동사는 일반 원칙에 따라 이후의 복수형에 호응하여 are로 하는 것이 보통이다). 또한 괄호에 넣는 용법에 있어서 그 이전의 단어에 철자의 변화가 발생하는 경우에도 단수를 사용하여 s를 삽입하는 것이 보통인 것 같다. 즉 party(s) 등으로 된다. 다만 이 외에 party(ies)로 하는 예도 볼 수 있다.

또한 further period(s) of two years each 대신에 further periods each of two years라는 표현도 가능하다.

위의 몇 가지 예에서 문법상 의문이 있는 것을 피하는 수단으로 '이 계약에서 단수는 복수를 포함한다' 라는 의미의 해석 원칙을 일반 조항에 삽입하는 것도 가능하다.

Words importing the singular only include the plural where the context requires.

그러나 이것에 대해서는 문맥상 해석이 반드시 일정하지 않을 수 있으므로 규정이 자의적으로 이용되거나 불명확함을 초래해 바람직하지 않다는 비판도 있다.

F. 수량 쓰기

(1) 단위의 특정

톤, 온스 등과 같이 여러 종류가 있는 것은 우선 어떤 의미에서 그 단위를 사용하고 있는지를 특정해야 한다.

ton: metric, long, short, dead weight ton, …

이 외에 체적(體積)을 표시하는 gross ton 등도 있다.

ounce: fluid ounce, (weight) ounce

특정한 경우라도 동일 단위를 표시하는 수량에서 영국식과 미국식이 다른 경우나 대상물에 따라 다른 것도 있을 수 있으므로 필요에 따라서는 이것도 특정해 두어야 한다. 예를 들면,

British Imperial	US
1 fluid ounce	0.961 US fluid ounce
1 gallon	1.201 US gallons
1 bushel	1.032 US bushels

필자가 미국에서 캐나다까지 자동차 여행한 1976년 당시 미국에서 가솔린 1갤런이 50센트 전후였던 것에 비해 캐나다에서는 70센트를 넘은 적이 있다. 환율을 고려하더라도 이해할 수 없었기 때문에 물어보았더니 캐나다에서는 영국식의 갤런을 사용하고 있다는 것을 알고 비로소 납득할 수 있었던 적이 있다.

또한 흔히 혼란의 요소가 되는 예로 다음과 같은 것이 있다. 영국에서의 용적 단위(중량단위가 아님)의 1ton은 다음과 같이 나누어지고 있다.

목재: 40 bushels	(1,454.708*l*)
돌: 16 ft^3	(0.45307 m^3)
소금: 42 bushels	(1,527.444*l*)
석탄, 석회: 40 bushels	(1,454.708*l*)
코크스: 28 bushels	(1,018.296*l*)
밀: 20 bushels	(727.354*l*)
포도주: 252 gallons	(1,145.079*l*)

이들 경우에 물론 ton이라는 단위에 대해 무엇을 대상으로 사용하고 있는지를 명백하게 해야 한다.

(2) 수량을 문자로 쓰기

숫자 자체에 대해서는 A항에서 설명했는데, 이것에 단위를 붙일 때의 방법을 설

명한다. 우선 단위의 약칭이 일반적으로 이해되고 있는 경우에는 이를 사용할 수 있다.

M/T 또는 M.T.= metric ton(영국에서는 M/T를 tonne이라고 쓴다)

생략 표시의 마침표가 붙은 문자가 두 자 이상 나열된 때는 그 사이에 공간을 두지 않아도 된다(이것은 D. H. Lawrence와 같이 사람의 이름의 두문자인 경우에도 동일하다).

DWT=dead weight ton
oz=ounce
kg=kilogram
km=kilometer

이를 숫자와 함께 사용하면 된다.

1000kg: one thousand kg

이 경우 약칭이라고 하여 kg, oz 뒤에 마침표를 찍을 필요는 없다.

만약 마침표를 제일 마지막에 포함하는 단어(예를 들면 M.T.)가 문장의 최후에 온 경우 그 단어를 포함하는 문장의 마침표는 필요 없다. 즉 마침표가 두 개 중복되는 일은 없다.

일반적이 아닌 약칭은 정의 조항에서 정의하든가, 처음으로 사용할 때에 (hereinafter …) 등으로 하여 약어를 괄호에 써 넣어도 된다.

ten drums (hereinafter dr) 또는 단지 (dr)

약칭은 복수형을 취하지 않는다. 다만 숫자에 맞추어 원래의 단위를 전부 적을 때는 수량의 경우에 한정하지 않고 숫자가 1을 넘는 경우에는 모두 복수로 취급된다. 1 이하의 경우에 그 단위는 단수로 된다는 것에 주의할 필요가 있다.

12.6g: twelve and six-tenths grams

0.7g: 흔히 seven-tenths of one gram으로 적는다. 단지 seven-tenths gram으로 해도 된다.

2.51 M/T: 2.51 metric tons

0.92 L/T: 0.92 long ton

맨 앞 두 가지 예의 분수 표현 중에 밑줄을 그은 s는 없어도 된다.

G. 이상, 이하, 미만 등, 어느 것이든, 짧은 쪽, 긴 쪽 등

(1) 이상, 이하, 미만 등

기간, 숫자 등과 관련되는 중요한 표현의 하나로 이상, 이하, 미만 등이 있다. 자주 사용되는 표현을 열거하면 다음과 같다.

more than, longer than, greater than, …

이 표현은 보통 그 바로 다음에 오는 숫자, 기간 등을 포함하지 않고 그보다 많은 숫자를 표시하는 것으로 이해해도 될 것이다.

more than 25 days: 26일 또는 그것을 초과하는 일수

이 의미에서 명확한 표현은 in excess of이다. 특히 문장 중 more than을 사용하여 표현하는 자체가 이례적이므로, 그 자체로 숫자를 포함할지의 여부에 대해 상식적으로 판단할 수 없을 때는(반대로 말하면 상식적으로 포함하는 경우가 생각되지 않는 것도 아니다) 오히려 in excess of 또는 over 등을 사용하는 것이 바람직하다. D에서 설명하고 있는 바와 같이 exclusive를 사용하는 것도 고려된다.

He may not be elected chairman of the board for more than two consecutive terms.

이것을 2기(期)를 최대한으로 하는 것을 명확하게 표시하는 문장으로 하기 위해서는,

He may not serve as chairman of the board in excess of two consecutive terms.

로 하는 것이 바람직하다. consecutive는 '연속하여' 라는 뜻이다.

less than, shorter than, smaller than, …

이에 대해서 위와 동일한 것이 적용된다.

in excess of의 반대어로서는 in short of가 바람직하다. 반대로 그 숫자를 적극적으로 포함시키려는 경우에는 기간의 경우에 제시한 on or after, on or before에 해당하는 표현을 고려할 수 있다. 즉 25일 또는 그 이상의 경우에는 25 days or more, 10파운드 또는 그 이상은 10 pounds or above(또는 more), 반대로 49% or less, 2기(期) 또는 그 이하는 two (consecutive) terms or less, 금액으로는 10 cents or less 등이다.

이 예에서 more, above, less 등은 그 자체의 숫자를 포함하지 않지만 의도적으로 25 days, 10 pound, 49% 등은 그 자체를 나타내는 단어와 합해서 이상, 이하를 확실하게 표현하는 방법을 택한 것이다.

공식화하면 다음과 같이 된다.

어느 수량 이상 또는 이하 = 그 숫자+수량 단위+or+more, above, below, less 등

(2) 어느 것이 짧은 쪽, 긴 쪽, 두 번째인지를 선택하는 경우

다음으로 양(量), 기간 등을 비교한 후에 최대, 최소의 것을 선택할 때 편리한 표현을 열거한다.

the lesser sum of the two: 두 가지의 금액 중 적은 쪽(이 lesser는 문법상 중복 비교 변화라는 형태로서 오늘날 이 이외에는 거의 사용하지 않는다. little의 통상 비교급은 less이다.)

몇 가지의 사실, 숫자 등에서 가장 빠른(늦은) 시기, 최대(장), 최소(단) 등을 나타내는 것에 사용하는 일반적인 표현은 다음과 같은 것이다.

the termination of this Agreement or the invalidation of the patent, whichever occurs later (earlier)

이것을 정식으로 나타내면 다음과 같다.

A 또는 B의 어느 쪽(긴, 짧은 등) = A or B, whichever is (comes, occurs, happens, …) + 비교급

물론 A, B의 두 가지에 한정하지 않고 A, B or C에서나 그 이상에서도 사용할 수 있다.

때때로 계약의 발효 조건 등을 나타내는 것으로 다음과 같은 표현을 발견할 수 있다.

This Agreement shall become effective when:
i) the approval hereof shall be given by the Government of …; or
ii) 30 days shall elapse after the execution hereof, whichever comes later.

냉정하게 생각하면 later의 상황이 발생하기 위해서는 반드시 하나의 상황이 발생하지 않으면, 비교할 수 없으므로, 논리적으로 이 두 가지는 비교할 수 있는 상황이 아니라 오히려 처음부터,

This Agreement shall become effective when all(위의 경우라면 both)

of the following conditions have been fulfilled(또는 satisfied, met): …
로 하면 될 것이지만 왠지 위와 같은 용법이 선호되고 있다. 다만 예외적으로 이러한 쪽이 바람직하다고 생각되는 경우는 조건 중에서 어느 것이 요구되지 않을 가능성이 있을 때이다.

이것과 유사한 표현으로서 다음과 같은 것도 있다.

The delivery period shall run from the latest of the following dates:

1. the date of execution of this Contract;
2. the date of issuance of the import license; or
3. the date of receipt of the advance payment.

이것도 1, 2, 3의 전부가 발생할 것을 요구하고 있는 점은 동일한 비판에 직면한다.

같은 것으로 계약의 발효 조건에 예를 들면 '매수인이 선급계약금을 지급할 것' 이라는 조건을 포함하는 경우가 있다(반드시 whichever happens later의 구문이 아니라도 all of the following conditions are met의 형식이라도 같지만). 이 경우 발효 조건에 의무의 이행을 넣는 것은 자기모순이 아닌가라는 논의가 있다. 즉 계약이 발효되지 않기 때문에 매수인에게는 당연히 선급계약금 지급 의무 등 아무런 의무도 없다.

따라서 매수인이 자주적으로 그 지급을 이행하면 계약발효 조건의 하나는 충족되지만, 매수인이 자의적으로 선급계약금을 지급하지 않아도 계약이 발효되지 않았으므로 계약 위반이 되지 않으며 강제도 할 수 없다. 의사 해석의 측면에서 보면 발효 조건을 충족하도록 노력하는 것이 당사자의 의사일 것이므로(그렇지 않으면 무엇을 위해 계약했는지를 모른다) 역시 매수인에게는 그렇게 할 의무가 있다. 따라서 고의로 태만한 경우에는 계약 위반이 된다고 논의할 수 있다고 생각하지만, 의문을 피하기 위해서는 이같이 당사자의 의사에 좌우되는 것을 조건으로 해서는 안 될 것이다.

실제적 방법론으로는 "매도인의 의무는 매수인이 선급계약금을 지급하기까지 발생하지 않는다." 라는 형태로 한다면 매수인의 의무의 근거를 모호하게 하지 않고 매도인의 의무를 매수인의 의무 이행의 조건으로 한다. 즉 계약의 발효 조건은 정부 허가 등 당사자가 지배 불가능한 것의 실현에만 한정시키고, 한쪽의 의무 발생은 전제가 되는 다른 쪽의 의무 이행에 조건으로 하는 것이다. 이렇게 하면 객관적 조건만 성취되면 100%의 유효한 계약하에서 당사자 일방의 의무 이행을 추구할 수 있게 된다.

여기서는 최대, 최소 등을 열거하였는데 두 번째의 것을 선택하는 경우도 있을 것이다. 그 경우에는 the next higher, the next highest 등의 표현을 사용한다.

예를 들면 위원회 규칙 등에 있어서 "위원장이 사망, 이사 등으로 부재인 경우에는 투표 시에 다음의 점수를 획득한 자가 자동적으로 당선된다."는 것이다. 이것을 문장으로 나타내면 다음과 같다.

> If the seat of Commissioner becomes vacant because of his death or personal transfer, the candidate who obtained the next higher(또는 highest) vote at time of voting shall automatically succeed him.

이 경우 선택안이 두 가지밖에 없거나 그렇지 않더라도(즉 이 경우에서 말하면 선거할 때 차점 이하가 두 사람밖에 없거나 세 명 이상 있어도), higher이든 highest이든 어느 쪽이라도 사용할 수 있다. next 대신에 second라도 무방하다. 자주 있지는 않으나 세 번째 이하의 것을 선택하는 경우에는 서수를 이용하여 the third lowest figure, the fourth most accurate reading 등으로 할 수 있다. 다만 이 같은 표현은 그다지 예가 없으므로 법률 문서에서는 이렇다고 결정적으로는 말할 수 없다.

H. 순서의 표현법

다음으로 순서를 나타내는 표현 중 전형적인 것을 두 가지만 열거해 둔다.

시간의 순서: chronologically, in chronological order, …

시간 등의 순서 뒤에서 반대로: in the inverse order of, …

자주 융자계약에 있어서 일부가 기한 전에 변제된 경우에 그 금액의 충당 순서를 나타낼 때 사용된다.

The payment shall be applied in the inverse order of the maturity of installments.

"지급은 분할 지급의 제일 마지막 회의 상당분에서 순서대로 소급하여 충당한다."

이 외에도 순서를 표현하는 방법이 여러 가지 있지만 일반적인 계약서에서 그다지 발견할 수 없으므로 여기서는 그 예를 생략한다.

I. 그 밖의 숫자에 관한 표현

그 외에 때때로 발견할 수 있는 표현으로 도움이 된다고 생각되는 것을 순서 없이 나열하기로 한다.

(1) 정수배(숫자×정수)

a multiple of US$ 1,000 …: 1,000달러의 정수배

an integral multiple of ¥1,000,000 …: 100만 엔의 정수배(integral은 없어도 상관없음)

아래 예는"연차 주주총회에서 이사의 1/3이 퇴임한다. 즉 개선(改選)된다. 다만 이사의 숫자가 3의 배수가 아닐 때는 1/3을 초과하지 않는 숫자로 1/3에 가장 가까운 숫자의 이사가 퇴임한다."라고 한 것이다. 즉 전원이 9명이라면 3명이 퇴임, 7명이라면 2명, 5명이라면 1명이 된다.

At each annual general meeting, one-third of the directors for the time being or, if their number is not a multiple of three, the number nearest to (but not greater than) one-third shall retire from office.

(2) 분수배, 소수배, (정수+분수 또는 소수)배

분수, 소수를 곱하는 경우에는

one-half of (the amount): (금액)의 반
point two three <u>times</u> (the number): (숫자)의 0.23배(times는 multiplied by를 나타내는 전치사로 ×에 해당하며 항상 복수로 한다)

(정수+분수 또는 소수) 배의 경우에는,

one and one-half times (the amount): (금액)의 1.5배(이 경우 one-half를 대신하여 a one-half라고 하는 경우도 있다)

이들 예의 the amount, the number 자리에 실제의 숫자 및 숫자를 표시하는 문장, 구 등을 삽입하면 된다. 즉 다음과 같이 된다.

two and seven-tenths of the total expenses: 전 비용의 2.7배
ten point two seven times the invoice amount: 송장금액의 10.27배

앞에 열거한 multiplied by를 사용하는 것도 가능하다. 이 경우에는 다음과 같이 배수(곱하는 숫자)가 뒤에 온다.

the total expenses multiplied by one point three: 전 비용의 1.3배

(3) 단순평균, 가중평균

단순평균: arithmetic mean(또는 average)
가중평균: weighted average

(4) 절상, 절사(반올림)

절상하는 것을 round up, 절사하는 것을 round down이라 한다. 양자 중에서 어

느 쪽에 해당하는 것을 rounding이라고도 한다. round off라는 표현은 특별히 지정하지 않는 한 사사오입을 의미하지만 정확성을 기하기 위해서는 아래에 설명하는 표현으로 해야 할 것이다. 단순한 절상, 절사의 경우에는

to round off upwards (downwards) of one-hundredth: 아래 두 자리를 절상(절사)하게 된다.

이 외에

to round up(또는 upwards) (down 또는 downwards) to the nearest one-tenth: 아래 두 자리를 절상(절사)한다고 할 수 있다.

위에서 영어에서는 소수보다 분수가 많이 사용된다고 설명했다. 그 때문에 영어에서 절상, 절사를 한 자리마다 하지 않고 예를 들면 1/8씩 하는 것도 가능하다. 즉 round upwards(downwards) to the nearest one-eighth라고 하면 1.125를 초과하여 1.25 미만까지는 1.25(1+1/8)로 절상하는(1.125로 절사하고) 등도 가능하다. 은행 거래에서의 미국 달러 금리율 등과 같이 1/8 및 1/16별로 계산을 할 필요가 있을 때는 편리하다. 위의 one-tenth, one-eighth의 부분을 적당한 분수로 대체하면 된다.

명사의 형태로는 round upwards, rounding downwards도 사용할 수 있다.

사사오입을 하고자 하는 경우에는 다음과 같이 한다.

If as result of such calculation, the third figure from the decimal point is equal to or greater than 5, then the second figure from the decimal point shall be increased by 1, and(또는 but) if it is equal to or less than 4, then the second figure from the decimal point shall remain as is.

"만약 계산의 결과 소수점 이하 제3위의 숫자가 5 이상인 경우에는 소수점 이하 제2위의 숫자를 하나씩 늘리며, 4 이하인 경우에 소수점 이하 제2위의

숫자는 그대로 한다."

즉 소수점 이하 제3위 사사오입을 문장으로 한 것이다. 동일한 다음과 같은 문장으로도 표현할 수 있다.

The figure shall be rounded off to two decimal places as follows:

The second figure to the right of the decimal point shall be increased by one (1), if the third figure to the right of the decimal point is five (5) or more; and

The second figure to the right of the decimal point shall remain unchanged, if the third figure to the right of the decimal point is less than five (5).

위의 문장에서 round off라는 표현이 사사오입을 표현하는 것으로 사용하고 있다. 또한 two decimal places는 소수점 이하 두 자리를 나타낸다.

다음과 같은 표현법도 있다.

The resultant figure shall be rounded upwards from midpoints to the second decimal place.

"(계산) 결과의 숫자는 중점(中點)에서 소수점 이하 제2위로 절상한다."

이 문장에서는 중점 미만의 경우는 해석상 절사하는 것이 되므로 결국 소수점 이하 제3위 사사오입이 된다. 이 방법을 사용하면 1/8씩 등 분수에 대해서도 사사오입(정확히는 사사오입이 아니라 예를 들면 x/8를 초과하여 x/8+0.0625 미만까지 x/8로 절사하고 x/8+0.0625에서 x/8+0.125 미만까지 (x+1)/8로 절상하는 것이 되지만)할 수 있다. 이 경우의 문장은 다음과 같이 된다.

The resultant figure shall be rounded upwards from midpoints to the nearest one-eighth (1/8).

그 외에 rounding에는 소수점보다 위에서 이루어지는 것도 있다. 즉 100마다, 1,000마다 또는 100 미만, 1,000 미만은 절상, 절하 등으로 하는 경우이다. 예를 들어 다음은 판매 대리점에 volume discount를 하는 경우에 각 분기별로 매상의 10%를 반환하지만 그 금액은 US$ 1,000 단위로 절사하여 계산하는 것이다.

> The Manufacturer shall pay a volume discount to the Distributor. The amount of such volume discount shall be ten percent (10%) of the total sales value in each period; provided that the amount of the volume discount so calculated shall be rounded downwards to the nearest US Dollars one thousand (US$ 1,000) integral multiple thereof.

또는 shall be rounded 이하는 shall be rounded downwards to the nearest thousand dollars라고 해도 된다. 예문에서는 one thousand 등으로 되어 있으므로 무엇이든 1,000달러까지 절사한다는 오해를 방지하기 위해 or integral multiple thereof, 즉 또는 그 정배수라는 상세한 설명을 추가하였지만, 처음부터 nearest thousand dollars로 하면 '제일 가까운 몇천 달러까지' 라는 것을 알 수 있게 된다. multiple이라는 말을 사용하면서 짧게 하면 nearest whole multiple of one thousand dollars ($ 1,000) 등으로 할 수 있다.

9 정의(定義)의 작성법

계약서를 이해하기 쉽게 하는 기술의 하나가 어느 어구를 정의해서 사용하는 방법이다. 여기서 말하는 정의한다는 것은 하나의 계약서 중에서도 어느 어구에 그 말의 통상의 의미, 즉 액면 이하의 또는 액면 이상의 특수한 의미를 가지는 것이다.

예를 들어 'business day'를 보기로 하자. 이것은 일반적으로는 '영업일'을 의미한다. 그러나 '영업일'은 회사에 따라 다르며 국가에 따라서도 다르다. 서울의 당사자와 파리의 당사자 간에 미국 달러의 융자계약을 한다. 이 경우 당사자에게 관심이 있는 영업일은 금전의 대차, 변제입금을 위해 사용하는 은행의 영업일뿐이다. 그래서 당사자 간에 '영업일'이란 서울, 파리와 뉴욕의 전부에서 은행이 영업을 하고 있는 날을 가리킨다(미국 달러 거래이기 때문에 뉴욕을 포함한다)는 약속을 하면 business day라는 단어가 나올 때마다 설명할 필요도 없어지며 이 말을 사용하기가 매우 쉬워진다. 이것이 정의를 한다는 것이다.

이 같이 정의하는 것으로 이 단어는 계약서 중에서 세계의 모든 영업일을 가리키는 것도 아니며, 또한 대주가 국가만의 영업일을 가리키는 것도 아니다. 그러므로 이것은 한정된 특정한 영업일을 가리키는 것이 된다. 말하자면 business day를 정의를 통하여 당사자 간에 한정된 의미만으로 사용하려는 것이다.

계약서에 관용적으로 보이는 것으로 다음과 같은 예가 있다.

"Company" means a Korean limited liability company.

"Notice" means a notice given in writing.

"Subsidiary" means subsidiary as defined in Companies Act 1985 section 736 (as amended).

한 정의 방법은 위와 같이 해당하는 것을 특정하여 언급하거나 통상 생각되는 집단에서 특정한 것을 제외하는 경우도 있다.

"Manufactured Drink" does not include a drink made from only one ingredient without any additions including water.

정의 작성 방법에는 이같이 어떤 보통명사의 모든 의미 중에서 특정한 의미, 적용만을 뽑아 내어 한정한 후에 그 보통명사가 특정한 의미를 가지게 하는 방법 외에, 보통은 그런 의미가 없는 단어로까지 확대된 의미를 가지게 하는 방법도 있다. 예를 들면 다음과 같다.

"Person" includes company, partnership, union, association, firm, trust, national state, government or other entity or organization.

"Shareholder" means a shareholder of the company or its successors and assigns.

다만 후술하는 (5)에도 언급하는 바와 같이 너무 부자연스러운 것은 바람직하지 않다.

"House" includes caravan.

또한 위의 예시에서와 같이 means(한정적)와 includes(확장적, 예시적)는 반대의 기능을 가지므로 "…" means and includes …라고 흔히 볼 수 있는 표현은 모순적이다.

그 외에 어느 단어나 고유명사, 보통명사에 완전히 새로운 의미를 부여하는 방법도 있다. 이 같은 경우 다음 열거하는 단축형의 기술이 자주 병용된다.

예를 들면 계약서의 당사자에게 John Doe and Sons (International) Company Limited가 나왔다고 하자. 이 풀네임을 이 회사가 등장할 때마다 모두 기술하는 경우에 너무 길 뿐 아니라 문장을 장황하게 만들어 오해를 일으키기 쉽다. 그래서 이것을 JDS 등으로 생략하는 경우가 있다. 이것이 단축형을 만드는 것이다. 이렇게 해서 단축형을 만든 후에는 "JDS란 John Doe and Sons (International) Company Limited를 의미한다."라는 정의를 하고, JDS라는 용어에 일정한 의미를 부여하는 방법이다. 즉 JDS라는 단축형은 정의라는 작업을 통하여 단지 세 개의 알파벳 집합이라는 표면상의 의미를 넘어 그 배후에 긴 회사의 이름이라는 특정한 개념을 나타낸다. 회사명과 같이 원래 고유명사이지만 단축형을 만드는 경우에는 그 단축형에서 어느 정도 원래의 형태를 상상할 수 있도록 하는 것이 계약서의 이해를 돕기 위해서도 바람직하다.

자주 행해지는 단축형은 Friendship Press Inc.를 Friendship으로 하거나, Aluminium Company Limited를 Alco로 하거나, First Hong Kong Investment Corporation을 FHKI로 하는 방법이다. Seoul Manufacturing Co., Ltd.와 Overseas Transport Corporation을 각각 ABC와 XYZ로 하는 것은 이론적으로는 타당하지만 SEMACO와 OTC로 하는 것보다 훨씬 뒤떨어진다.

당사자의 상호 등의 고유명사를 단축할 때 명사를 그대로 단축할 것이 아니라 그 당사자의 계약상의 기능에 착안하여 예를 들면 '매도인', '대주' 등으로 정의하는 경우가 있다. 이는 단순한 정의의 작성 이상이므로 다음의 10장을 참조하기 바란다.

단축형을 사용한 정의 작성의 또 하나의 방법에는 라벨법이 있다. 이것은 처음 예와 같이 어느 말이 원래 가지고 있는 의미를 설정하여 정의하는 것이 아니라, 또한 두 번째의 예와 같이 단지 긴 것을 짧게 하는 약칭을 만드는 것도 아니다. 즉 이 경우에는 어느 개념을 포괄하는 라벨에 해당하는 어구를 선택하든가, 때로는 만들어 그것을 정의하는 표현으로 사용하는 방법이다.

예를 들면 어느 계약에서 한 당사자에게 일정한 사유(계약 위반, 파산, 은행 거래 정지 등)가 발생한다면 다른 당사자는 계약을 해제할 수 있다는 조항이 있다고 하자. 계약서의 다른 곳에서 이들 사유를 언급하려고 하는 경우, 이를 모두 또 한 번 작성하는 것은 무리일 뿐 아니라, '제○조 제○항에 열거된 여러 사유'라고 일일이 쓰는 것도 번거로운 일이다.

따라서 독자에게 그것을 참조하라는 것은 경제적이지 않으며, 알기 쉬운 계약서라는 점에서도 문제가 있다. 그래서 짧은 용어로 한 번에 생각할 수 있는 어구를 만들어 사용하면 대단히 편리하다. 지금 열거한 사유는 일반적으로는 '해제 사유(Events of Default)' 라고 불리므로 이것을 사용하여 "제○조 제○항에 열거한 여러 사유를 이 계약에서는 해제 사유(Events of Default)라고 한다."라는 정의를 하면 된다. 이를 events of default라고 하며, 그 자체에는 아무런 확정된 사전적 의미도 없는 어구 정의라는 작업을 통해 표현 이상의 특정한 의미를 부여한 것이다.

지금 정의를 만드는 작업 내용을 세 가지로 나누어 해설했는데 실제 정의는 여러 요소의 혼합인 경우가 많다.

정의를 만들 때와 사용할 때 주의해야 하는 것은 다음과 같다.

(1) 두 번 이상 나오는 단어만을 정의한다.

정의를 하더라도 계약서 중에 단 한 번만 나오는 경우에는 정의를 할 의미가 없다. 몇 번 나오기 때문에 정의할 의미가 있는 것이다.

(2) 정의는 간단하게 찾을 수 있는 곳에 한다.

가장 발견하기 쉬운 것은 물론 처음이다. 특히 장문의 계약서에서 중간에 정의를 하면, 가령 그 정의된 개념이 계약서 중에서 최초로 사용된 경우라고 하더라도 그 후에 사용됐을 때, 정의를 확인하려고 생각해도 간단하게 정의한 장소를 찾을 수 없으므로 좋지 않다. 더구나 앞에 말이 나와 있고 정의는 뒤의 제 몇 조에 한다는 것은 피하는 것이 좋다. 원활한 이해를 방해하기 때문이다.

때로는 일반 조항의 뒤에 두는 예도 있다. 정의가 대단히 많은 경우에는 이것을 부록으로 정리하는 경우도 있다. 대형 거래에서 몇 가지 계약서가 작성되고 이들에 공통으로 정의어가 사용되는 경우에는 정의만을 별책으로 정리하는 경우도 있다.

정의어를 나열할 때는 알파벳순으로 하는 것이 보통이다. 본문에 나오는 순서

대로 나열하는 것도 생각할 수 있지만 이는 그다지 권장하고 싶지 않다. 도중에 정의를 참조로 하고자 하는 경우에 정의 조항을 처음부터 읽어 내려가지 않으면 그다지 의미가 없다. 본문 중에서 "제1조(8)에 정의한 Force Majeure …" 등으로 정의를 언급하는 일은 거의 없을 것이기 때문이다. 알파벳 순서대로 나열해 두면 바로 알 수 있다. 또한 번호를 붙이게 되면 작성 중에 증감이 있을 경우 많은 번호를 수정해야 한다는 실제적인 시간의 문제도 있다.

일반적으로 중간의 정의는 권장하기 어렵지만 어느 조항 내에서만 정의한 단어가 사용될 때는 거기서 정의해도 된다. 실제 단 하나의 조항 내에서만 사용하는 단어를 멀리 떨어진 다른 곳에서 정의하는 것도 바람직하지 않다. confidentiality 조항의 다음의 예가 이것에 해당된다.

Article 14 (Confidential Information)

ABC shall keep confidential and shall not disclose to any third party any technical, economic and other business information relating to the Products and their production, processing, marketing and use disclosed hereunder in writing or orally, through observation during visits to facilities of XYZ or through study or testing of samples of the Products supplied (for purposes of this Article 14, such information shall be collectively referred to as the "Confidential Information") … 또는 (hereinafter collectively called in this Article 14 the "Confidential Information") …도 무방하다.

(3) 정의한 단어를 고유명사화하기

한 번 정의한 단어는 그 계약서 중에서 특별한 의미를 가지게 하기 위해 보통명사가 아니라 소위 새롭게 만들어진 고유명사라고 할 수 있다. 따라서 다음 10장에서 설명하는 방법으로 이것을 대문자로 작성하거나 경우에 따라서는 인용부를 붙이거나 또 밑줄을 긋는 등으로 다른 것과 구별하는 방법을 취해야 한다. 이같이하여 정의라는 약속으로 어떤 어구가 충분히 그 기능을 발휘할 수 있다.

단지 고유명사화되었다고 하지만 원래는 보통명사에 불과하므로 정의된 용어에 the를 붙이는 일도 적지 않다. 그러나 붙인다고 해도 동일한 용어가 동일 계약서 중에 보통의 의미로도 사용되는 일이 있는 경우에는 붙이지 않는다. 예를 들면 어느 회사를 the Company라고 했을 때 나중에 별도의 의미로 또는 완전히 별도의 회사를 가리켜 the company라는 단어를 사용하는 경우에는 혼란스럽기 때문에 정의한 Company에는 the를 붙이지 않는 경우도 있다. 따라서 모두에 the를 붙이지 않는다면 간단하다. 미국계의 계약서에는 seller, buyer 등 사람에 유래하는 것에는 the를 붙이지 않고 products, delivery point 등의 물건 및 개념에 유래하는 것에는 the를 붙이는 경향이 있다.

(4) 정의한 단어의 기술 방법

정의를 내리는 경우에 그 단어를 전부 대문자로 쓰는 경우와 두문자만을 대문자로 하는 경우가 있다. 다음 예의 두 번째와 네 번째에 사용된 capitalization이라는 단어는 이 두 가지 경우의 어느 쪽도 가리킬 수 있다.

어느 쪽인지를 명백히 하기 위해 아래와 같은 표현을 쓰기도 한다.

전부 대문자로 작성하는 경우: the words written in upper case letters
또는, the words, which may be identified by full capitalization
두문자만을 대문자로 쓰는 경우: the words, in which the first letter is written in upper case 또는 the terms, which may be identified by the capitalization of the first letter of each principle word of the term

마지막의 예는 term이 한 단어인 경우(예를 들면 Facility)와 두 단어 이상인 경우(예를 들면 Shareholder's Loan)를 상정하여 each principle word라고 하고 있다. 즉 각 단어의 두문자가 대문자로 되어 있다는 것을 나타내고 있다. 모든 정의어가 한 단어일 때는 the capitalization of the first letter of each term으로 충분하다.

또한 upper case는 대문자를 의미하며 이것에 대립하는 단어는 lower case이다. 타이프라이터의 대문자 키에 의해 작성되는 글자를 upper case letter, 소문자 키에 의한 것을 lower case letter라고 하는 것에서 유래했다.

문법과 관련되는 것을 부가하면 정의는 자주 PRODUCTS shall mean four-wheel tractors … 등의 작성법이 되지만(여기서는 지시의 의미로서 shall이 사용되고 있다), shall을 사용하는 특별한 이익이 없으면 간단하게 mean이라 해도 무방하다. 그 경우에는 PRODUCTS를 복수로 파악할 것이 아니라 'PRODUCTS라는 word는' 이라고 되어 있으므로 means라고 단수로 취급한다. 이것은 정의어가 두 단어 이상으로(예를 들면 Shareholder's Loan) 되어 있어도 동일하다. 즉 두 단어 이상으로 되어 있는 하나의 개념이 mean이라는 동사에 대한 주어이기 때문이다.

(5) 정의는 오해를 일으키는 단어를 써서 만들지 않는다.

정의를 내려 어떤 단어가 어떤 의미를 가지게 하더라도 상관없지만, 예를 들면 곰을 개라고 부르거나 상품의 인도를 결제라고 부르는 등의 오해를 초래하는 정의는 좋지 않다. 정의의 본래 목적에서 보아 바로 전체의 의미가 머리에 떠오르는 것과 같다. 이를 위해 때로는 기존의 구가 아니라 목적의 개념을 잘 표현하는 단어를 만들 필요가 있을지 모른다.

예를 들면 무역의 일반 상식에 따르면 FOB 조건 거래에서 화물이 선박의 난간을 통과한 때에 소유권이 이전하고, 이에 수반하여 화물에 대한 위험 부담도 이전하게 되므로 이 점을 Point of Title Passage라고 정의해도 지장이 없다.[그런데 FOB라고 해도 Incoterms는 위험에 대해서 언급하고 있지만 권리(title)에 대해서는 아무런 규정이 없다. 언제 권리가 이전하는지는 계약의 규정에 따른다. 그러나 일반적으로 상인은 별도 명문으로 합의하지 않는 한 권리도 이전한다고 생각하고 있는 경우가 많다.] 그러나 가령 이때 위험만이 이전하고 소유권은 이전하지 않는다고 명문으로 규정했다면 이 점을 Point of Title Passage라고 부르는 것은 바로 오해를 불러일으킨다. 이 경우 실제로 발생하는 위험의 이전만에 착안하여 Point of Risk Passage 등으로 바꿔 말하는 것이 바람직하다. 독창성을 발휘하는 것이 무엇보다도 중요하다.

(6) 정의는 그 개념 전부를 가급적 대표하는 단어로 나타낸다.

예를 들면 (5)의 예의 개념을 Rail이라 부른다면 적당한 정의라고 할 수 있는지에 대해서는 의문이다. 굳이 적어 본다면,

> "Rail" means the rail of the ocean going vessel. The risk of loss of the Goods shall pass from the Seller to the Buyer when the Goods pass such point; however, title to the Goods shall remain vested with the Seller until …

라고 하겠지만 이것을 Rail로 부를 경우 물리적으로는 타당한 정의일지는 모르나 이의 특수성인 후반의 하선 부분이 전혀 이해되지 않는다. 여기는 Point of Risk Passage 등으로 읽어야 비로소 이 부분의 특수성에 대한 배려가 나오게 된다. 다만 이 같은 실체적 규정이나 단서를 포함한 정의를 만드는 부당성에 대해서는 (9), (10)을 참조하면 될 것이다.

이같이 목적이 빗나간 정의 외에 어떤 그룹 중 한 단어만을 중심으로 한 정의도 경우에 따라서는 불합리하다.

> "Movie Theater" means any public place where movies may be shown including, without limitation, a movie theater, school auditorium, stadium, concert hall and library.

이 경우 Movie Theater라는 단어는 이미지가 강하므로 독자에게 아래에 예시된 장소 모두를 포함하여 이해할 것을 기대하는 것은 다소 무리가 있다. 이때는 오히려 고정관념에 대해 집착하지 않는 단어를 만들어, 예를 들면 Exhibition Place, Hall 등으로 하든지 또는 일반어, 예를 들면 facility 등을 사용하는 쪽이 폐해가 적다고 생각된다. 더욱이 반대로 여러 가지의 것을 막연한 말로 포함하는 것도 고려할 만하다. 역시 대충 짐작이 가는 단어를 사용해야 할 것이다.

(7) 정의된 단어가 나올 때마다 정의한 내용 전체 문장을 대체하더라도 같이 해석되어야 한다.

정의는 어디까지나 어떤 개념을 한 단어 또는 몇 개의 단어로 응축한 것이므로 정의가 사용되고 있는 장소의 어디에도 그 내용을 또 한 번 적용시켜(즉 응축 전의 개념을 모두 대체하더라도) 문법적으로나 의미로 원활하게 읽을 수 있어야 한다.

PRODUCTS mean four-wheel tractors and other agricultural machinery and spare parts therefor.

라고 정의했을 때 다른 분장에서

BUYER shall report the number of the PRODUCTS sold as well as the number of spare parts and implements sold therewith.

라는 식으로 표현하면 잘못이다. 왜냐하면 이 경우 PRODUCTS는 정의상 spare parts를 포함함에도 불구하고 마치 포함하지 않은 것처럼 사용되기 때문이다.

그런데 이 같은 정의에는 또 고려해야 할 점이 있다. 그것은 계약 중에 PRODUCTS라는 단어가 항상 모든 상품을 가리키고 사용되고 있으면 좋지만, 때로는 PRODUCTS라는 단어를 트랙터, 다른 농업기계, 그리고 그 부속품 중 어느 것을 가리킬 목적으로 사용하는 경우도 있을 수 있다. 그 경우에 이 정의는 해당하지 않는다. 이 문제를 해결하는 데는 우선 각각의 상품을 따로따로 'FOUR-WHEEL TRACTOR', 'AGRICULTURAL MACHINERY', 'SPARE PARTS' 로 정의한 후에 'PRODUCTS' 라는 정의를 하여

"PRODUCT" mean any of FOUR-WHEEL TRACTORS, AGRICULTURAL MACHINERY or SPARE PARTS.

로 해 두고, 모두를 집합적으로 취급할 때는 PRODUCTS라고 하고 개별로 취급할 때는 각각 해당하는 품목을 그 고유의 정의를 사용하여 표현하면 된다.

(8) 정의 조항에는 정의만을 적는다.

"이 단어의 의미는 제○조에 정의하는 바와 같다."라고 기술하고 또 한 번 별도의 정의를 참조하게 하는 정의를 하면 안 된다. 이 같은 정의는 결국 정의가 아니라 색인의 역할밖에 할 수 없기 때문이다. 즉 정의는 정의 조항으로 정리하여 작성하든, 계약서 내의 여러 곳에서 개별로 행해지든 그곳에서 약속 사항을 분명하

게 하는 것이 목적이기 때문이다.

예외적으로 색인 내지 안내적인 정의를 허용하는 것은 관련한 몇 가지의 계약이 있을 때(예를 들면 합병사업의 경우와 같이 합병 기본계약 외에 주식인수 계약, 원재료 공급 계약, 제품인수 계약 등이 하나의 세트로 되어 있는 경우), "이 계약서에서 다음 단어는 기본계약 중에 주어진 정의를 가지는 것으로 한다."라는 용법을 택하는 경우이다. 이 경우도 가능한 한 먼저 읽어야 할 계약에 정의를 모아 두는 것이 전체의 이해를 촉진하는 것은 물론이다.

> In this Operation Agreement the following words shall have the same meanings as are assigned to them in the Basic Joint Venture Agreement: …

너무 많은 단어가 아니라면 이 보기의 the following words 대신에 the words, "Company", "Shareholder", "Shareholder's Loan" and "Supplier" 등으로 하여 구체적인 어구를 삽입해도 된다.

이 경우 일부러 말을 다시 적는 것을 피하고 "이 계약에 있어서 대문자로 쓰인 단어는 기본계약에서와 동일한 의미로 사용된다."라는 1항을 삽입함으로써 정의 작업을 완전히 생략할 수도 있다.

> Any words which are capitalized in this Operation Agreement shall have the same definitions as are given them in the Basic Joint Venture Agreement.

또는

> Defined terms, which may be identified by the capitalization, shall have the meanings assigned to them in the Basic Venture Agreement.

그 밖에 다음과 같은 기술도 있다.

For the purpose of this Operation Agreement, the words and terms which are defined in the Basic Joint Venture Agreement shall have the same meanings when used in this Operation Agreement.

(9) 정의 속에는 실체적 권리나 의무를 써 넣지 않는다.

정의는 어디까지나 객관적으로 설명하고 본문의 이해를 쉽게 하는 것이므로 그 안에 실제적 규정을 포함시켜서는 안 된다. 정의 조항에 해석의 여지를 남기면 적용의 모호함이나 폭을 넓혀 버리는 일이 생기기 때문이다.

"Reference Banks" means A Bank, B Bank, C Bank or any bank that the Lender may choose upon consultation with the Borrower to replace any of them.

이 정의에서 or 이하의 부분은 어떤 행위(즉 consultation을 조건으로 한 선택)가 충족되어 비로소 확정된다. 그런데 그것이 어떻게 이루어지는지, 올바르게 이루어졌는지 의문이 생길 우려가 있으면 정의로서의 안정성이 결여된다. 이 경우는 consultation이나 선택의 절차는 실체 규정에 양보하고, 정의에서는 or any other bank which the Lender may choose under Clause 10으로 한다. 그렇게 하면 Clause 10을 적용하여 실제로 선택된 은행명을 삽입하면 된다. 협의가 성립했는지의 여부에 대해 의문이 있는 경우에 or 이하가 정의 자체 안에 있으면 Reference Banks라는 개념 자체를 확정할 수 없게 되지만 Clause 10의 운용의 분쟁에 그치는 한 Reference Bank는 A Bank, B Bank, C Bank(내지 그때 선정하여 확정된 은행)가 되어 계약의 운용에는 지장을 초래하지 않고도 둘 수 있다.

"Completion Date" means 1 May 2006, on which date the Purchaser shall pay the Purchase Price.

이것도 의무는 별도의 곳에서 기술하면 된다. 만약 지급 의무를 이행하지 않았다면 1 May 2006 자체가 Completion Date가 아닌 것으로 이 말을 적용할 수 없는 위험을 범하게 되기 때문이다. 더구나 정의 조항에 그렇게 기재했다고 하더라도 이것으로 Purchaser에게 지급 의무를 부과할 수 있을지는 의문이다.

(10) 정의 속에 단서를 넣지 않는다.

(9)의 실체적 권리, 의무의 항과 공통되는 것이지만 정의 속에 단서를 삽입해서는 안 된다.

> "Delivery" means actual of the Product to the Buyer at its factory, provided that if the Buyer fails to nominate the delivery date, then the Products is deemed to be delivered three (3) days after the Seller's notice of readiness for delivery.

이 같은 정의를 하게 되면 Delivery가 나올 때마다 단서를 적용하면 어떻게 되는가를 고려할 필요가 있을 뿐만 아니라, 만약 당사자 간에 단서의 적용 유무에 대해 실체적인 분쟁이 발생했을 때 실제의 delivery인지 간주의 delivery인지, 어느 쪽의 전제에 따라 해석하면 좋은지 확정할 수 없게 될 우려가 있기 때문이다. 단서에 해당하는 것에 대해서는 본문 중에 규정을 두는 것이 옳다.

(11) 정의의 예외 취급법

Writing이란 모든 서면을 의미하지만 어음과 수표는 예외로 하기로 했다고 하자. 이때는

> "Writing" means … but it does not include note, bill or cheque.
>
> "Writing" means …, provided that notes, bills and cheques are not "Writings" for purposes of this Agreement.

로 하여 정의 범위에서 제외할 수도 없지는 않지만,

This Agreement does not apply to notes, bills and cheques.

로 하여 적용 대상이 아니라고 규정하는 쪽이 타당하다. 왜냐하면 위의 두 가지 문장은 우선 상식에 반하기 때문이다. 위의 예를 바꾸어 grain/rice, person/child를 삽입해 보면 알 수 있다. "곡물은 쌀을 포함하지 않는다.", "이 계약 중 아이는 사람이 아니다."라는 것은 기술적으로는 옳아도 분명히 부자연스럽다. 정의의 예외에서 처리하면 이 같은 결과가 될 때는 적용의 예외로 처리하는 길을 검토한다.

다만 어떤 말이 이미 그 계약 중에 일정한 의미를 부여받고 있는데도 불구하고 한정된 곳에서는 다른 의미를 가질 때에는 다음과 같은 표현을 사용할 수 있다.

"Product" <u>in relation to the calculation of the utility consumption at the Factory</u> means any product produced at the Factory whether or not it complies with the agreed specifications.

Product는 다른 곳에서는 불량품, 규격 외 품목은 포함하지 않지만 이 조항에서 utility consumption을 예상하는 목석반을 위해서는 이노 포함하는 섯을 의미한다.

For purposes of this Clause, "Products" mean any product …

그런데 정의의 서두에 except where the context otherwise requires라든지 where context so admits(문맥상으로 다른 해석이 요구되는 경우를 제외하고)라는 표현이 나오는 경우가 있다. 이것은 어떤 상황에서는 정의를 조정하여 읽을 필요가 있다. 또는 문자 그대로는 적용되지 않을 때를 고려하여 포함시키는 것이다. 예를 들면 'Property' 라는 단어는 Intellectual property를 포함한다고 정의해도 그 정의는 Property의 멸실, 훼손을 언급한 조항에서는 제외하여 고려하는 것이 된다. 반대로 확대 해석하는 경우도 있다. 그 경우에는 정의의 의미가 없다고 할 수 있지만, 긴 문장의 계약서에서는 주의 깊게 사용하는 것을 조건으로 부득이한 경우도 있다. 그렇지만 가능하면 그런 일이 없도록 본문을 초안함으로써 회피하는 것이 바람직하다.

10 대문자, 소문자, 인용부호, 밑줄 사용법

A. 대문자, 소문자 사용법

영문 계약서라고는 하지만 기본적으로는 영어의 문장이므로 대문자, 소문자에 관해서도 일반 영문 규칙에 따른다. 대문자로 시작하여 써야 할 것을 소문자로 쓰는 일은 없으며, 소문자만으로 된 단어는 문두에 오지 않는 한 대문자로 시작되는 경우는 없다. 그러나 실제 계약서 중에는 원래 보통명사인데도 대문자로 시작하는 단어나 모두 대문자로 쓰이는 단어를 많이 사용하는 이유는 9에서 설명한 바와 같이 정의를 규정한 후에 계약서에는 어떤 말을 보통명사가 아니라 고유명사로 사용하고 있기 때문이다. 이미 9장에서 일부 설명한 바와 같이 보통명사를 고유명사로 하는 것은 어떤 의미가 있는지 다른 각도에서 설명하고자 한다.

예를 들면 어느 매매계약에서 Seoul Manufacturing Co., Ltd.가 매도인이라고 가정하자. 이것을 단축형을 사용하여 SEOUL, SEMACO 등으로 한다고 정의하면 이는 이미 새로운 고유명사가 되는 것이므로 대문자로 씀으로써 항상 Seoul Manufacturing Co., Ltd.를 가리키는 단어로 사용할 수 있다. 그러나 문장의 가운데서 매도인이라는 입장, 기능을 명백하게 해 두려면 seller 또는 vendor 등이라 부를 필요가 있다. 이때 이를 보통명사로 하면 이 단어가 나올 때마다 이 seller는 Seoul Manufacturing Co., Ltd.라는 것을 명시할 필요가 있다.

따라서 the seller, the above-mentioned seller라고 하거나 그 외의 매도인(예를 들면 Seoul Manufacturing Co., Ltd.에 대한 원자재의 매도인)이 나올 때는 혼

란을 피하기 위해 일일이 회사의 풀네임을 써야 한다. 이러한 번거로움을 피하기 위해 Seoul Manufacturing Co., Ltd.로 하고, 또 이 계약에서 매도인이라는 것을 명시하기 위해 다른 것과 구별하여 S를 대문자로 하여 Seller라고 정의하면 매우 간단할 것이다. 이같이 Seller라고 하면 언제나 동일한 회사임과 동시에 매도인이며 그 이외의 매도인, 예를 들면 Seoul Manufacturing Co., Ltd.에 대한 매도인이 아니라는 것을 알 수 있다.

여기서 정의를 규정하여 Seller라는 보통명사가 "이 계약상에서는 매도인이라는 기능을 가진 Seoul Manufacturing Co., Ltd."를 의미하는 고유명사로 바뀌게 된다. 그리고 그때 단지 첫 문자만을 대문자로 할 뿐만 아니라 모두를 대문자로 하면 강조하는 것이 되어 단어가 명확하게 되고 문장이 더 읽기 쉬워진다고 생각한다(그러나 이것은 반드시 필요한 것은 아니다).

이 같은 생각에서 다음과 같은 것이 자주 대문자로 쓰인다.

당사자의 입장을 나타내는 단어의 예로,

매도인/매수인: SELLER/BUYER(PURCHASER), VENDOR/VENDEE
(특허권 등의) 사용 허락자/피허락자: LICENSOR/LICENSEE
양도인/양수인: ASSIGNOR/ASSIGNEE

계약 사항을 나타내는 단어의 예로,

대여금: LOAN
(할당, 허락 등의 대상이 된다) 지역: TERRITORY
지식 정보: KNOW-HOW, INFORMATION
대상 상품: GOODS, COMMODITY, PRODUCT
금리율: INTEREST RATE
시용 기간: TRIAL PERIOD
최소 구입 의무량: MINIMUM PURCHASE QUANTITY

이 외에 계약서의 목적에 따라 무수하게 있을 수 있다. 어느 것이나 전술한 바와 같이 정의 단계를 거쳐 보통명사에 특별한 의미를 부여하여 고유명사로 하고, 경우에 따라서는 전부 대문자로 하여 명확하게 함으로써 고유명사화의 본래의 목적인 개념을 특정하는 것이다.

부언하면 계약의 한 당사자가 두 명 이상이고 때때로 또는 항상 꼭 같은 역할을 할 때 이를 총칭하여 하나의 이름으로 부르는 것도 가능하다. 예를 들면 매수인이 두 명 있을 때 항상 SMC and BMC라고 하는 것은 번잡하고 때마침 정의를 사용해 약칭을 정하지 않은 때이다. 이 경우에는 예컨대 아래와 같이 한다.

> Seoul Manufacturing Co., Ltd. (hereinafter referred to as SMC) and Busan Manufacturing Co., Ltd. (hereinafter referred to as BMC) (SMC and BMC shall be hereinafter sometimes collectively referred to as BUYER)

또한 SMC와 BMC가 항상 동일한 역할을 하여 개별로 약칭을 사용할 필요가 전혀 없을 때는,

> Seoul Manufacturing Co., Ltd. and Busan Manufacturing Co., Ltd. (hereinafter collectively referred to as BUYER)

로 하면 된다. 이 경우 집합적으로 고려하고 있기 때문에 둘 이상의 주체가 있어도 약칭(이 경우 BUYER)은 단수형으로 하였지만, 물론 BUYERS라고 해도 된다. 여기서 주의해야 할 점은 기술상의 문제로 두 명을 합해서 하나의 명칭으로 불러도 두 명의 당사자로서 연대가 되는 것인지 공동으로 되는 것인지, 경우에 따라서 단독으로 되는 것인지는 해당 계약서 중 당사자의 역할을 명시하지 않았으면 결정할 수 없다. 그 경우 BUYER라고 단수형으로 하면 역할 분담을 기술하기 어렵기 때문에 BUYERS로서 각각을 BUYER라고 부를 수 있게 하는 것이 기술적으로는 간단하다.

또 collectively라고 할 때 동사는 BUYERS라고 복수를 사용하지 않는 한 BUYER라는 단수명사가 내용적으로 복수의 것을 포함한다고 해도 단수로 대응하는 형태를 사용하여 현재형에서 -(e)s를 붙인다. 영국에서는 개념적으로 복수

는 단수형이라도 복수 취급을 하는 경우가 있다. 예를 들면 회사를 사람의 집단으로 간주하여 SMC are라고 할 수 있다. 반대로 법인으로서는 한 개의 주체라도 sellers, owners 등으로 하여 복수형을 쓰는 때도 적지 않다.

위에 설명한 경우와는 반대로 한 당사자라도 여러 역할을 하는 경우가 있다. 예를 들면 SMC가 매수인임과 동시에 때로는 특허권의 사용 허락자인 경우에 그 역할에 착안한 호칭은 두 개가 된다. 이 같은 경우에는 다음과 같이 해결하면 된다.

> Seoul Manufacturing Co., Ltd. (hereinafter called "BUYER" or "LICENSOR", as the case may be)
>
> "경우에 따라 적절하게 매수인 또는 사용 허락자라고 약칭한다."

이렇게 한 후 매매의 경우 SMC가 등장할 때는 BUYER를 사용하고 특허의 경우 LICENSOR를 사용함으로써 역할을 중시한 정의를 유효하게 사용할 수 있게 된다.

또한 여기서 as the case may be는 대단히 편리한 말이며, 한 경우로 확정할 수 없을 때나 모든 예를 들 수 없을 때 등 여러 경우에 '상황에 따라 적절하게' 라는 부사구로 사용할 수 있다[상세한 것은 7장의 D항 (12) 참조].

처음에 설명한 것처럼 대문자로 시작하거나 전부 대문자로 쓰는 것은 그 필요가 있을 때만 쓰는 것이며 함부로 쓰는 것이 아님은 물론이다. 굳이 계약서에서 특정한 의미를 가질 필요가 없을 때나 일반적 사용법에서는 이같이 할 필요가 없다. 예컨대 royalty, interest, year, delivery 등의 단어는 특정한 의미를 가지는 경우도 많지만 일반적 의미로 충분할 때는 그대로 해야 한다.

반대로 royalty란 이 계약에 기초하는 특별한 사용료만을 가리킬 때, year란 계약일부터 다음 연도의 응답일 1일 전의 날까지의 1년인 때 등은 이에 상응한 정의를 붙여 대문자를 사용하는 것이 좋다. 다만 일반적으로 어떤 단어가 특별한 의미를 가지는 때 정의를 한 후에 고유명사 취급을 하는 경우가 많다. 하지만 오늘날의 year와 같은 예는 해석 규정을 두어 "이 계약 중에 year란 …를 의미한다."라고 하여 나올 때마다 Year, YEAR로 하지 않고 두는 경우도 있다.

굳이 말하면 Seller 및 Buyer, Products, Know-how처럼 주요한 등장인물이나 물건에 대해서는 고유명사화하지만, year나 day 외에 나오는 횟수도 적고 또한 오해하는 일도 없는 것은 해석 규정만으로 끝나는 것이 일반적이다.

대문자, 소문자의 사용에서 때때로 영어권 이외의 국가에서 작성된 계약서에는 그 국가의 문법을 반영한 사용법이 있다. 예컨대 대문자의 사용이 빈번한 독일어에 익숙한 사람은 특별한 정의를 하지 않는데도 대문자를 자주 사용하는 경우가 있다. 그 밖의 국가는 다른 경향이 있는 것 같지만 비(非)로마자 국가인 우리는 영어 문법을 중심으로 생각하고 나중에는 거래처의 국가에 따라 대응하는 것이 바람직하다.

물론 대문자는 대부분 고유명사화의 목적으로만 쓰므로 그 밖의 경우에는 문법을 위반하여 쓰는 것은 피해야 한다. 예컨대 당연히 대문자로 써야 할 것을 소문자로 쓰거나 아무런 약속을 하지 않고(정의나 협정을 먼저 하지 않고) 대문자를 갑자기 사용하는 것은 혼란을 초래하게 된다. 다만 Whereas, Now Therefore, Witnesseth, Provided, In Witness Whereof 등의 단어는 관례적으로 장소에 상관없이 대문자를 사용하지만, 이것은 과거의 손으로 쓴 계약서에서 장식문자로 쓰인 것을 재현하고자 하는 전통적인 이유 때문이다.

그 밖에 법률상 주의를 끌기 위해 보기 쉽게 표시하는 이구도 있다. 예를 들면 미국통일상법전(UCC) §2-316은 implied warranty of merchantability를 배제 또는 제한할 때 서면에 conspicuous한 것을 요구하고(서면으로 하지 않을 때는 merchantability라는 단어를 반드시 사용할 것을 요구한다), 더구나 implied warranty of fitness의 배제, 제한을 할 때는 반드시 서면으로 함과 동시에 conspicuous하기를 요구하고 있지만, 이것은 관례적으로 전문을 대문자로 적기로 한다. 물론 그 법률이 준거법으로 돼 있지 않을 때는 관계없지만, 준거법에 불구하고 강행 법규로서 적용할 우려도 있으므로 따르는 게 안전할 것이다.

또 하나 추가하면 예컨대 letter of credit 등의 단어를 L/C로 했을 때, 이것에 붙는 부정관사는 L/C [el siː]로 발음하는 관계상 <u>an</u> L/C가 된다.

본래 고유명사에 부정관사가 붙는 일은 없지만 보통명사를 고유명사화했을 때는 때때로 이 같은 경우도 있으므로 주의를 요한다. 이는 본래의 고유명사나 이같이 정의된 단어가 명사형용사적으로 사용되는 경우 발생할 수 있다. 예를 들면 an SEC decision(어떤 SEC의 결정), an FOB contract(FOB를 조건으로 한 계약)와 같은 때다. 사람에 따라서는 약칭을 사용하여도 뇌리에 원래의 모습이 남아 있으므로 a SEC decision[아마 머릿속에서는 a Securities and Exchange Commission decision이라고 자동적으로 번역하여 읽거나 또는 SEC (세크)라고 읽고 있을 것이기 때문이다]이라고 쓰는 경우도 있다. An FOB contract의 경우에는 그 같은 일이 적겠지만 드물게 FOB를 '포브' 라고 읽는 사람도 있다. CIF를 '시프' 라고 읽는 경우는 많다.

관사에 대해 덧붙이자면, 역할을 나타내는 정의를 한 경우, 예를 들면 BUYER에 the를 붙일지에 대해서는 의문이다. 정의를 규정할 때는 보통명사를 준고유명사화하므로 이를 생각하면 필요 없다고 할 수 있지만, 한편으로 본래 고유명사가 아니기 때문에 우선 the를 붙이는 것이 타당하다는 견해도 있다. 실무상의 용법은 혼란스러워서 모두에 the를 붙이거나 일부에만 붙이는 것도 있다. 그런데 전혀 붙이지 않는 경우도 많으므로 결국 자신의 판단으로 결정해야 한다고 생각한다. 다만 한 번에 결정했을 때는 그 계약서 내에서는 일관되게 지켜야 한다.

또한 미국계의 영어 용법에서는 최초로 정의를 할 때 hereinafter called the "BUYER" 등으로 하고, 정의한 어구(여기서는 BUYER)만을 준고유명사화의 대상으로 다루고 있다. 한편 영국계의 영어에서는 hereinafter called "the BUYER"로 하고 그 계약서 안에서 BUYER는 항상 the BUYER로 하여 the를 붙여 사용하는 이상 the BUYER가 준고유명사군에 있는 것처럼 the를 인용부 안에 삽입하여 표현하고 있는 것 같다. 또 이 종류의 영미 영어의 차이를 또 하나 제시하면 위임장, 차입 형식의 보증장, 보증위탁 약정 등에서 자사를 지칭하는 데 다음과 같은 차이가 있다.

미국식: R&B Inc.(hereinafter called the "Corporation")
영국식: System Limited (hereinafter called "this Company")

즉 영국식에서는 the가 아니라 this를 사용하고 있다. 인용부 안에 this부터 넣는 것은 위에 설명한 바와 같다.

B. 인용부호, 밑줄 사용법

A에서 설명한 대문자와 자주 병용하는 것이 인용부호(" "), 밑줄(_)이다. 이것들의 목적은 대문자로 함으로써 돋보이게 하고 일반 문법의 강조 의미를 추가하는 것뿐으로 특별한 의미는 없다. 따라서 아래의 여러 가지 중에서 작성자가 적당하다고 생각하는 것을 선택하여 사용하면 된다.

매도인: Seller, SELLER, "Seller", "SELLER", Seller, SELLER

강조의 의미로 Provided, however, that로 하거나 BUT로 하는 예도 있다.

이 밖에 몇 가지의 개념이 나열될 때뿐, 그것이 집합적인 것인지 선택적인 것인지를 강조하기 위해 and 또는 or에 밑줄을 긋는 경우가 있다. 13의 A에 제시한 Termination의 예문에서 (a)에서 (f)까지 나열한 사항은 그중의 하나를 선택하여 해제 사유로 할 수 있다는 의미인데, or 아래에 밑줄을 그은 것은 그 예이다. 외래어 밑에 밑줄을 긋는 규칙에 대해서는 이미 7장의 C항에서 설명했다.

11 레퍼런스(인용)의 방법

A. 레퍼런스의 필요성

어떤 조항에서 다른 조항, 다른 계약서, 다른 개념 등을 원용하거나 이들을 언급할 필요가 있는 때가 있다. 그때 다른 조항이나 개념을 언급하지 않고 쓰는 것은 물론 불가능하며, 그 특정한 개념이 알맞게 정의되어 있지 않은 경우도 있다. 이들을 원용하거나 언급하기 위해서는 표준이 되는 표현이 필요하다. 일반적으로 사용하는 것은 다음과 같은 표현이다.

referred to in …, described in (at) …
stipulated in (at) …, specified in …
provided in …

이는 모두 '…에 말한 바와 같이, …에 규정한 바와 같이, …에 규정한 바의' 등으로 해석할 수 있다. 개개의 단어에 따라 약간의 어감 차이가 있는 경우는 있다. 즉 referred to (in), described (in)은 단지 '언급한', '설명한' 등의 의미이며 그 밖에 mentioned 등으로 바꿀 수 있다. 한편 stipulated (in), specified (in), provided (in) 등은 이들 단어의 명사형 stipulation, specification, provision에서 추정할 수 있는 것처럼 그 자체가 '규정'이라는 의미를 가지고 있다. 따라서 원용하려고 하는 대상이 단순한 단어나 구, 절이 아니라 어떤 목적을 가진 규정으로 쓰여 있는 때에는 오히려 이들 단어를 사용하는 것이 좋다. 그리고 이 경우의 번역은 '…에 규정된 바의' 등이 된다.

이 밖에 다른 부분에는 명백하게 표현되어 있지 않지만 그 부분의 운용, 해석의 결과, 발생하는 효과 등을 언급하고자 하는 때는 다음과 같은 표현이 있다.

(remedies available) in accordance with …, pursuant to …
(obligations) created by …
(result) arising by operation of …

이들의 remedy, obligation, result는 각각 원용되는 조항, 계약서 전체의 결과로 표현하는 것의 전부를 가리킨다.

이 차이를 보여 주기 위해 예를 들어 본다.

원용된 원래의 곳에 명문으로 원용의 대상이 쓰여 있는 예:
Buyer may call upon the performance bond in the event of any default by Seller stipulated in the Original Contract.
"원계약에서 규정한 매도인의 불이행이 발생한 때에 매수인은 그 이행보증을 실행할 수 있다."

이 예에 인용된 원계약에 events of default가 뚜렷이 규정되어 있을 것이다.

원용된 원래의 것을 운용, 해석하지 않으면 원용 대상이 나오지 않는 예:
Seller shall provide Buyer with a performance bond to secure the obligations of Seller created by the Original Contract.
"원계약에서 발생하는 여러 의무를 담보하기 위해 매도인은 매수인에게 이행보증을 제공해야 한다."

여기서는 동일하게 원용이 이루어지지만 원용된 의무는 원계약에서는 반드시 전부가 문장의 형태로 표현되어 있지 않고 원계약을 운용, 해석함으로써 경우에 따라 발생하는 의무를 원용하고 있는 점이 앞의 예와 다르다.

B. 레퍼런스 사례 I

A에 제시한 표현의 구체적 용법의 예를 들어 본다.

제5조에 언급한 기계를 구입한다(명사의 수식):
to purchase the machine mentioned in Article 5 …
제2조에 규정한 방법에 따라 등록한다(동사의 수식):
to register in the manner stipulated in Article 2 …
to record as provided Article 2 …
(provide 뒤에 for를 붙여도 무방하다)
to file in such manner as is specified in Article 2 …

C. 레퍼런스 사례 II

그러나 항상 위와 같이 뒤에서 수식, 한정하는 형태를 사용하는 것은 아니다. 또는 다른 문체를 요구할 수도 있다. 그 경우의 예를 들어 본다.

제11조의 규정을 이 조에도 적용한다:
Article 11 shall apply to this Article.
The provisions of Article shall be applicable to this Article 5.

이를 무리하면 B와 동일한 구문으로 표현할 수도 있다.

The event described in this Article 5 shall be treated in the same manner as that provided in Article 11.

그러나 앞의 표현이 솔직함은 물론이다.

D. 계약서 속에 없는 것에 관한 레퍼런스

원용하거나 언급하는 것이 단지 동일 계약서 내의 다른 조항만을 한정하지 않는다. 다른 계약서, 서적, 법률 등에 관련되는 경우이다. 이 같은 경우도 결국 같다.

다른 계약서: referred to in the Agreement dated December 6, 2006 …
specified in Section II-A of the Contract between the Parties …
the stipulation in Article 4 of the Agreement dated …
다른 서적: specified in the Manufacturer's catalogue, Publication 79-2 …
provided at page 14 of the Measurement Conversion Manual …
다른 법률: referred to in the Bill of Sales Act of the Territory …
the words capitalized in this Agreement shall have the same meanings as ascribed(또는 assigned) thereto in the Companies Act 1949 of …

12 계약서의 구성법

이미 몇 번이나 설명한 바와 같이 계약 영어라고 해도 영어 문장이기 때문에 우수한 영어 문장을 작성하면 그것이 그대로 우수한 계약 문서로 연결된다. 그러나 실제 계약서는 그 구성에 따라 읽기 쉽게 되거나 읽기 어렵게 되므로 몇 가지 힌트를 들어 본다.

A. 해당 거래의 특유한 사항에서 일반적 사항으로

우선 계약 전체의 구성으로 중요하고 특유한 것을 처음에 쓰고 일반론을 나중에 쓰는 게 좋다.

구성을 고려할 때 카드를 사용하는 것도 하나의 방법이다. 카드에 생각났던 것, 적어야 할 것을 한 장에 한 항목을 쓰고 이것을 나중에 순서대로 다시 나열하여 작문을 하는 방법이다. 이때 카드에 조항 간의 상호 언급해야 할 다른 조항을 연결해 두면 실제로 작성할 때 잘못된 인용을 하는 것을 방지할 수 있다. 또한 손으로 작문할 때는 지면을 아끼지 않고 1행을 띄고 한 장에 한 조항을 쓰면 나중에 추가, 삭제가 쉽다. 이를 완성한 후 타이프로 치면 잘 정리된다.

그 밖에 일반적 주의로서 계약서는 처음부터 흘러가듯이 읽히도록 한다. 어떤 조항의 해석을 위하여 뒤 페이지를 먼저 읽어야 하는 계약서는 바람직하지 않다. 뒷부분을 언급하는 것은 예외적으로 부득이한 경우이다. 뒤 페이지까지 읽어 나가 비로소 앞 페이지에 쓰여 있는 것의 참뜻을 알 수 있는 작성법은 가장 좋지 않은 방법이다.

B. 알기 쉬운 문장

다음으로 하나하나의 문장은 될 수 있는 한 알기 쉽도록 짧게 하고 복잡한 구문을 피해야 한다. 이를 위하여 다음과 같은 방법이 유효하다.

(1) 정의의 활용

반복하여 나오는 구, 절 등은 정의를 하여 한 단어 또는 두세 단어로 한다. 이로써 나올 때마다 동일한 구, 절 등을 나열할 필요 없이, 또한 정의한 단어를 이용하여 개념 정리를 용이하게 한다.

(2) 용어의 통일

가령 일부러 정의하지 않더라도 동일한 개념을 표현할 때는 같은 표현, 같은 어구를 사용할 필요가 있다. 예컨대 상품을 가리키고 있는 곳에서는 goods라고 하고 다른 곳에서는 item, commodity, product 등으로 이유 없이 대체하면 오히려 같은 물건을 가리키는지의 여부가 문제시된다.

특히 복잡한 개념의 경우 조금 길거나 귀찮더라도 반드시 같은 표현을 사용하도록 주의해야 할 것이다.

(3) 항목별 서술

조건이나 몇 개의 개념이 and, or 등으로 연결된 때는 이를 Sub-Clause 등으로 하여 한 줄 정도 아래에 개별 조항으로 한다. 이로써 조건이 무엇인지, and나 or로 연결되어 있는 개념이 무엇인지, 또 이 전후에 나온 수식어가 그것에 바로 연속되는지, 또는 그 직전의 단어에만 걸리는 수식어인지 각종의 조건, and나 or로 연결된 몇 가지의 개념 모두에 연결되는 수식어인지가 분명해진다(13의 A Termination 조항 참조).

실제로는 and나 or로 연결된 구, 절 등의 각각이 길기 때문에 어디에서 문장이 끊어지는지를 모르거나 그중에 또 and나 or를 사용하여 복문과 같은 구조로 (A or B) or (C or D)인지, A or B or C or D인지 알 수 없는 예가 자주 있다. 또 xa and b인지, x(a and b)와 x가 한쪽의 수식인지 양쪽의 수식인지 명확하지 않은 and나 or의 용례도 매우 많다.

또 하나 주의해야 할 점은 and나 or에 의해 연결되는 몇 가지의 구, 설은 문법적으로는 동일한 종류여야 한다는 원칙이다. 조항별로 단어의 어느 하나를 선택해도 전후 모두가 동일한 구성의 문장이 되도록 항상 문법적인 구성과 의미의 내용 양쪽을 고려해 작성할 필요가 있다. 흔히 부자유스럽게 연결된 몇 개의 조건 등에서 그중에 문법적 구성이 다르거나(즉 구와 절과 단어가 혼합되어 있거나), 내용적으로 동일한 구성이 되지 않는(긍정의 의미가 전후로 계속되는 것과 부정의 경우가 전후로 계속되는 것이 있다) 경우가 있으므로 주의가 필요하다.

(4) 쉬운 어구

이미 설명한 것처럼, 또 자주 지적하는 것이지만 보통 문장과 상이한 어구를 사용하는 것도 고려할 일이다. if를 in the event that로 하거나 may를 shall be able to 등으로 하는 것은 공간적으로 비경제적이며 혼란을 초래할 뿐만 아니라 불필요한 작문상, 해석상의 의문을 초래하므로 피해야 한다. 계약서라고 하여 낡은 표현을 사용하는 것은 낡은 것에 관록을 더하는 효용밖에 없다. 보통의 문장으로 표현하는 것으로 충분한다.

C. 계약의 구성요소

계약서에 무엇을 써야 필요 충분한 것이라 할 수 있는지는 늘 고민하는 과제이다. 간략하게 말하면 계약서는 당사자 간의 거래 틀을 상업적 견지와 법률적 견지에서 누락이 없도록 해야 하는 서면이다. 그렇다고 해서 반드시 아무것이나 계약서 서면에 써 넣어야 하는 것은 아니다. 계약 관계를 해석하는 데 필요한 요소 중에는 관습으로 정해져 있거나 법률 등에 규정되어 있어 일부러 서면으로 할 필요 없이 쌍방에게 당연한 것도 많다. 무엇을 계약서에 작성하고 무엇을 작성 할 필요가 없는지 생각하기 전에 계약이라는 관계를 구성하는 요소는 무엇인지 생각해 보자.

(1) 당사자의 의사

우선 당사자 사이만의 특별한 양해 사항이 있다.

① 그 하나는 계약서에 적힌 여러 조건이다.

② 다음으로 계약서에 쓸 것 없이 당사자 간에 양해 사항으로 확립되어 있는 여러 원칙이 있다. 즉 암묵의 양해, 당사자 간에 통용되고 있는 통상의 거래 관행(course of dealing) 등 의문의 여지가 없는 것 등이다.

(2) 업계의 거래 관습, 지역의 거래 관행, 풍속, 습관 등

다음으로 어떤 업종, 상품에 반드시 적용하는 업계의 관습, 예컨대 금속, 곡물 등 거래시세를 수반하는 상품에 관한 관습, 상품이 인수 · 인도되는 장소에서 모든 상인이 받아들이는 관행, 지방에 특유한 풍속, 관습, 예컨대 철광석 거래에서 통용하는 관행이라든가, 시멘트 업계의 불문율이라고 하는 것이 있다. 예컨대 Incoterms, L/C에 관한 UCP와 같은 국제적 거래 관행도 있을 것이다. 단 Incoterms나 UCP는 원용 가능 규칙에 불과하므로 계약 중에 이를 따르고 있다는 점을 명기해야 한다.

(3) 법률, 보충 규정

마지막으로 준거법, 그 밖에 거래소를 통한 거래라면 그 규칙, 은행 거래가 관련된다면 은행의 영업 규칙, 영어 문법 등 당사자가 아무런 합의를 하지 않아도 당연히 쌍방 모두를 구속하는 유형의 여러 규범이 있다.

이 분석이 제시하는 바는 계약이라는 사실, 법률 관계를 둘러싼 모든 요소 중에서 당사자 간에 명문화하지 않으면 문제가 발생할 수 있는 것은 (1)의 ②, (2), (3) 이외의 것[즉 (1)의 ①만]이다. 모든 필요한 아이템으로 쓰지 않아도 양해하고 있는 사항을 도출하면 써야 할 사항이 떠오르게 된다. 그런데 (1)의 ②, (2), (3)의 요소가 당사자 간에 어느 정도 있는지, 또는 거래별로 또한 상대방별로 다를 것이다. 예를 들면 같은 국가의 사람이라도 같은 업종에 종사하는 당사자 간의 거래라면 그 부분은 대단히 많을 것이며, 국적이나 업종도 다른 당사자 간에는 그 범위가 좁아진다. 그림으로 나타내면 아래와 같이 된다.

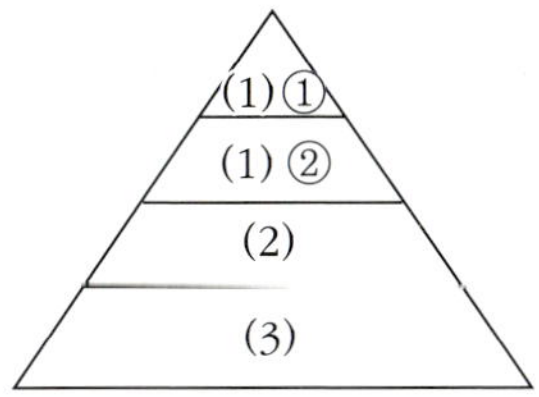

국내거래

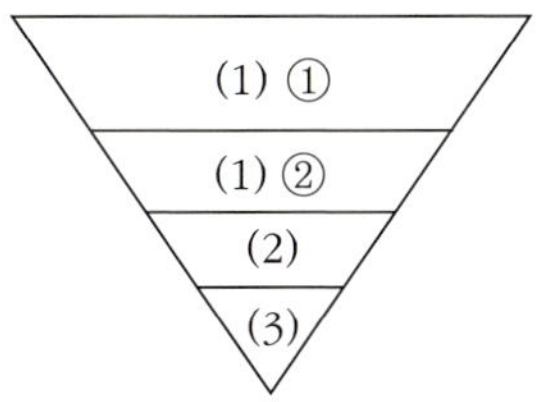

국제거래

이것을 단적으로 나타내는 하나의 예가 우리나라 당사자 사이에 교환되는 계약서는 대단히 짧다는 사실이다. 우리나라 당사자 간에는 법률도 동일하고, 관습도 지방에 따라 차이는 있어도 대체로 상호 이해가 가능하며, 또한 업계도 통일된 관례를 따르고 있다. 또 일반 상식도 거의 동일하므로 계약시에 특정한 거래에 적용되는 조건(품명, 수량, 가격, 인수 · 인도 시기 등)을 쓰기만 하면 "결정한 것이 없는 때에는 양자가 협의한 후에 결정한다. …"로 끝나게 된다(이 같은 협의 조항이 실제로 분쟁이 됐을 때 어느 정도 도움이 되는지 의문이 생길 것이다).

국제계약에서도 당사자 사이에 거래, 접촉이 반복되면 어느 정도는 같다고 할 수 있다. 그런데 서로 아무런 공통된 기반도 없는 국내인과 외국인의 거래가 되면 (1)의 ②에서 (3)의 부분은 극단적으로 희박해지며, (1)의 ① 부분이 두꺼워져서 자연적으로 계약서도 많은 분량이 된다.

영문 계약이 길어지는 것은 국제계약은 특별히 보충해 두지 않으면 해석이 일치하지 않는 부분이 많기 때문이다. 덧붙여 말하면 영문 계약이 긴 이유는 다음과 같다. 즉 우리나라 사람은 일반적으로 모든 것을 기록하는 것은 인간의 힘으로는 불가능하며, 어떠한 계약이든 상식으로 보충해야 할 여지가 있다고 생각해서 억지로 모든 것을 기록하지 않으려고 하는 데 대해, 영미법은 쓰여 있지 않은 것은 그것에 대해 합의가 없거나 합의가 성립하지 않았다는 적극적 논리가 있다. 따라서 필요한 사항을 알고 있다는 이유만으로 쓰지 않는 것을 매우 싫어하기 때문이다.

일본인과 같은 생각은 이웃 나라 사이에도 어느 정도 공통되는 바, 한국이나 중국의 당사자와의 계약은 국제계약임에도 불구하고 모든 것을 쓰지 않고 상식과 조리에 처리를 맡겨 쓰지 않아도 되는 부분이 상당히 많다. 이에 비해 서유럽 상대방과의 계약은 여기까지 쓰지 않아도 알고 있을 것이라 생각되는 부분이 대단히 많다. 이처럼 무엇을 쓰느냐가 계약에 따라 다른 것은 물론이고, 상대방에 따라서도 크게 달라질 수 있다는 것을 명심해 두는 게 중요하다.

D. 최저 필요 체크리스트

그러면 이를 전제로 해 무엇을 써야 할지 다시 생각해 보자. 종종 계약서를 작성하는 데 있어서 일단 참고로 보아야 할 것은 서식집이다. 하지만 서식집을 보아도 매우 짧은 몇 개 조항, 때로는 한 쪽으로 돼 있는 예도 있으며 몇 쪽, 몇십 쪽이나 되는 것도 있다. 또 몇십 조항이나 기술되어 있는 것도 있다. 따라서 그중 어느 것을 근거로 할지가 또 문제가 된다. 그 밖에 체크리스트를 이용할 수 있지만, 종종 체크리스트는 너무 완벽하며 거기에 쓰여 있는 정도로 많은 것을 기술하는 것은 여러 가지 의미에서 불가능하다는 것을 실감할 것이다.

체크리스트의 목적은 최저로 이 정도면 된다는 것이라기보다 최고로 이 정도 기술하면 일단 좋다는 리스트인 경우가 많아서 이 같은 일이 발생하는 것이다. 사실 전문가가 계약서를 작성하는 경우라도 리스트의 모든 항목을 기술하는 때는 거의 없으며, 그중에서 자신에게 불필요한 것을 삭제하여 사용한다. 하지만 마음대로 체크리스트에서 생략을 하면 이번에는 필요한 것을 누락할 위험도 있다.

이 같은 의미에서 서식집이나 체크리스트는 초보자에게는 의외로 사용하기 어려운 것이다. 게다가 문제가 되는 것은 어떤 서식집이나 체크리스트도 자신의 거래와 완전히 동일한 거래를 염두에 두고 작성된 것이 아니라는 사실이다. 따라서 아무리 완벽하게 보이는 자료라고 하더라도 거기에서 불필요한 부분을 삭제한다고 자신의 거래에 가장 알맞은 것이 되는 것은 아니다. 오히려 당면한 거래에 무엇이 필요한지를 생각하지 않고 이러한 것에 의지하면 위험하기도 하다. 따라서 도대체 써야 할 사항을 어떻게 결정해야 할지 답을 하기 위해 필자는 '최저 필요 체크리스트' 의 작성을 제안하고자 한다.

완전한 체크리스트(라는 것이 있다는 전제하의 이야기이지만)를 오토매틱, 파워 스티어링, 파워 브레이크, 파워 윈도를 정비하고 전자 제어 부착 터보엔진 탑재, 가죽 시트에 전화를 부착한 대형차라면 '최저 필요 체크리스트' 는 새시, 핸들, 브레이크 및 엔진과 가솔린 탱크만을 탑재한 소형차에 해당한다. 어느 쪽도 자동차의 용도로 이용할 수 있으므로 소형차만 만들면 나중에 어느 정도의 옵션을 추가할지는 거래의 성질에 따라 정하면 된다. 이같이 최저 한도로 필요한 것을 넣은 리스트를 '최저 필요 체크리스트' 라고 부르기로 한다. 완벽한 체크리스트가 불필요한 것을 제외하고 자신의 필요에 맞추기 위한 리스트라고 한다면 '최저 필요 체크리스트' 는 0(영)에서 시작해 최저로 필요한 것을 모아서 원하는 것을 취하는 리스트라고 할 것이다. 이 '최저 필요 체크리스트' 란 것을 어떻게 만드는 것이 좋을지를 아래에서 설명하고자 한다.

(1) 계약이란 약인, 대가의 교환이다.

이미 알고 있는 바와 같이, 영미법의 용어를 써서 말하면 계약이란 약인(約因), 대가(consideration)의 교환이다[3장 A항 (1)의 ① 참조]. 그러므로 약인과 그 교환 방법을 기재하면 그것으로 계약서의 골격은 완성되는 것이다. '최저 필요 체크리스트' 를 만드는 첫 단계는 그 계약 내에서 약인이 무엇인가를 확인하는 것이다. 다음 표는 몇몇 계약의 약인을 간단하게 대조하여 적어 본 것이다.

다만 교환해야 할 약인과 그 방법을 쓰면 골격이 완성된다고 해도 물론 그것만으로는 계약서가 완성되지 않는다. 하지만 반대로, 약인이 쓰여 있지 않은 것은 절대로 계약서가 될 수 없다. 그러므로 이제부터는 계약서를 작성하려는 거래 중에 도대체 그것이 없다면 거래가 성립될 수 없는 것은 무엇인가(즉 약인)를 파악해 두는 것이 제일 중요하다.

계약의 종류	한쪽 당사자가 제공하는 약인	다른 쪽 당사자가 제공하는 약인
매매계약	(매도인) 상품	(매수인) 대금
대리점 계약	(본점) 대리권 상품	(대리점) 판매 업무 대금
특허 등 실시계약	(허락자) 실시권	(피허락자) 로열티
금전소비 대차계약	(대주) 원본	(차주) 금리
용역계약	(의뢰주) 용역료	(용역 제공자) 용역
위탁판매 계약	(위탁자) 위탁료	(수탁인) 판매 행위
건설계약	(시공자) 대금	(수급인) 노무
풀턴키 건설계약	(시공자) 대금	(수급자) 노무 + 자재
보증계약	(보증을 취득하는 자) 피보증인에 대한 신용 공여	(보증인) 보증
보증위탁 계약	(보증인) 제3자에 대한 보증	(피보증인) 보증료 + 구상에 응하기
운송계약	(위탁인) 운임	(운송인) 운송 업무

(2) 재판관이 계약 성립과 내용을 알 수 있는 정도의 구체성

계약서가 제대로 작성된 것인지는 분쟁이 발생했을 때 만족할 수 있는 해결 근거가 되는지에 따라 판단된다. 당사자 간에 다툼이 없을 때는 계약서가 없어도 좋을 것이다. 분쟁이 발생했을 때 비로소 종이에 써서 양 당사자가 서명한 것이 중요하게 된다. 그리고 그 최후 심판자는 당사자가 아닌 제3자, 전형적으로 재판관이다.

분쟁이 발생했을 때 손해배상을 요구하든 특정 이행을 요구하든 계약서 내에 계약이라고 부를 만한 사항이 구체적으로 쓰여 있는 것이 중요하다. 이 구체성을 지니게 하는 것이 '최저 필요 체크리스트' 작성에서 두 번째로 중요한 일이다. 계약서가 구체성을 결여할 때, 재판관이 당사자를 대신해 계약 사항을 만들어 줄 것을 기대할 수 없다. 그러나 재판관이 계약서에서 당사자의 의사를 추정하고 계약으로 강행할 수 있는 정도의 구체성이 있다고 인정하면 합리적 범위 내에서 누락된 부분을 보충하면서 계약이 이행되도록 협력해 줄 것이다. 만약 당사자가 계약서라고 생각하는 것 안에 계약이라고 할 수 있는 사항조차 쓰여 있지 않으면, 계약의 강행은 말할 것도 없고 계약 성립 자체가 의심받게 될지 모른다. 계약서가 계약을 서면화한 것이라고 인정받기 위해서는 어떤 것을 구체성 있게 써야 하는지에 대해 아래에 설명하기로 한다.

① 계약 당사자

도대체 누구와 누구 사이에 계약이 성립한 것인지 분명해야 한다. 개인 상점과 계약할 때 창립자인 부친과 계약했는지, 지점을 담당하고 있는 2대째의 아들과 계약했는지, 자회사를 가진 회사와 그 자회사를 경유해 교섭했을 때 자회사와 계약했는지, 모회사와 계약했는지 종종 문제가 된다. 그래서 계약서에는 첫째 당사자의 표시가 반드시 있어야 한다. 구체적 표시 방법에 관해서는 14장의 계약서의 체제에 관한 설명을 참조하기 바란다.

당사자의 이름은 한 자 한 자 소홀히 하지 않고 마음대로 생략하지 않으며 전부를 쓰는 것, 주소는 반드시 등기상의 주소 또는 주된 영업소의 주소를 적는 것(사서함 주소는 좋지 않다)이 절대 조건이다. 당사자를 확실하게 특정하는 것이 목적이며 당사자 주소로 소장이 송달되는 곳이라야 한다. 세상에는 혼동하기 쉬운 이름이 많으며, 주소도 잘못하면 소장의 송달이 어려워지거나 법정에서 진정한 계약상대와 계약서에 기재된 당사자의 동일성을 증명하는 데 시간이 걸리기 때문에 이러한 모든 것을 빠짐없이 확인하여 명시해야 한다.

② 계약의 목적물(제공해야 하는 것, subject matter)

즉 약인이다. (1)의 표에 적은 것이 당사자가 교환하려고 한 것의 예이다. 이를 명확히 쓰지 않으면 안 된다. 개개의 계약에 따라 다르지만, 예컨대 매매계약이라면 상품은 무엇인가, 한 종류만으로 특정할 수 있는가, 사양을 특정할 수 있는가, 브랜드로 특정할 수 있는가, 또는 특허권 실시계약이면 특허는 등록번호로 특정하는가, 부록으로 써야 하는가를 생각해야 한다.

또 보증계약이라면 보증하려고 하는 목적 채무는 어떻게 특정되는가, 이는 본체의 계약에 언급해야 하는가, 이를테면 은행 거래 약정에 기초하여 이루어진 몇 가지 대출 가운데서 특정한 대출만을 보증하려고 하는가, 등등을 잘 주의해 목적물을 틀리지 않게 알 수 있도록 기재하지 않으면 안 된다.

③ 목적물의 양

목적물이 특정되었다고 하더라도 어느 정도의 양을 인도할 것을 약속했는지를 적지 않으면 권리, 의무가 확정되지 않는다. 매매라면 수량은 얼마인지, 숫자에 잘못이나 착오는 없는지, 단위에 대한 오해는 없는지, 이들의 표기법에 관해서는 8의 숫자에 관한 표현을 참조하기 바란다. 매매에 있어서 수량이나 대리점 계약에서 대리권 부여의 기간이나 범위 같은 것 등이다. 금전소비 대차계약에서는 대출 금액과 기간이다. 용역 제공 계약에서는 용역료의 금액일 것이다.

④ 목적물의 인도 시기

목적물과 양을 결정하더라도 인도 시기를 정하지 않으면 계약 내용을 확정할 수 없다. 즉 인도 시기가 명시되어 있지 않으면 재판관에게 상대방이 인수 의무를 이행하지 않았다는 것을 주장하는 것조차 불가능하다.

매매계약에서 인도 시기, 특허권 실시계약이면 허락 기간의 개시와 종료, 특허 개시의 시기, 금전소비 대차계약에서 대출일과 대출 기간, 건설계약에서 노임의 지급 시기, 보증계약에서 보증의 개시와 기간, 운송계약에서 운송비의 지급 시기 등이다.

⑤ 계약의 목적물(반대급부로서 받아야 하는 것)

②에서 ④까지 상대방에게 제공해야 할 것을 확인하면 다음으로 자신이 반대급부로서 수취해야 하는 것에 대해 ②에서 ④까지 동일한 확인을 한다. 대개의 계약은 쌍무계약이므로 제공하는 물건에 대해 수취해야 할 대가도 동일하게 기재해야 한다. 매매계약이라면 수취해야 할 대금과 지급 시기, 금전소비 대차계약이라면 변제 시기 및 금리율과 그 지급 시기, 용역계약이라면 상대방으로부터 제공받는 용역의 내용 및 그 기간, 건설계약이라면 공사의 내용과 착공 및 완공 시기, 보증위탁 계약이라면 보증료와 지급 시기 및 구상에 대해, 운송계약에서는 운송의 형태 및 화물의 인도 시기와 수취 시기 등을 써야 한다.

이렇게 당사자를 확정하고 양 당사자가 교환하려고 하는 약인 내용과 교환 방법이 상세하게 기술되면 재판관은 당사자 간에 어떤 계약이 존재하는지 판단할 수 있을 것이다. 이로써 A에서 말한 해당 거래에 특유한 사항은 모두 다룬 셈이다. 다음에 예를 통해 두 가지의 계약 형태에 대해서 '최저 필요 체크리스트' 작성 과정을 밝혀 보기로 한다.

(3) 거래의 특정 사항을 적은 '최저 필요 체크리스트' 작성법-매매계약

먼저 일반적인 매매계약의 최저 필요 체크리스트를 작성해 본다. 당사자의 특정은 끝난 것으로 하고 100대의 전차를 매매하는 계약서를 작성하기 위한 체크리스트의 작성 과정은 다음과 같다. 우선 매도인이 제공해야 할 것에 대해 설명한다.

① 목적물은 전차인데, 예를 들면 제조업자명과 U61형 같은 형식 번호만으로 알 수 있을까. 만약 형식만으로 부족한 경우가 있으면 자세한 사양을 적어야 한다. 너무 길어질 때는 부록으로 첨부하는 것이 좋을 것이다. 매수인과 충분히 협의하여 모두가 분명하게 해야 한다.

② 수량은 단지 100대라고 하면 좋은지. 엔진이 부착된 것과 객차의 구별은 없는 것인지, 차장실은 필요 없는 것인지를 확인한다.

③ 인도 시기는 언제인지, 일괄 또는 분할인지 등을 명확하게 한다. 대개의 국제계약에서는 가격 조건과 함께 Incoterms가 사용된다. Incoterms라는 말은 International Commercial terms의 각 단어의 일부를 모은 것이다. 현재는 2000년에 최신 개정이 이루어진 것을 사용하고 있다.

그런데 물건의 인도에 관한 표현으로 delivery라는 단어와 shipment라는 단어가 자주 혼동, 오용되고 있으므로 여기서 설명하기로 한다. delivery란 '물건 점유의 이전' 을 말한다. 이것에 대해 shipment란 '물건을 운송인에게 인도하는 것' 을 말한다. 분명히 통상 매매에서는 shipment로써 delivery를 완료하는 일이 적지 않다. 그러나 현재는 delivery는 shipment 이외의 이유에서도 발생할 수 있다. 예를 들면 매수인은 매도인이 있는 곳에서 상품을 인수하기 위해 오는 경우와 매도인이 매수인에게 상품을 인도하기 위해 오는 경우가 있을 것이다.

CIF와 CFR(C&F)의 계약에서는 선하증권의 인도가 delivery로 된다. 또한 제3자가 보관하고 있는 상품에 대해 매수인을 위해 점유하도록 지시함으로써도 delivery가 발생한다. 환언하면 delivery는 shipment를 포함하지만 shipment보다 광의로 파악하는 것이다. 따라서 인도에 관한 여러 조건을 언급하는 조항에 타이틀을 붙이면 delivery 조항이라 불려야 할 것이며, shipment 조항이라 부를 때는 그 계약이 운송인에 의한 운송을 전제로 하여 운송인에게의 인도를 근거로 delivery를 하는 것이어야 한다.

위에 언급한 바와 같이 CIF와 CFR(C&F)의 계약에서는 delivery의 타이밍(선하증권의 인도)은 shipment보다 나중이다. 하물며 서류매매의 경우는 최초의 매도인 이외에는 shipment에 관여하지 않는다. 본래 의미에서의 FOB라면 동시에 발생할 수 있지만 최근에 이는 가격 조건에 불과하며, 매도인이 선박을 수배하는 형태의 FOB에서 그 타이밍은 엄밀하게 말하면 다르다.

다음으로 매도인이 수취해야 할 것에 대해 설명하기로 한다.

④ 목적물은 대금이다. 우선 무역 거래인 이상 FOB, CFR 등을 분명히 해야 한다. 이것에 추가하여 FI, FO, berth term, liner term 등에 관해서도 별도로 분명하게 해 두어야 한다. FOB, CFR 등의 용어는 ③에 제시한 Incoterms에 기초하여 해석하는 것이 보통이지만 그 근거를 밝혀야 한다. 특히 미국 등에서는 이의 무역 기준 용어에 다른 의미를 부여하므로 이는 중요하다. 또한 Incoterms는 과거 몇 번이나 개정되었지만 최신판은 2000년에 전부를 정리하여 ICC Publication n° 560으로 발표된 것이다. 이것은 Incoterms 2000으로 인용하는 것이 보통이다.

그 밖에 지급 통화도 표시해야 한다. 달러에 대해 엔으로 지급하는 등 매매기준 가격과 지급 통화가 다른 경우가 자주 있다. 지급 방법, 즉 신용장에 의할지 현금 송금인지, 어음에 의한 것인지 등도 여기서 밝혀야 할 필요가 있다.

⑤ 양(量)은 당연히 대금액이다. 실제로 ④와 ⑤의 규정은 함께 기술되는 경우도 많을 것이다. 때로는 ④의 규정도 함께 하는 경우도 있다. 연지급이라면 금리도 여기에 포함된다.

⑥ 대금의 인도 시기란, 즉 지급 시기이다. L/C라면 at sight 또는 usance로 할지, 현금이라면 일괄, 분할, 연 지급인지, 금리의 지급 시기는 언제인지 등이다.

일반 조항으로 할 수도 있지만 지급 지연이 있는 경우 지연 금리의 규정도 지급 시기와 동일한 곳에 쓸 수 있다.

이로써 일단 최저의 것이 기재되는 것이지만 매매에 있어서 통상 써야 하는 것이 더 있으므로 추가하여 설명하고자 한다.

지금부터 설명하는 것은 지금까지와 달리 반드시 당사자가 결정해 두지 않으면 안 되는 것은 아니다. 관습, 법률 등으로도 해결은 가능하다. 그러나 서로 자신의 권리를 지키기 위해서는 구체적이며 상세하게 결정해 두는 것이 좋다.

⑦ 상품의 매매이므로 당연히 소유권의 이전 시기에 대해 규정할 필요가 있다. 소유권은 title, property, ownership 등이라 할 수 있다. 영국에 right of disposal이라는 표현이 있다. 동일한 의미로 사용하는 경우도 있지만 본래의 의미는 '점유를 지배하는 권리' 이므로 title 등의 용어 대신에 사용하는 것은 권장할 수 없다.

조항을 규정할 때 우선 매도인의 입장에서 현실로 대금 지급을 받거나 적어도 대금 지급이 이루어질 것이라는 확신을 얻기까지는 소유권을 매수인에게 이전하는 일은 없다. 만일 대금이 지급되지 않는 경우, 물건의 소유권이 자신에게 있다면 그렇지 않은 경우보다 훨씬 안전하기 때문이다.

매수인 측에서는 매도인이 파산했을 때 이미 소유권을 취득했다면 상품에 대해 우선권을 주장할 수 있지만, 그렇지 않은 경우에는 손해배상청구권을 청구할 수 있을 뿐이므로 신속하게 소유권의 이전을 받아 두는 것이 중요하다.

무역 거래의 경우 아무런 특약이 없으면 FOB의 경우는 일반적으로 상품이 선박의 난간을 통과했을 때, CIF에서는 선하증권이 매수인에게 인도되어 지급이 이루어졌을 때 각각 소유권이 이전한다고 생각된다. 그러나 실제 거래에서는 그 준거법상 원칙을 확인해야 하며 그 해답이 자신에게 유리한지는 알 수 없다. 그래서 당사자 간에 특약해 두는 것이 의미가 있다.

⑧ 다음으로 위험 부담의 이전 시기에 대해서도 명기할 필요가 있다. 조항의 타이틀은 단지 위험(risk)이라는 것도 있고 transfer of risk of loss and damage로 정중하게 말하는 경우도 있다.

위험 부담을 진다는 것은 상품이 멸실, 훼손되었을 때 매도인이 대금을 청구할 수 있는지, 매수인은 물건을 인도받지 않았는데도 대금을 지급할 의무를 부담하는지가 문제이다. 매도인은 가능한 한 신속하게 위험을 이전하여 대금채권을 명백한 것으로 하고 싶을 것이다. 한편 매수인의 입장에서는 상품 인도를 받기 전에 위험을 부담하는 것은 좋지 않다고 생각한다. 공평하게 생각하면 누가 물건의 지배권을 가지고 있는가를 근거로 위험을 배분하는 것이 좋을지 모른다. 실제 거래에서 이 문제는 Incoterms를 이용하는 한 자동적으로 정해진다. FOB, CIF 모두 선적(화물이 선박의 난간을 통과했을 때)하는 것으로 이전하게 된다.

또한 ⑦에서 다룬 소유권과 위험 부담은 종종 하나의 세트로 하여 규정하지만 이 두 가지는 상이한 개념임을 기억해 두어야 할 것이다.

⑨ 동산을 매매하면 보증에 관한 규정이 필요하게 된다. 보증이 있는지 없는지, 있다고 하면 그 내용은 어떤 것인지 등의 규정이다. 또 보증 대상은 주로 품질, 성능과 특허 등의 지적재산권이다. 후자는 다음에 다루기로 하고 여기서는 전자에 대해 설명한다.

우선 무엇에 대해 보증하느냐이다. 전반적인 보증을 하는 경우에는 defect in material and workmanship에 대한 warranty가 된다. 특정 사항에 합치한다는 보증(conformity to the specifications)인 경우도 있다. 이 밖에 전력 소비량의 보증, 속도의 보증 등도 생각할 수 있지만 광의로는 특정 사항에 합치하는지 여부이다. 종종 merchantability, fitness for particular purpose라는 규정도 있지만, 이는 미국통일상법전 §2-314, §2-315에 규정된 것들이다. 각각 '그 종류의 상품이 통상 가지고 있다고 합리적으로 기대하는 정도의 성능', '매도인이 해당 상품을 특별한 용도로 사용하려는 경우 상품이 그 목적에 합치하는 성능을 가지고 있을 것'을 의미한다. 상세한 것은 조항 원문을 참조하면 되지만 이 같은 말은 미국의 법률을 준거법으로 할 때만 이 같은 의미가 된다. 기타 국가의 법률을 준거법으로 할 때는 기대한 효과가 나타나지 않는 경우도 있으므로 주의해야 한다. 미국통일상법전을 출전으로 참고한다.

다음으로 고려해야 할 점은 보증기간이다. 통상 '선적에서 18개월 또는 사용 개시에서 12개월의 어느 쪽이든 짧은 쪽' 등이라는 형태를 취하는 경우가 많다. 이같이 규정을 하는 이유는 '사용 개시에서 12개월'만 규정하면 선적하여 매도인의 수중에서 벗어난 후 쓸데없이 장기간이 경과한 후 사용이 개시되도 같은 기간의 보증 책임을 지게 되기 때문이다. 극단적으로 말하면 인도 후 상대방의 창고에 1년간 방치된 후 사용하면 그 기간의 품질 악화의 위험까지 부담하게 되기 때문이다.

결과적으로 보증기간은 24개월 이상이 되어 매도인으로서는 예기하지 않은 과대한 책임을 지게 된다. 이 때문에 최대 보증기간을 선적기간으로 하는 것이다. 두 기간의 차이(여기서는 18개월과 12개월의 차이 6개월)는 통상 운송기간에서 사용 개시까지 관련되는 개월수를 추가한 것이다. 따라서 물건에 따라서는 15개월과 12개월로 하는 경우도 있다.

보증의 대상은 결함이다. 따라서 어느 시점이 완전한 상태인가를 확립해 둘 필요가 있다. 이 때문에 공장 내에서의 검품(공장 규칙에 따른 것. 때로는 상대방이 참석할 경우도 있다), 선적 시의 검품 내지 물건을 인수한 시점의 검수 규정 등이 설정된다. 이 검품 검수에 통과하지 않으면 물론 계약위반이 된다. 검수가 통과되면 그때 계약에 합치한 상품이 존재한다는 증명이 된다. 전차라면 상대방이 참석한 공장에서의 검수가 실제적일 것이다.

다음으로 보증 사고가 발생한 경우에 어떻게 매도인에게 의무 이행을 청구해야 하는가도 규정해야 한다. 사고 발생 후 며칠 이내에 발생 취지와 그 내용을 매도인에게 통지해야 한다는 조항을 자주 규정한다. 이 경우에 현상 보존 의무가 부가되면 더 좋을 것이다. 왜냐하면 사고 발생 후에도 계속해서 사용하면 손해가 확대되거나 원인 규명, 나아가서는 책임 유무의 판단이 곤란해지기 때문이다.

결함이 있는 경우 매도인은 어떤 의무를 부담하는가를 구체적으로 규정한다. 부품 교환, 수리, 때때론 긴급하게 수리한 경우의 수리비용 상환 등을 규정한다. 어떤 권리를 요구하는가는 상품의 성질을 고려해 규정해야 한다. 이때 이들 구제 조치 가운데 적당한 것을 선택할 권리를 가지는 것은 매도인인지, 매수인인지도 명시한다. 매도인의 입장에서 작성하면 seller's option으로 부품 교환, 수리를 선택하는 것이 좋을 것이며 매수인이라면 그 반대가 된다.

매도인이 초안할 때는 통상의 소모(normal wear and tear), 사용 설명에 따라 사용(use per manual. 지정 원재료의 사용 등도 포함한다)하지 않은 경우, 소모품(consumable parts)의 고장이나 파손, 목적물을 다른 제품과 함께 사용하거나 이 같은 사항이 혼합된 경우의 사고에 대해서는 면책된다는(exclusion, exemption) 규정을 하는 경우가 많다.

또 '보증' 에 해당하는 영어로 warranty와 guaranty 또는 guarantee를 쓰는데 본래는 warranty라고 해야 할 것이다. warranty(항상 명사, 동사는 warrant)란 간단히 말하면 '약속하는 것' 이다(금전소비 대차계약과 기업매수 계약 등에 종종 보이는 representations and warranties 조항의 warranty도 같은 의미이다. 또한 representation이라는 단어의 영국법상의 의미는 '한쪽 당사자가 계약 체결 시에 언급한 사실(의견 및 신념, 장래 사실에 관한 것이 아니다)에 대한 설명이며, 그것을 신뢰하여 상대방이 계약하기에 이른 것' 이다. 만약 그 representation이 진실이 아니라면, 즉 '부실 표시(misrepresentation)인 경우에는 원칙적으로 상대방은 그 계약을 해제할 수 있다.'

매매에서 상품은 material과 workmanship으로 완전하거나 사양에 합치할 것을 약속하는 것이다. 이에 대해 guaranty(guarantee. 모두 명사 및 동사)의 본래 의미는 다른 사람의 채무 이행을 담보한다. 따라서 그 '다른 사람' 이 자신인 경우에는 guaranty가 성립하지 않게 된다. 보증인과 피보증인이 동일한 경우에는 보증채무가 아니라 본인의 채무가 존재하는 것뿐이기 때문이다. 그럼에도 불구하고 현실적으로 이 두 용어는 품질, 성능보증에 관해서 매우 혼란스럽게 사용하고, 실제적으로 guaranty라고 썼다고 하여 제3자의 채무보증이라고 생각하는 사람은 없다. 따라서 어느 용어를 사용해도 실제 효과에는 변함이 없지만 일단 차이를 인식해 두는 것이 중요하다.

⑩ 매매가 국제적으로 이루어지는 경우, 자국의 지적재산권에는 저촉되지 않는 경우라도 매수인의 국가에 등록된 지적재산권과의 문제가 발생할 수 있다. 전차의 경우에는 특허권, 상표권, 의장권, 경우에 따라서는 저작권 등의 침해가 발생할 것이 예상된다. 이것을 어느 정도 보증하는가 또는 전혀 보증하지 않는가는 정책적 판단 영역 문제이다.

매수인이 상품을 수입하여 자국에서 판매해 이익을 내려고 한다면 자국 내에서 문제없이 판매할 수 있을지 당연히 사전에 조사해야 할 것이다. 그러나 외국인 매도인에게 그 국가의 제도와 등록지적재산권의 유무를 조사할 것을 기대하는 것은 이상하다는 논법도 있다. 반대로 타국에서 물건을 판매할 때 그 국가에서의 시장성 조사의 일환으로서 이 문제를 조사하지 않는 것은 이상하다는 견해도 있다. 그 외에 매도인은 매수인이 최종 판매지(국)를 어디로 하느냐를 결정하는 입장에 있지 않기 때문에, 도리상 밀하면 매도인이 세계의 지적재산권 내용을 조사하지 않고는 판매할 수 없어 무리라는 논의도 성립한다.

국내판매를 주로 하여 해외 경험이 없는 매도인은 이 보증을 강요받는 것이 상당히 중대한 걱정거리가 될 수 있는 것에 비해, 국제 경험이 풍부한 매도인에게도 이 보증을 부담한다면 대체 어느 정도의 위험이 있는가를 평가하는 것이 그만큼 어려운 것일지도 모른다. 정책적 판단의 영역에 포함되기 때문이다. 가령 전차에 대해 매도인이 지적재산권에 관한 보증을 한 경우에는 통상 다음과 같이 될 것이다. "매수인의 국가에서 지적재산권의 침해를 이유로 하는 클레임이나 소송이 매수인에게 제기된 경우 매도인은 통지 수령 후 신속하게 매수인의 이익을 지키도록 모든 조치를 강구한다." 상세히는 "클레임, 소송에 대해 당사자로서 대처한다."든지 "매도인의 비용과 지휘하에서 매수인이 대처한다." 등의 규정을 할 수 있다. 이 밖에 "제3자의 지적재산권에 저촉하지 않고 판매가 계속되도록 특정 사항 변경 등 필요한 조치를 강구한다."라고 명확하게 기술하는 경우도 있다. 어떤 규정으로 할지는 상품에 따라 개별로 판단해야 한다.

비엔나 협약에 참조가 될 만한 흥미 있는 규정이 있어 개략을 소개한다. 여기서 매도인은 계약 시에 예기하고 있던 전매처의 국가 또는 매수인의 국가에서의 지적재산권 위반에 대해서는 책임을 지지만, 그 이외는 책임을 지지 않으며 문제가 매수인의 기술 설계, 디자인, 제조 방법, 그 밖의 지정에 기인하는 경우도 책임을 지지 않는다는 것이다. 계약 시에 어느 국가에 대해 조사하면 좋은지를 결정하는 점에서 매도인의 부담이 합리적인 범위에 그친다고 하는 점이 바람직하다.

전술한 ⑨와 ⑩의 규정은 일반적으로 매도인이 계약 위반을 한 경우에 대비한 규정이다(다만 어느 경우에도 매도인이 어떤 보증도 하지 않았다면 위반의 문제는 발생하지 않는다). 계약 위반에 대해서는 보통 다음 (5)에 언급하는 일반 조건의 부분에 규정하였지만 매매의 경우에 이 두 가지는 대단히 중요한 부분이므로 소유권, 위험 부담의 이전 조항과 함께 특별히 뽑아 내어 '거래의 특유한 사항' 중에 넣었다.

⑪ 위의 ⑨, ⑩과 유사한 위반을 상정한 규정으로는 liquidated damages가 있다. 이것은 예를 들면 납기가 지연된 경우에 1일 또는 1주별로 얼마를 지급한다는 등의 규정이다. 성능 미달에 대해 부과하는 것도 많다. 매수인의 지급 의무 지연의 경우의 지연 금리와 대립을 이루는 것이다. liquidated damages는 미리 계산된 손해배상액의 예정을 말한다. 영미법은 정해진 금액이 실제로 받는 손해액의 현실적인 상정액이라면 인정하지만 불균형적인 고액은 벌금(penalty)으로 무효가 된다. 또한 계약 위반의 제재로서 penalty를 부과하는 것을 인정하는 법제도하에서는 liquidated damages를 penalty로 간주하고, 이에 더하여 실손 청구를 허용하는 경우가 있다. 그래서 liquidated damages 조항에 의한 지급은 지연, 성능 미달 등에 기인하는 모든 책임으로부터 면책된다는 취지를 명기할 필요가 있다.

대체로 이로써 매매계약의 특정 조항을 거의 아우르는 '최저 필요 체크리스트'가 완성되었다.

(4) 거래의 특정 사항을 적은 '최저 필요 체크리스트' 작성법-특허권 실시 허락 계약

이 경우 당사자를 특정하여 A국가의 제조업자, 허락자가 B국가의 제조업자, 피허락자에 대해 허락자가 B국가에서 가지는 특허의 실시권을 제공하는 계약서를 작성해 보자. 우선 허락자의 입장에서 쓴다.

① 허락의 목적물은 특허의 실시권이다. 이 조항에서 실시권을 상대방에게 부여한다는 것을 제일 먼저 밝힌다. 동시에 목적인 특허권도 등록 연월일, 번호 등을 사용하여 특정해 두어야 한다. 실제로 특허권의 개요를 서술한 서면, 아주 자세하게 명세를 나타내는 기술서면 등이 계약서에 부속 서류로서 첨부될 것이다.

상대방에게 주어지는 실시권은 배타적, 전용(exclusive)인 것인지, 비배타적, 통상적(non-exclusive)인 것인지도 실시권의 내용, 성질의 하나로서 중요하다. 배타적이라면 상대방은 B국가에서 유일한 실시권자이다. 여기서 중요한 것은 유일한 사람이라는 것은 허락자 자신도 배제한다는 해석을 하는 법체계(국가)가 있다는 것이다. 그렇게 하면 허락자 자신이 B국가에서 생산할 수 없는 것은 물론이며, B국가에서의 판매도 불가능하게 된다. 따라서 배타적인 실시권을 주더라도 자신이 판매할 권리를 유보하기를 바란다면 조건부의 exclusivity로 할 필요가 있다. 동일한 문제는 판매 총대리점 계약의 경우에도 발생할 수 있지만, 이 경우에는 대리권을 주는 측도 배제한다는 경쟁금지 조항을 포함하는 것이 보통이다. 판매 총대리점 계약의 본질에서 보아 오히려 당연한 일일 것이다. non-exclusive의 경우에는 이런 종류의 문제는 발생하지 않는다.

② 매매계약의 수량, 인도 시기에 직접적으로 상당하는 것은 없지만 계약의 기간, 실시(즉 제조, 판매)가 허용되는 지역, 특허권 개시의 시기 등이 이에 해

당된다. 실시권은 로열티의 지급을 대가로 계속적으로 제공하는 것이어서 조금 관념적으로 표현한다면 기간 중에 제공된 실시권 혜택의 총량이 이 계약하의 인도량에 해당한다고 할 수 있다.

인도 방법에 해당하는 조항도 부가해 두어야 한다. 예컨대 단지 서류를 공시할 뿐인지, 기술자를 설명하게 파견할지, 상대방의 실시상의 의문에 어떻게 해답할지, 공시 후 시간이 경과해도 기술자를 파견할지 등도 생각해 둘 필요가 있을 것이다. 또한 반대로 상대방 기술자의 연수를 받아들일지, 그 경우의 절차는 어떻게 할지 등도 문제이다. 기간 만료 후의 문제로는 계약이 해제되거나 종료된 때의 취급도 중요하다. 종료 후의 비밀 유지 의무, 상대방에게 인도한 서류의 반환, 작성된 복제, 복사의 처분에 관한 규정도 종종 있다. 계약 후에도 계속하여 특허 유효기간이 지속되는 것은 법으로 당연히 보호되므로 비밀 유지 의무는 반드시 필요하지 않다.

다짐을 위한 규정이 되지만 계약기간 후에 법의 보호가 없어진다고 해도 주변 정보를 포함한 정보 전체의 가치가 여러 이유로 계속하여 존재한다고 생각하지만 계약의 목적이 원래 지적재산권으로서 법의 보호를 받지 않으나, 정보로는 대단히 귀중한 것인 때에는 법률의 규정에 저촉되지 않는 범위의 비밀 유지 의무와 때로는 경업 금지 조항을 삽입하는 것도 중요하다.

복제, 복사에 대해서는 이를 모두 반환시키는 형태와 상대방이 직접 책임을 지고 폐기시키는 형태가 있다. 이들 조항은 일반 조항의 계약 해제 종료에 관한 조항의 뒤에 와도 된다.

③ 당사자가 제공하는 것과 상대방으로부터 받는 양쪽 경우가 있는 것으로 상호 라이선스 계약, 개량 기술 교환에 관한 규정을 포함하는 계약이 있다. 상호 라이선스는 이쪽에서 어떤 라이선스를 제공하는 대신에 상대방으로부터도 라이선스를 받는 것이다. 이는 여러 목적으로 이루어지지만 계약서로서는 방향이 다른 두 허락 계약을 함께 작성한 것이라 생각해도 된다. 물론 서로의 라이선스 간에 교환 조건적인 색체가 있는 경우에는 상응하는 주의를 해야 한다. 이에 대해 개량 기술의 교환은 일방적인 실시권의 허락만을 목적으로 하는 계약에서도 발생할 수 있다.

A국가의 허락자도 자신의 기술 개량, 개선을 도모하려고 하며 B국가의 피허락자도 실시 허락된 특허 사용에 있어서 새로운 개량, 개선을 강구하는 경우가 있을 것이다. 이같이 새롭게 개발된 기술을 서로 유료 또는 무료로 교환하려고 하는 규정이다. 다만 이 같은 규정은 각정법에 따라 법의 규제에 저촉되는 것도 있으므로 미리 합법성을 확인해 두어야 한다. 그러한 개량, 개선과 관련하여 별도로 지적재산권을 취득할 수 있는 경우도 여기서 언급해 두는 경우가 많다.

다음으로 허락자가 받아야 할 것에 대해 같은 설명이 필요하다.

④ 우선 첫째로 받아야 할 것은 royalty이다.(또한 이 단어의 발음은 [rɔ́iəlti]이다. y는 마치 i처럼 발음하는 것이며 ya가 [jə]로 되는 것이 아니라 모음의 발음이 두 개 연속되고 있는 것에 주의해야 한다). 로열티의 지급 방법으로는 매매계약과 동일하게 지급 통화, 지급 수단을 명백하게 하는 것에 추가하여 지급기준, 계산 방법을 분명히 할 필요가 있다.

흔히 있는 형태로는 계약 시에 최초의 지급을 하고 나중에는 정기적으로 %를 설정하여 매상의 일정 부분을 징수하는 것, 처음부터 %만을 요구하는 것이 있다. 두 경우 모두 최저선을 설정하고 이에 충족하지 않는 경우 최저로열티(소위 minimum royalty)를 지급하게 하는 경우도 있다. %의 설정 방법에도 일정한 비율로 행하는 경우와 계산의 대상이 되는 금액에 따라 비율을 변화시키는 것이 있다.

매상이 많으면 많을수록 요율이 낮게 되는 것이 보통이다. 이 방법에서 허락자는 최저의 수입이 대체로 보장되며, 피허락자는 많이 판매하면 할수록 제품 한 개당의 원가가 하락하여 양자 모두에게 이점이 되는 방법이다. 드물게는 계약 시에 일괄적으로 지급하고 나중에는 로열티를 지급하지 않는 경우도 있다. 대상인 정보가 그만큼 귀중하지 않거나, 계약기간이 짧거나, 일정 기간이 경과하면 공지의 사실이 되어 버려 모방이 속출하고, 그다지 기술로서 묘미가 없게 되는 일이 쉽게 예상되는 경우, 허락자의 '가능한 한 취할 수 있을 때에 많이 취해 둔다.' 라는 생각과 피허락자의 '일괄하여 지급하고 만약 판매가 증가하면 %로 하기보다 적은 지급으로 끝날지도 모른다.' 라는 생각이 일치했을 때 이 같은 것이 이루어진다. 사용 허락 계약이라기 보다 정보매매 계약이라 부르는 것이 적당할지도 모른다. 특허 실시를 목적으로 외국의 당사자와 합병회사를 설립하는 계약에서 지적재산권을 현물출자로 각출하거나 처음에 일괄지급으로 매각하는 경우도 있다.

로열티의 계산 방법을 정할 때 다음으로 중요한 것은 계산의 대상인 숫자를 무엇으로 할 것인가이다. 한 개당 얼마라고 구체적 금액이 정해져 있으면 간단하지만, 요율로 계산하는 경우에는 주의가 필요하다.

소비물자를 비롯한 양 상품의 제조를 대상으로 한 실시권의 경우에는 공장 인도 값의 몇 %라고 정하는 일이 많다. 이 경우 공장 인도 값의 산출 근거로 사용하는 가격에 부가가치세나 물품세를 삽입할지의 여부이다. 실시권의 대상이 제품이기보다 부품과 관련되는 것(예를 들면 모터 제조와 관련된 특허)일 때 부품의 장부 가격과 같은 것을 산출 근거로 할지, 그것을 포함한 기계 전체(예를 들면 모터를 포함한 제조 기계, 선박)의 판매 가치를 근거로 할지도 생각해야 한다.

어느 경우이든 로열티의 기준이 원천징수세(withholding tax)를 포함할지의 여부를 분명히 하는 것도 중요하다. 10%의 로열티라고 했을 때, gross로는 10%이지만 실제로 수중에 들어오는 것은 원천징수세, 예를 들면 15%를 공제한 8.5%가 되거나 net로 10%에서 15%의 세금은 피허락자가 부담할지는 대단한 차이가 있다.

이 밖에 계산기간의 결정과 지급 시기(예컨대 매 4분기별로 집계하여 4분기 종료 후 30일 이내에 지급한다), 계산보고 서류 제출의 의무화 등에 관한 조항도 필요할 것이다. 그다지 대량 산품이 아니며 납기도 긴 특별주문품 등의 경우는 조속하게 로열티를 회수하기 위해 개별로 성약기준이나 보증금 지급 시 기준으로 지급 시기를 설정하는 것도 좋다.

⑤ ④의 규정에 의해 양에 상당하는 로열티의 금액도 정해졌다.

⑥ 인도 시기에 대응하는 지급 시기도 계산기간의 결정과 합하여 논의하였다.

이로써 일단 기본이 되는 조항의 '최저 필요 체크리스트'가 완성되었지만, 이밖에 매매계약처럼 특허계약에 가끔 쓰이는 조항을 검토하기로 한다.

⑦ 그 하나는 매매계약에서 말하는 품질, 성능에 관한 규정이다. 일반론으로서 부언해 두면, 무언가를 상대방에게 제공할 때 그 목적물에 하자가 없다는 것을 보증하는 것은 당연한 검토 사항이다. 이는 목적물이 무체물인 특허의 경우도 마찬가지이다. 특허권이 계약 시 B국가에 등록되어 있다고 해도 그 후 제3자로부터 이의 신청이 있어 특허권 자체가 무효라고 판단되는 일이 없는 것은 아니다. 또 때로는 피허락자 자신이 특허의 유효성에 의문을 갖기도 한다. 이 같은 경우에 무효의 결정이 나오면 이미 지급 완료한 로열티의 반환에 응하거나 피허락자가 무효 소송을 제기하여 인정할지의 여부도 결정해 두는 것이 현명하다. 기본적으로 피허락자는 허락된 특허기술 정보 내용의 유효성을 스스로 판단하여 계약하는 것이므로 이러한 것은 모두 허용되지 않는 것이 보통이다. 그러나 그러기 위해서는 이들을 명문 규정으로 삽입해 두는 것이 필요하다. 왜냐하면 특허 무효의 경우에 로열티의 반환을 청구하는 경우나 피허락자 스스로의 무효 논쟁을 권리로 인정하는 나라가 있기 때문이다.

⑧ 또 하나 마지막으로 중요한 것은 재허락에 관한 규정을 설정하는 일이다. 매매의 경우에는 일단 물건을 판매하면 전매 제한을 할 수 없는 것이 보통이다. 하지만 실시권의 경우에는 허가 없이 재허락하는 것을 금시하는 것은 법률상으로도 허락된 제한이며, 허락자에 있어서도 깊은 관심이 있는 사항일 것이다. 왜냐하면 피허락자는 어쨌든 재피허락자가 특허권을 이 취지에 따라 실시할 수 없는 경우 특허 그 자체의 가치 평가, 평판을 떨어뜨리는 결과를 초래할 수 있기 때문이다.

물론 신뢰할 수 없는 당사자에게 불만족한 조건으로 재허락을 받을 경우에 실시에 수반되는 로열티가 들어오지 않는다는 경제적 우려가 있는 것은 물론이다. 재허락을 허용한다면 허용하되 어떤 조건으로 허용할지, 허용하지 않는다면 허용하지 않는다고 명확하게 써 둘 필요가 있다. 허용하는 경우에는 통상 사전의 허가를 필요로 하며 동시에 일정한 로열티 지급의 규정을 수반한다.

여기까지 예를 들면서 거래에 특유한 조항인 '최저 필요 체크리스트'의 작성을 끝냈다. 다음으로 일반 조항의 체크리스트 작성 과정을 제시하고자 한다.

(5) 일반적 사항을 적은 '최저 필요 체크리스트' 작성법

(1)과 (2)에서 계약서란 당사자가 서로 교환하려고 하는 약인, 대가의 내용 및 교환 방법을 누가 보아도 구체적으로 확정할 수 있도록 작성하는 것이라고 설명하였다. 그리고 이에 따라 매매계약과 특허권 실시 허락 계약의 특유한 조항에 해당하는 부분을 작성해 보았다. 다음에 쓰는 일반 조항의 목적은 크게 나누어 두 가지다. 하나는 이들 조항의 운용이 원활하게 이루어지도록 해석 방법을 명확하게 하는 것과 또 하나는 비상사태에 대처할 방법을 명확하게 하는 것이다. 반대로 말하면 해석 방법에 대해 설명할 필요가 없는 경우나 지침서가 이미 있는 때는 규정할 필요 없고 비상사태를 상정하지 않는 경우에도 규정할 필요가 없을 것이다. 어떤 경우, 예컨대 기본거래 약정이 이미 있는 경우, 업계로서 통일약관이 있는 경우, 업계의 관습으로서(성문화되어 있는지의 여부는 별도로 하고) 상당히 구체적인 거래기준이 있는 경우 등이 전자에 상당한다. 거래가 간단한 경우 인수인도가 면전(面前)에서 이미 종료되고 실제로 그 후에 대해 걱정해야 할 것이 없는 때 등이 후자에 해당한다.

우선 해석의 지침서에 해당하는 것부터 순서대로 설명하기로 한다.

① 계약의 양도에 관한 규정

양도(assignment)라고 불리는 조항에서 자주 '계약 양도'라고 번역되지만 양도는 정확하게는 권리의 양도이며 의무를 이전하거나 양도하는 것은 아니다. 권리는 일신(一身)의 전속적인 것을 제외하면 일반적으로 양도 가능하지만, 의무는 어디까지나 권리자의 합의가 없으면 이전할 수 없다. 그런 의미에서 이 조항에 채권양도를 허용할지 여부만 규정하면 되겠지만 실제로는 계약 전체의 양도에 대해 규정하는 일이 적지 않으므로 여기서는 계약의 양도에 대해 우선 생각해 보기로 한다.

계약의 양도를 허용할지 여부의 판단은 개별 계약에 따라 다르지만, 대개 개인 또는 회사의 자질을 신뢰 또는 기대하여 체결하는 계약에서 당사자의 교체는 계약의 근간과 관련되므로 양도를 금지한다. 예컨대 어떤 당사자의 조사 능력을 기대하고 체결된 용역계약, 판매력을 기대하여 체결된 대리점 계약, 공사시공 능력을 평가하여 체결한 건설계약 등은 성질상 당사자가 특정한 자여야만 의미가 있으므로(이 같은 계약을 personal contract 또는 a contract personal in its nature라고 한다) 양도는 논외이다. 상대방의 신용에 의존하여 만들어진 계약도 동일하다. 상대방에게 지급 능력이 있다고 판단하여 L/C를 요구하지 않는 계약을 신용이 없는 당사자에게 양도하여서는 여신상의 문제가 발생하므로 명문으로 양도를 금지해야 한다. 한편 은행의 지급 보증이 첨부된 융자계약 등은 보증이 계속되는 한 양도하여도 그다지 지장이 없다.

한편 채권과 관련, 미국은 금전채권은 그 양도나 담보 제공을 금지하는 조항은 무효로 한다. 그러나 이는 예외로서 일반적으로 검토해 보자. 우선 권리의 양도라고 하더라도 새로운 채권자가 구채권자보다 채권 추심에 엄격한 태도를 취할 것이 예상되는 경우에 양도는 바람직하지 않다. 매도인이 채권 회수 회사에 채권을 양도하려고 하는 경우 등이다. 채권자가 바뀌면 반대 채권과의 상계 권리를 상실하는 경우도 그러할 것이다.

채권 양도를 허용할 때 어떤 조건으로 허용할지는 아래와 같다. 즉 ㉠자유롭게 채권 양도를 허용하는 것, ㉡상대방의 동의를 얻어야만 가능한 것(이 경우 상대방은 자유롭게 양도를 거절할 수 있다), ㉢동의를 조건으로 하지만 상대방의 합리적 이유가 없으면 동의를 거절할 수 없는(consent not to be unreasonably withhold) 것이다.

㉢의 경우, 양도를 용이하게 하기 위해 동의를 요구하고 며칠 이내에 해답을 하지 않으면 동의한 것으로 간주하는 것도 가능하다. 채권자가 채권을 담보로 하거나 이를 매각하여 금융을 획득하려고 하는 경우 등은 채권자는 양도할 권리를 강하게 요구한다. 가령 assignment는 일반적으로 금지한다고 해도(이 같은 계약은 실무에서 대단히 많다. 또 한쪽 당사자에게만 허용하는 경우도 많다.) 모회사와 자회사 간의 양도를 예외로 하는 경우는 적지 않다. 다만 이때 새로운 채권자가 매수나 주식의 이전으로 그룹회사를 벗어난 경우는 상대방이 계약의 해제권

을 가지는 경우도 있다.

위에서 assignment는 권리의 양도라고 했지만 사실 미국에서는 assignment of contract라고 하여 계약상의 지위 양도에 대해 규정하는 경우도 있다. 계약 전체를 이같이 '양도' 하는 경우에 계약의 양수인이 계약상의 권리뿐만 아니라 의무도 인수하는 것을 명확하게 하기 위해,

> This Agreement shall inure to the benefit of and shall be binding upon the parties and their permitted assignees and successors.

라는 문장을 넣어 둔다.

② 발효 조건에 관한 규정 및 유효기간에 관한 규정

계약 자체는 당사자 간 의사의 일치가 있으면 성립하지만, 때로는 발효에 대해 어떤 조건을 부가하는 경우가 있다. 크게 나누어 두 가지가 있는데 그 하나는 법률상 필요로 하는 허 · 인가의 취득을 발효 조건으로 하는 것이다. 때로는 계약 체결 자체에 허 · 인가가 필요한 경우가 있다. 이 경우 계약 시에 허 · 인가 완료 여부를 확인할 필요가 있다.

계약 체결은 자유이지만 계약 사항을 이행하기 위해서(강행 가능한 것으로) 허 · 인가가 필요한 때는 이 취득을 계약 효력 발생의 정지 조건으로 한다. 외환법상의 허가와 투자 허가, 수출입 허가 등 자국, 상대국 모두에게 있을 수 있으므로 조사해 구체적으로 명시해야 한다. 다만 조사가 되지 않은 경우(그러나 어쩐지 상대국에는 무언가 있는 것같이 생각되는 경우)에는 '만약 필요가 있으면 계약 체결 후 며칠 이내에 취득할 것' 으로 해 두는 것이 안전하다.

이렇게 해 두면 허가의 필요가 없으면 없는 대로 즉시 발효하며, 있으면 그것이 조건이 되어 부주의로 인한 문제가 발생하지 않는다. 다만 이같이 허가 취득을 계약의 효력 발생 조건으로 하면 어떤 사정으로 계약 이행에 흥미를 상실한 상대방이 '계약의 효력은 발생하지 않았으므로 허가 취득 신청을 할 의무도 없다.' 라는 이유가 되지 않는 이유를 내세워 취득을 게을리 하는 일도 있다[영국법에서는 이 같은 경우라도 상대방은 허가를 취득하는 합리적인 노력(reasonable efforts, due diligence)을 할 의무를 지게 되어 있다].

이 경우 계약 자체의 효력 발생을 허가 취득 조건으로 붙일 것이 아니라, 자신의 의무는 조건의 성취로서 발생한다고 하고 상대방에게 허가 취득 노력을 할 의무를 지게 하는 규정을 두는 것도 생각할 수 있다. 그렇게 하면 상대방이 허가의 취득을 일부러 게을리 했을 때 상대방의 의무 위반을 추궁할 수 있다. 물론 노력은 했지만 허가가 나오지 않은 경우의 결과까지 책임을 물을 수는 없다.

한편 제3자의 행위가 전혀 당사자의 작위와 관계없이 성취, 불성취가 결정되는 조건(예를 들면 법률이 개정되어 매매가 가능하게 되는 것을 조건으로 할 때)에 대해서는 이 같은 고려가 필요 없을 것이다.

또 하나의 경우는 법률상의 요구 사항은 아니지만, 자신의 의무 이행에 앞서 상대방에게 어떤 이행을 요구하는 것이 유리한 때이다. 예를 들면 매매계약에서 무엇보다도 우선 상대방이 down payment를 하는 것, L/C를 개설하는 것 등을 자신의 의무 이행에 착수하기 전에 요구하는 경우도 있을 것이다. 또한 융자계약에서 보증장 발행을 요구하는 때도 있다. 이 같은 경우 위와 동일하게 자신의 의무는 그 조건이 성취되면 발생한다는 구성이다.

어느 경우든 계약 후 며칠 이내에 이러한 조건이 성취되어야 할지 확실하게 하는 것이 중요하다. 또한 대개의 조건은 정지 조건이지 해제 조건이 되는 경우는 거의 없다.(다음에서 계약기간을 언급하는데, 예를 들면 특허권의 재실시 계약에서 '유효기간을 몇 년으로 한다면 원래의 실시 계약이 종료되면 거기서 자동적으로 계약은 실효된다.' 라는 해제 조건이 나타나는 경우가 있다. 이는 효력 발생 후의 유효기간의 문제이며 조건이라 할지라도 효력 발생에 관한 것은 아니다.) 정지 조건, 해제 조건은 각각 condition precedent, condition subsequent(악센트의 위치 차이에 주의할 것. 또한 복수형은 conditions precedent, conditions subsequent로 된다. 이 같은 복수형을 만드는 방법은 powers of attorney, accounts receivable 등에도 보인다.)라고 번역한다. 다만 반드시 우리나라 민법상의 의미와 꼭 동일하지 않으므로 어떤 효과가 있는지를 고려하여 작성하는 것이 가장 좋다.

계약의 효력이 발생하면 다음에 어느 정도의 기간이 유효한지를 정하는 일이 필요하다. 특수한 사항으로 이미 언급하고 있는 것이나 거래가 1회만으로 기간의 문제가 발생하지 않는 경우도 있다.

계속적 판매계약, 대리점 계약, 특허 등의 사용 허락 계약, 위탁판매 계약, 용역계약 등 동일한 틀 안에서 몇 가지의 거래가 반복되는 때에는 통상 이 규정이 기술된다.

기간 설정에 관해서는 몇 년간이라고 처음부터 결정해 두는 경우도 있고, 기본기간을 설정한 후 연장에 관한 규정을 두는 경우도 있다. 일단 안심할 수 있도록 계속되는 기간은 어느 정도인지, 만약 그동안에 특단의 문제가 없으면 어느 정도 어떻게 (자동적인지 합의기준인지) 연장하는 것이 적당한지를 고려해 결정한다. 이 경우도 ①의 양도의 설명에서 언급한 것처럼 기본 정신은 '계속' 에 있는지, '종료' 에 있는지에 따라 계약 전체의 해석에 미묘한 영향이 있으므로 의도하는 바를 직접적으로 규정할 필요가 있다. 또한 판매대리점 계약이나 특허권의 사용 허락 계약에서 최초 기간은 다소를 불문하고 상대방의 이행 능력을 보는 기간이 되므로, 물건에 따라서는 최저 판매량(minimum payment)의 규정 등을 합해서 규정하는 경우도 보인다.

계약에 따라서는 기간 만료인지, 해제 사유의 발생 때문인지를 불문하고 계약이 종료한 경우에 상대방에게 인도한 자료, 도면의 반환, 폐기 등을 의무화하는 것도 있다. 계약기간과 연장에 관한 일반적 문장 예에 대해서는 8장의 E항 (2)를 참조하면 된다.

③ 준거법에 관한 규정

계약서를 아무리 구체적으로 작성하더라도 계약에서 당사자의 권리, 의무의 전형적인 판단은 기준이 되는 법률이 어느 국가의 법이 되는지를 결정하지 않으면 최종적으로 결정할 수 없다. 이 법률을 준거법이라 하며 governing law라고 부르는 외에 applicable law, proper law 등이라고도 한다.

준거법의 선택은 실제상의 의의는 별도로 하고, 계약 교섭에서 흔히 시간이 걸린다. 당사자가 완전히 법률을 대체할 정도의 규정을 포함시킨다면 그다지 구애될 필요가 없을지 모르지만, 그러한 계약은 거의 있을 수 없으므로 쌍방 모두 자신이 숙지하고 있는 법률에 준거하고자 하는 것은 당연한 일일 것이다.

그러한 결정을 할 때 하나의 이론적 근거가 되는 것은 계약상 어느 쪽의 당사자가 더 많은 의무를 부담하는가이다. 이는 금액의 과다를 말하는 것이 아니라 어느 쪽이 자신의 의무로서 법률 해석이 곤란한 의무를 많이 지는가라는 의미이다. 이를 검토했을 때 압도적으로 차이가 있는 경우에는 의무가 많은 쪽이 자신이 숙지하고 있는 법률로 자신의 의무를 평가하고 검토할 권리를 가지게 할 것이라는 견해이다.

예컨대 매매계약의 경우에 매수인의 적극적인 의무는 대금 지급이다. 대금 지급에 관해서는 당사자의 규정도 명확할 것이고, 또한 지급 의무의 유무 정도의 문제라면 어느 나라의 법률에 준거한들 그다지 복잡한 문제는 없다. 그러나 매도인의 보증 의무, 이행 의무 등에 관해서는 상당히 복잡한 법률적 검토가 필요할 수 있다. 그래서 매도인 쪽에 유리한 방법을 사용하게 해야 한다는 것이다. 물론 반대의 논의로서 권리를 추심하는 매수인이야말로 그 권리의 내용을 숙지하고 있기 때문에 매수인이 자국의 법률로 검토할 수 있게 하는 것이 당연하다는 견해도 있다. 그러나 공평한 이익 형량을 하면 방어하는 측이 유리하도록 하는 것이 타당한지 문제이다.

이를테면 결정적인 척도가 없기 때문에 교착 상태가 된 경우에 양 당사자가 비교적 정통하고 있는 제3국법으로 하는 경우도 있다. 다만 이때 최종적으로 분생을 해결하는 법원이 당사자의 어느 쪽 국가의 법률 이외의 법률을 적법한 준거법으로 인정할지 여부를 사전에 검토할 필요가 있다.

실제 계약 교섭에서 준거법의 규정을 흥정의 방편으로 하는 경우도 있지만 적극적으로는 권장할 수 없다. 흥정의 방편으로 한다는 것은 다른 조건과 상계시키는 재료로 하는 것이다. 가격을 높게 하는 대신에 인수 의무를 완화시키는 등의 상업적인 조건을 흥정의 대상으로 하는 것은 상관없다. 하지만 준거법은 그 자체로 다른 것과 달리 중요한 의미를 가지는 규정이므로, 충분히 검토하여 그 자체에 관한 독립된 결론을 내린 후 전술적으로 흥정의 재료로 하지 않는 한 교환 조건의 대상으로 해야 할 것은 아니다.

준거법의 결정에 있어서 재판이나 중재를 할 때 피고의 국가 법률을 준거법으로 한다는 규정이 있지만 이는 바람직하지 않다. 왜냐하면 이 같은 규정하에서는 실제로 재판이나 중재를 제기하기까지 준거법이 결정되지 않는다. 따라서 쌍방 모두 소송을 제기하기 전에는 어느 법을 근거로 논의해야 할지를 모르는 일이 발생할 수 있기 때문이다.

또한 극단적인 경우에는 상대방이 소송을 제기해 주면 자국법이 준거법이 되어 승소할 가능성이 크지만, 상대방을 적극적으로 제소하면 상대국법이 준거법이 되어 그 법체계상은 분명히 승산이 적다. 따라서 청구하고자 하는 마음은 절실하지만 승소하기 위해서는 제소를 당해야 한다는, 전혀 희망하지 않는 결과가 될 수 있다. 준거법을 규정하는 취지는 자신의 권리, 의무의 내용, 효력을 언제라도 검토할 수 있는 기준을 정해 두는 데 있는 것을 잊어서는 안 된다.

④ 완전한 합의(entire agreement) 조항

계약에 이르기까지는 많은 사전 준비, 예비 교섭, 편지의 상호 교환이 이루어지지만 이 같은 것은 계약과 동시에 모두 무시하는 것이 바람직하다. 그 의미에서 이 조항을 두는 것이 좋을 것이다. 일반적으로 이 조항이 규정된 이유와 구두 증거 원칙(parol evidence rule)과의 관계는 전문서적을 참조하기를 권장한다. 요컨대 이 조항은 재판상의 문제가 발생했을 때, "사실은 계약 체결 과정에서 계약 서면에 위반하는 내용의 구두 합의가 있었다."라는 것을 상대방이 주장하지 못하도록 삽입하는 것이다. 반대로 계약서 외의 보조적 서면을 계약 사항으로 하는 경우에는 이 조항으로 배제되지 않도록 적극적으로 첨부하거나 인용을 만들거나 하여 보존해 두어야 한다.

이 같은 관계에서 한 가지 언급해 두어야 할 것은 소위 side letter이다. 이것은 본 계약에 포함시킬 시간이 없었거나 그다지 중요하지 않다고 생각할 때, 계약과는 별도로 작성하는 서면이다. 이 서면의 효과에 대한 논의는 거론하지 않겠지만, 실제로 entire agreement 조항을 삽입한 경우에 이 같은 서류는 부정하게 된다. 그래서 실무적인 배려로서 side letter는 본계약 체결 후로 하도록 하는 것이다. 그렇게 하면 계약 체결 전의 서면으로서 부정되는 것을 피할 수 있다.

⑤ 통지에 관한 규정, 사용 언어에 관한 규정

대개의 계약은 거기에 기재된 권리를 행사하는 것을 조건으로 하여 통지를 필요로 하거나 통지를 근거로 어떤 결과(예를 들면 해제)를 파생시킬 수 있다는 조항을 규정하는 것이다. 그래서 통지에 관한 규정을 필요로 하게 된다. 통지의 전달이 발신주의인지 도달주의인지, 통지의 방법은 편지, 텔렉스, 팩스, 이메일을 포함하는지 등도 분명하게 해 두어야 한다. 통상의 계약에서는 복수의 통지 방법을 규정하고 있다. 방법이 하나뿐일 때 그 방법으로는 발송할 수 없는 경우 또는 발송해도 분명히 통상의 기간 내에 도착할 수 없는 경우가 있기 때문이다. 또한 텔렉스, 팩스, 이메일만을 규정할 경우 통지가 발송되면 곤란함을 느끼는 당사자가 기계의 스위치를 끊어 버릴 우려도 있다.

그래서 우편이나 courier의 경우에는 그보다도 빨리 상대방에게 도착하는 방법도 함께 규정한다. 또한 텔렉스, 팩스, 이메일 등의 경우에 동시에 우편으로 확인한다고 해 두는 것이 좋다. 이들 방법은 정확하게 도착했는지 명확하지 않은 경우가 있다거나 재판상의 문제가 발생한 경우에 구체적인 증거로 할 수 있기 때문이다.

상업계약에서는 종종 어떤 특정 개인에게 통지를 하면 되는지를 합의해 두어야 한다. 이는 조직이 큰 회사의 경우, 상대방 회사에 도착해도 회사 내를 돌고만 있으면 법적인 의미는 있다고 하더라도 실질적인 의미를 갖지 못할 우려가 있기 때문이다. 개인명의 고유명사를 명기할 때도 있지만 교체하는 경우도 있으므로 직책으로 하는 것이 안전할 것이다.

여기서 당사자의 등기상 주소와 다른, 통지를 목적으로 한 주소(사서함을 포함한다)를 쓰는 것은 지장이 없다. 다만 계약서 전체에 걸쳐 등기상의 주소만을 쓰는 것은 문제가 없지만 통지상의 주소만을 쓰는 결과가 되어서는 안 된다. 환언하면 통지의 주소는 어디를 정해도 되지만 그것과는 별도로 어딘가에 등기상의 주소가 기재되어 있어야 한다. 왜냐하면 등기상의 주소는 소장의 송달을 위해 절대적으로 필요하기 때문이다. 다만 소장 송달의 목적만을 위해 별도로 주소를 합의하거나 송달 수취인(process agent)을 지정하는 경우에는 별개이다. 어쨌든 통지에 관한 조항을 만들어 계약상의 통지는 모두 그 주소로 보내도록 하려고 하는 경우에는 서로가 이를 지켜야 한다. 계약상 교환되는 통지상의 사용 언어도 결정해 두는 것이 유익하다.

그런데 이들 규정이 모두 없다고 하더라도 계약 자체의 존재까지가 위협을 받는 성질의 것은 아니다. 예를 들면 국제사법 법리를 이용하여 준거법을 결정하면 계약의 양도 여부나 효과도 어느 정도 알 수 있을 것이며, 통지가 발신주의인지

도달주의인지도 정해진다. 이 밖에도 이 같은 법률 규정에 비추어 결정할 수 있는 일반 조건은 많다.

그러나 준거법 결정 하나를 놓고 보아도 실제로 그렇게 명쾌하게 되어 있지 않은 경우가 많다. 예를 들면 행위지법이라고 해도 원래 행위란 무엇인지, 전화로 교섭이 전개된 후 단계적으로 내용이 합의되었다면 어떻게 되는 것인지, 당사자 일방의 나라에 구두계약의 강행성을 부정하는 사기법과 같은 법률이 있다면 어떻게 되는 것인지 등의 문제가 있을 수 있다. 또한 서명지법이라 해도 서명지가 당사자 쌍방과 아무런 관계도 없는 제3국인 경우에 그 합의는 실제로 서명지 국법에 준거할 것인지 등 여러 의문이 있을 수 있다.

그래서 이 같은 해석의 차이를 피하기 위해 규정하는 것이 일반 조항이다. 그러므로 서두에서 윤활유로서의 역할을 하고 있는 것이라고 한 것이다. 가령 법률에 규정이 있는 것이라도 당사자 간에 특별히 명확히 해 두는 것이 좋다고 생각하는 것은 중복해서라도 규정해야 할 것이며, 상세하게 기술하는 것이 더욱더 좋을 것이다. 이와 같은 뜻에서 아래에 설명하는 비상사태에 대처하기 위한 조항도 마찬가지로 윤활유로서의 기능을 병행하는 것이라고 할 수 있다. 아래에서는 통상 예상할 수 있는 비상사태에 대처하기 위한 조항에 관해 설명하기로 한다.

⑥ 불가항력에 관한 규정

소위 불가항력 조항(구체적인 작문 방법과 불가항력 사유의 대표적인 것에 관해서는 7장의 C항 (3) force majeure와 D항 (29) without limiting the generality of the foregoing 항목 참조)은 계약 조건의 이행에서 천재지변, 전쟁, 법령의 규정, 노사분쟁 및 일정한 인재 등으로 일시적 또는 영구적으로 불가능하게 된 때를 대비한 규정이다. 불가항력이 무엇인지, 불가항력이 발생한 경우, 원래 어떤 효과가 법률상 발생할지는 준거법에 따라 대단히 상이하다.

그래서 준거법의 복잡한 해석에 구애받지 않도록 당사자 간에 대비를 하고자 하는 것이 이 규정의 취지이다. 제일 간단한 규정으로는 불가항력이 발생한 때에 영향을 받은 당사자는 이행 지체, 불이행에 대해 책임을 추궁당하지 않는다는 규정이다. 주의 깊은 규정은 불가항력을 원용하기 위해 어떤 것을 해야 할지이다. 예를 들면 상대방에게 통지를 한다거나, 당연히 통지해야 할 기관으로부터 증명을 받아 온다거나 하는 등의 절차를 규정하는 경우가 있다.

또한 불가항력이라 해도 일정 기간 계속되지 않으면 면책되지 않는 경우도 있다. 불가항력이 연속하여 일정 기간을 초과한 경우에 계약의 해제 여부에 관해 규정하는 경우도 있다. 각각의 경우 손실과 위험을 누가 부담할지, 이행이 완료되지 않은 계약이 해제되면 이미 이행한 부분에 대한 위험이나 비용은 누가 부담할지, 증가비용은 누가 부담할지 등을 규정해 두면 이 조항으로 충분히 그 역할을 할 수 있을 것이다.

거래의 종류에 따라 어느 정도까지 규정하면 되는지를 검토할 필요가 있다. 그 목적은 최악의 사태에 대비해 자신의 권리를 어떻게 보호할 수 있는지에 있다. 상당히 상세하게 규정한 것의 구체적인 예로는 국제컨설팅엔지니어연합(FIDIC)의 CONDITIONS OF CONTRACT (International) FOR ELECTRICAL AND MECHANICAL WORKS (Including erection on site) (풀턴키건설도급 계약)의 불가항력 조항(이 가운데에는 Excepted Risks와 Special Risks 조항이 이것에 상당한다)을 들 수 있다.

불가항력으로 인해 손실이나 비용이 소요된 때에 누가 부담할지는 계약의 종류나 합의의 내용에 따르지만, 영어의 격언인 "Loss falls where it lies"라는 표현이 의외로 간난하게 그 해결책을 세시하고 있나.

예를 들면 매매계약에 있어서 매도인의 의무 이행, 그중에서도 상품의 인도 의무 이행이 불가항력에 의해 불가능하게 된 경우를 생각해 보자. 특정물이 멸실된 경우에 매도인은 그 인도 의무를 면하게 된다. 위험 부담이 매도인에게 있는 한 매수인은 대금 지급 의무를 면하게 된다. 반대로 인도 이전에 매수인이 위험을 부담하는 것이 되면 매수인은 대금 지급 의무를 지게 된다. 반대로 불특정물이라면 인도의 목적으로 예정되어 있던 상품이 멸실, 훼손되어도 다른 곳에서 조달할 수 있는 한 매도인은 면책되지 않는다. 매도인은 자신의 비용으로 재조달하여 인도를 해야 한다. 불가항력의 결과로 상품 조달은 가능하지만 인도할 수 없을 때, 예를 들면 수출 금지 조치 등의 경우에 매도인은 계약 이행으로부터 면책되지만 매수인에게 매매대금을 청구할 수 없다. 이것은 가령 사유가 발생하기 이전에 위험 부담이 매수인에게 이전되어 있어도 마찬가지이다.

수출 금지가 무기한 지속된다면 계약 자체가 소멸되는 경우도 충분히 있을 수 있다. 실무적으로는 이에 대비해 불가항력이 일정 기간 이상 지속된다면 그 계약을 해제할 수 있다고 규정하는 경우도 있다.

한편 단지 인도가 지연된 경우에 그 훼손에 관해서는 위험을 부담하는 자가 손실을 부담하지만, 상품 보관 등에 의해 든 추가적 비용은 위험 부담자가 부담하는 것이 아니라 현실적으로 상품을 지배하고 있던 자, 즉 매도인이 부담해야 할 것이다.

물건 매매를 수반하지 않는 용역계약이나 특허권의 사용 허락 계약에서는 현실적으로 장래에 쌍방이 고통을 분담한다. 도급계약(전형적으로는 풀턴키 계약)에서 도중에 공사 물건 등이 멸실되거나 훼손된 경우에 그 결과는 매매와 마찬가지로 위험이 시공주에게 이전하지 않는 한 도급인은 대품(代品)을 공급하여 증가비용을 부담한 후 완성시켜 인도할 의무를 지게 된다. 다만 이에 대해서는 각국 법제상이나 일반적으로 사용되는 유명한 약관상에 큰 차이가 있으므로 사전조사가 필요하다.

또 계약 교섭에 있어서는 보험 문제도 함께 검토해야 한다. 해상운송에서 비용만 적절하다면 대부분의 모든 위험을 부보할 수 있지만, 육상보험에는 운송보험, 건설보험 모두에 부보 불능한 사유(전쟁, 내란 등)가 있다. 따라서 후자의 경우에 위험의 부담 여부를 결정하는 데 있어서 사고의 발생 가능성을 예측하여 위험의 질, 양을 평가할 필요가 있다. 예를 들어 도급인의 입장에서 교섭하는 경우에 부보 불능한 사유의 발생이 없다고 평가한다면, 오히려 적극적으로 위험을 인수해서라도 계약을 체결하는 것이 위험의 평가를 게을리하여 계약 자체를 잃게 되는 것보다 이익일 수 있을 것이다. 이때 부보 가능한 부분은 비용에 포함시켜 두어야 하는 것은 물론이다.

한마디 부언한다면, 불가항력 조항이 반드시 모든 계약에 포함되어 있어야 한다. 예컨대 금전소비대차계약 등 오로지 금전 지급을 목적으로 한 계약의 채권자 측일 때는 함부로 불가항력 조항을 삽입하지 않는 것이 좋다. 다만 채무자 측이라면 외환법상의 통화 규제 등도 예상되므로 삽입해 두는 것이 좋을 것이다. 당사자의 입장과 구체적인 상황에 따라 판단할 필요가 있는 것은 물론이다.

그런데 영국법에는 불가항력(이것을 force majeure라고 하지만 원래 이 용어는 프랑스어이다)이라는 개념 자체가 존재하지 않으므로 단지,

This contract is subject to force majeure.
Usual force majeure clause shall apply.

라는 규정으로는 불가항력 면책의 효과는 기대할 수 없다. 이로 인해 force majeure에 상당하는 여러 사항을 예시 · 열거하여 그 후에 예시된 종류의 것에 한정된다는 것을 방지하기 위해,

other events outside the seller's control
or any other causes beyond seller's control

라는 문장을 첨가해 두는 경우가 있다. 그 밖에 예를 든 후에,

other events whether or not similar to the foregoing

라고 하거나 일반적인 기술을 한 후에,

without prejudice to the generality of the foregoing

라고 하여 예를 드는 방법도 있다.

불가항력 조항의 목적은 불가항력의 영향으로부터 면책을 받는 것이지만, 이를 위해서 물리적 또는 법적으로 이행 불가능하게 될 필요가 있다고 해석하는 것을 방지하기 위해 훌륭하게 고안된 force majeure 조항에는 단지 이행이 방지된 때뿐만 아니라,

performance is prevented or made impossible, delayed, hindered or uneconomic …

등으로 하고 있다. 마지막의 made uneconomic는 Hardship Clause라고 해도 좋을 것이다.

⑦ 해제 사유에 관한 조항

향후 전향적으로 거래하려고 할 때 상대방이 계약 위반을 하거나 파산했을 때를 대비한 상세한 규정을 만드는 데에 저항도 있을 수 있다. 하지만 계약서란 무언가가 발생했을 때에 합의로 해결되지 않을 것을 예상하여 작성한다는 점에서(이를 영어로 Doomsday scenario라고 한다. '심판의 날의 시나리오'라고도 번역할 수 있지만 한편으로 divorce document라고 야유를 받고 있다.), 심사숙고하여 처방전을 작성해 두어야 한다. 해제 사유(소위 events of default)를 무엇으로 할지는 서식집 등을 참조하면 될 것이다. 그런데 기본적으로 상대방이 계약을 이행하지 않거나, 지급 불능 절차나 파산신청과 같이 계약을 이행할 수 없는 상태가 됐을 때가 이에 해당된다(다만 회사갱생이나 파산신청이 해제 사유가 될 수 있는지 여부는 그 나라의 법률에 따른다). 이 같은 사유가 발생했을 때 어떻게 대처할지에 대해 몇 가지 사항을 이해해 두어야 한다.

첫째, 경미한 위반 모두를 해제 사유로 하는 것은 반드시 바람직하다고 할 수 없다. 그 이유는 두 가지가 있다. 하나는 위반이 계약의 근본을 동요시키는 것이 아닌 한 그 후에 계속되는 거래나 금전으로 해결하는 쪽이 바람직한 경우이다. 또 하나는 계약 위반을 하는 자는 상대방뿐만이 아니다. 계약서는 자신에게 유리하게 작성하는 것이 중요하다. 하지만 자신만이 해제할 권리를 가진다는 이상적인 계약이 가능하다면 모르겠지만, 보통 이 조항은 쌍방에게 해제권을 부여하는 형태로 작성된다. 그렇다면 상대방도 같은 무기를 가지는 것이 바람직하기 때문이다.

실무에서 계약 위반을 누가 했는지는 간단하게 말할 수 있는 것은 아니다. 매도인이 선적을 지연시켰기 때문에 매수인이 대금 지급을 지연시킨다거나, 매수인이 지급을 유보했기 때문에 매도인이 다음 선적을 하지 않거나 하는 등, "자신이 나쁜 것이 아니라 상대방이 나쁘기 때문이다."라는 비난의 응수가 클레임의 대부분을 차지한다.

따라서 어떤 위반이라도 해제할 수 있다고 한다면 그 이유가 의문스러워진다. 경미한 위반의 경우에는 운용상에 신축성을 가지게 하기 위해서 해제 사유인 계약 위반을 중대한 위반(substantial breach 또는 material breach)으로 한정할 수 있다. 물론 경미한 위반을 내세워 추궁하지 않았다고 하여 그 이후에 같은 위반을 했을 때 추궁할 권리를 상실시킨다는 것은 바람직하지 않으므로 일반 조항에 권리 포기에 관한 조항(waiver clause)을 삽입해 두는 것이 당연하다.

다만 금전소비대차계약이나 보증계약에서 자신이 채권자인 경우에는 '중대한' 이라는 수식(修飾)을 붙이지 않고, 단지 breach로 하여 모든 경우에 해제할 수 있도록 해 두는 것이 안전할 것이다. 왜냐하면 이 같은 계약에서 일단 어떤 금액일지라도 기일 내 지급하지 않았다면 지급 능력이 그 이후에 회복되리라 기대한다는 것은 무리라고 보는 것이 현실적이다.

둘째, 위반한 경우에 구제(remedy, cure)의 기회를 부여할 수 있을지의 여부이다. 위반을 해도, 예를 들면 30일 이내에(이 치유를 위한 기간을 remedial period, cure period라고 한다) 이행을 보완하면 된다. 단지 금전 지급만이 위반 대상이 아닌 때 등은 며칠을 기다린다고 해도 지급 능력이 회복되지 않는다는 것은 위에서 설명한 바와 같다. 그런데 선적이 지연되어도 다음 선박에 선적하면 충분할 때도 있으며, 또 건설계약이나 용역계약의 경우에는 돌관공사로 보완할 수도 있을 것이다. 계약은 해제가 목적이 아니라 이행이 본래의 목적인 이상, 구제기간의 설정이 전향적인 효과를 가진다고 할 때는 규정하는 것이 타당하다.

이 조항을 기술할 때 "30일 이내에 위반이 치유되지 않는다면 기간 만료로 해제의 효과가 발생한다."라고 하여 첫회(初回)의 최고 통지로서 정지 조건부의 해제로 하는 것과 마찬가지로 최고를 하지만 "30일 이내에 위반이 치유되지 않는 경우에는 통지로써 즉시 해제할 수 있다."는 것을 규정하고, 30일의 기간이 만료되어도 경우에 따라서는 해제권을 행사하지 않을 가능성을 남겨 두는 경우가 있다. 이 경우에는 30일이 경과해도 희망이 없으면 통지를 하여 즉각 해제하면 된다.

셋째, 기한의 이익을 상실시킬지(accelerate한다)의 여부이다. 반드시 모든 형태의 계약에는 적합하지 않지만 금전소비 대차계약, 계속 지급에 따른 매매계약, 몇몇의 개별 계약이 동시에 존재하는 거래의 기본계약 등에서는 1회의 지급이 지연된 때에 금전채무가 일제히 due and payable이 되도록 권리를 유보해 두는 것은 채권 보전의 면에서 중요하다.

모든 채무는 자동적으로 accelerate되거나 acceleration을 declare할 권리를 가지지만, 그 행사를 함에 있어서 채권자 측의 재량에 의할지 여부는 판단 문제이다. 지급 의무는 1회 불이행을 한 상대방이 또 다음의 기일부터 정확하게 지급을 한다는 것은 앞에서 설명한 것처럼 실제로 희망이 희박하므로 자동적으로 하는 것이 간단하다. 자동적으로 했다고 해도 특별한 사정이 있는 경우에는 그 조항의 적용을 그 회(回)에 한정하여 변경할 수도 있기 때문에 불리한 점은 없다. 해제 조항의 구체적인 기술법에 관해서는 13장의 A항을 참조한다.

해제를 할 때 상대방에게 건네진 자료, 도면 등의 취급에 관한 규정에 대해서는 ②에서 설명하였다.

⑧ 중재 및 재판 관할에 관한 규정

이미 설명한 바와 같이 분쟁의 최종적인 해결은 재판에 맡기는 것이다. 그러나 경우에 따라서는 재판에 의한 해결보다 중재에 의한 해결을 희망하는 경우도 있다(조정을 규정하는 경우도 있지만 대단히 드문 일이기 때문에 여기서는 생략한다). 그 이유는 여러 가지가 있을 수 있지만 중재 판단은 승인, 집행이 용이함과 동시에 재판에 소를 제기한다는 것을 심정적으로 피하고자 하는 한국인 특유의 심리를 들 수 있다. 또 2심과 3심의 재판을 통해 해결에 이르기까지의 장기간에 대한 걱정, 때로는 계약상 문외한인 판사보다 전문기관인 중재인의 판단 쪽이 정확하며 신뢰할 수 있다는 사실, 비용에 대한 고려, 절차의 간편함, 비공개성, 그리고 때로는 상대방의 요청 등 때문이다.

중재에 어떤 장점, 단점이 있는지에 관해 설명하는 전문서적이 많이 있으므로 별도로 언급하지 않지만, 여기서는 중재 조항을 만드는 데 있어서 일반적으로 고려해야 할 사항을 설명해 둔다.

분쟁이 발생한 경우 중재에 회부하여 해결한다는 일반적 문언(중재 합의)을 삽입한 후에 중재기관을 지정할 필요가 있다. 그 지정은 정식 명칭을 가지고 있어야 한다. 단지 서울에서의 중재 등으로 기술할 것이 아니라 어떤 중재기관의 중재 규칙에 따라 행할지를 명기해야 한다. 보통 중재의 제기 시에 적용되는 중재 규칙을 유효한 것으로 한다.

중재 장소를 지정한다. 이 경우 특정한 도시 하나만 지정하는 경우도 있으며 피고지(被告地)로 하는 경우도 있다. 하지만 이때도 단지 제소되는 자의 국가로 하는 것 외에도 도시를 명확하게 지정해야 한다. 신청인의 주소지로 하는 일은 거의 없다. 가능한 한 상대방에게 중재를 제기하지 않게 하려는 배려의 결과에 불과하다. 단지 국가명만을 제시했다고 하여 중재지 선정에서 논쟁해서는 의미가 없기 때문에 주의할 필요가 있다. 더욱이 이 경우 선택한 중재기관이 그 도시에 존재하는 것이지, 그 중재기관 자체가 사무소를 두고 있지 않은 도시를 중재지로 선정하더라도 중재인의 파견, 출상 등으로 중재를 해 주는 제도가 있는지에 대해서도 사전에 조사할 필요가 있다.

실무상의 문제로 원격지의 중재나 출장 법정은 비용의 문제도 관련되므로 상당한 이유가 없는 한 피하는 것이 좋을지 모른다. 다만 구식민지국과 계약하는 경우에 그 국가의 법제도가 여전히 구종주국의 제도를 답습하고 있는 경우에는 지리적인 조건에도 불구하고 구종주국 내지는 동 제도를 가진 다른 국가로 하는 경우도 있다. 분쟁 대상이 되는 사항에 관해 특별한 지식과 전례(前例)가 있는 중재기관이 있으면 이를 선택하는 것이 좋다. 상품 거래의 계약, 해사, 보험 등이 이에 해당된다.

중재인 숫자의 지정에도 의미가 있다. 중재 규칙에 따라서는 중재인의 숫자에 관한 합의가 없는 경우 중재기관이 결정하지만 사전에 합의하는 것이 바람직하다. 이때 중재인의 국적에 따라 판단이 편중되지 않도록 국적도 지정해 두면 완벽하다. 예를 들면 자국인의 중재인을 각각 한 명씩 지정하고 그 두 명이 제3국 사람을 지정하는 것이다. 또는 세 명 모두 이해관계가 없는 제3국 사람으로 하는 것도 생각해 본다.

중재 절차의 사용 언어도 정하는 것이 좋다. 특히 상대방이 영어 이외의 언어를 모국어로 하는 경우에는 미리 정하는 쪽이 좋다. 그렇지 않으면 어떤 국가의 언어로 중재할지에 대한 논의를 하는 데 시간을 낭비해야 한다. 또한 계약서가 영어로 작성되어 있는데도 프랑스어로 중재를 한다면 추가적인 번역비용이 소요되므로 이 점도 고려할 필요가 있다. 실제로 자국어로 하는 것에 상대방이 동의하지 않는 한 영어로 이루어질 것이다.

중재 판단은 최종적이며 당사자를 구속한다는 취지도 부가해 둔다. 모처럼 중재를 하더라도 법률 판단의 착오를 이유로 법원에 다시 문제를 제기하거나 중재 규칙 내에서 상소를 한다면 무엇을 위해 중재를 선택했는지를 이해할 수 없게 된다. 다만 중재 절차 자체에 하자가 있으면 재고의 원인이 되거나 중재 판단의 승인, 집행의 단계에서 문제가 된다.

그런데 중재의 채택 여부를 검토할 때 첫째로 중요한 것은 상대국에서 중재는 별도로 하더라도 상대국 이외의 지역에서 이루어진 중재 판단이 상대국에서 집행할 수 있을지의 여부이다. 애써 훌륭한 판단이 나와도 최종적으로 강제집행을 통해 상대방에게 강요할 수 없다면 아무런 실무상 의미가 없다. 만약 상대국이 외국에서의 중재 판단을 승인, 집행하지 않는다면 실제로 중재 판단이 회수(回收)된다는 보장도 없어지게 되어 중재 자체가 소용없게 된다. 중재 자체가 소용없게 될 뿐만 아니라 중재 조항을 삽입한 경우에 당사자는 그 조항에 구속을 받게 된다. 따라서 집행을 할 수 없다는 것을 알고 있으면서도 직접적으로 재판에 제소하기 전에 일단 중재를 해야 하는 사태가 되어 두 배의 비용을 소요하는 결과가 된다.

즉 원고지국 내지 제3국에서의 중재를 결정한 계약 위반에 대해 한쪽 당사자가 손해배상 청구를 했다고 하자. 그러나 상대국은 외국에서의 중재 판단을 인정하지 않는다는 것을 알게 되었다. 이 경우 자국 내지 외국에서 중재를 개시한다면 가령 이겨도 공수표(空手票)밖에 되지 않는 판단을 하기에 불과하여 상대국의 법원에 직접 제소했다고 하자. 상대방은 재판을 기각시키기 위해 당사자 간의 중재 합의에 따라 분쟁은 중재에 회부한다는 취지를 항변으로 제공한다. 법원이 이 항변을 인정하게 되면 결국 재판은 기각되어 소용없다는 것을 알고 있어도 형식적으로 중재 절차에 다시 제소해야 하는 사항이 발생하게 된다. 그러나 이 문제는 뉴욕 협약으로 인해 대개의 국가에서 장애가 되지 않는다.

중재 절차 규정의 장점이 아닌 또 하나의 경우는 예상되는 분쟁의 성질이 그다지 법률적인 것이 아니라 사실 인정의 문제에 가까운 경우이다. 예컨대 단순한 융자계약이나 보증계약의 경우 대부분 분쟁은 변제 의무, 보증 의무의 유무와 관련한 법률 논의라기보다 지급해야 할 것을 지급하지 않는다는 사실 문제에 불과한 경우가 많다. 이 같은 경우에 중재를 하여 얼마의 지급 의무가 있다는 중재 판단을 획득하는 것은 재판에서 동 취지의 판결을 얻는 것과 비교하여 아무런 장점도 없다. 오히려 집행이 확실한 확정 판결을 얻는 것이 훨씬 유익하다. 따라서 이 같은 유형에 속하는 계약은 중재 조항을 삽입하여서는 안 된다.

중재 조항을 넣지 않는 경우 대응은 크게 나누어 두 가지이다. 아무것도 쓰지 않는 것과, 또 하나 분쟁은 재판에 의해 해결한다고 명기하는 것이다. 아무것도 쓰지 않는 경우에는 상대방에게 관할권을 가진 법원에 소를 제기하게 하는 것으로 해결한다.

재판으로 해결한다는 것을 명기할 경우는 합의 관할을 기술하는 경우와 기술하지 않는 경우가 있다. 기술할 때는 그 법원이 유일한 합의 관할 법원인지(전속적 관할 합의, exclusive jurisdiction), 그 밖에 적법한 관할권을 가진 법원에 제기하는 것도 함께 허용하는 것인지(부가적 관할 합의, non-exclusive jurisdiction)를 검토해야 한다. Both parties agree to submit to the exclusive jurisdiction of Seoul District Court로 하면 전속적 합의 관할이 되지만, exclusive jurisdiction 대신에 non-exclusive jurisdiction으로 하면 다른 법원에 소송을 제기하는 자유도 유보된다.

non-exclusive로 하는 이점은 관할권만 존재한다면 상대방을 공격하는 데 가장 편리한 법원에 자유롭게 재판을 제기할 수 있게 된다는 것이다. 예를 들면 상대방이 B국가에 있고 상대방의 자산도 B국가에 있는 경우, 부가적 합의 관할은 A국가에 있다고 하자. 이 경우 A국가에서 판결을 획득하여 B국가에서 집행해도 되지만, B국가에서 재판을 제기함과 동시에 B국가의 자산에 대해 가압류 등을 해 두고, 승소하면 즉시 강제집행을 하는 쪽이 훨씬 신속하고 확실히 회수할 수 있다.

exclusive와 non-exclusive 중에서 어느 쪽이 좋은지는 법원 소재지나 입장에 따라, 또한 계약의 성질에 따라 크게 다르므로 신중하게 검토해야 한다. 예를 들면 A국가에 자산을 가지고 있는 A국가의 회사인 M사와 B국가에 자산을 가지고 있는 B국가의 회사인 N사가 계약할 때, 관할에 대해 어떤 검토가 이루어질지를 생각해 보자.

우선 A국가의 법원을 exclusive한 관할 법원으로 한 경우 M사 자신이 원고가 된 때는 N사 자체에 대한 관할권의 문제는 없지만, 소송은 A국가에서만 제기할 수 있으므로 B국가에 있어서 N사의 자산에 대해 A국가의 판결을 근거로 집행할 위험을 부담하게 된다. N사로부터 제소되는 경우에는 N사에게 타국(A국)에서 소송을 제기하는 불편함을 강요할 수 있다. 다만 N사가 제소하는 것을 바라지 않는 경우 N사로서 집행상의 문제는 없다.

반대로 A국가의 법원을 non-exclusive한 관할 법원으로 할 경우 M사는 자국

(A국)에서 제소해도 N사에 대해 관할 문제를 초래하지 않을 뿐만 아니라, 비용과 번거로움을 아끼지 않는다면 B국가에서 제소하여 B국가에서 안전하게 집행하는 자유도 가지게 된다. 물론 A국가의 판결에 대해 B국가에서의 집행 가능성의 위험은 여전히 존재한다. B국가에서 N사로부터 제소되는 경우는 B국가가 M사에 대해 관할권을 가지지 않는 한 N사에 non-exclusive로 한 이익은 특별히 발생하지 않는다. A국가에서 제소하는 것에 걱정이 된다면 N사는 위와 같은 집행의 문제를 마음에 둘 필요가 없다.

이를 정리하면 A국가의 법원을 관할 법원으로 하면 M사로서는 non-exclusive로 합의할 것을 선택할 것이며, N사로서는 non-exclusive로 함에 따라 A국가에서의 집행 문제를 내포하고 있으면서도 B국가에서 M사를 제소할 수 있는 이익을 향유하기보다 exclusive를 선택하여 M사에게 B국가에서의 외국 판결 집행 위험을 지는 것을 생각할 것이다. 당연하게 N사에서 보면 A국가에서 관할권의 걱정 없이 M사로부터 제소를 받을 위험이 있다.

다음으로 A국가의 M사는 A국가에 자산을 가지고 있지만 B국가의 N사는 X국가에만 집행 가능한 자산을 가지고 있다고 하자.

이 경우는 X국가가 A국가와 B국가의 판결 집행에 같은 태도를 취하는 한 M사는 A국가의 법원에 대해 exclusive라고 합의하거나 non-exclusive라고 합의하더라도 변함이 없다. 실무적으로 어느 경우이든 A국가에서 재판을 하고 X국가에서 집행하는 것이 되기 때문이다. 이 경우 X국가에서 집행 위험이 항상 남는다. 한편 M사가 피고로 되는 경우는 위에서 검토한 바와 같이 어쨌든 N사는 A국가에 가야만 하는 것 외에는 선택이 없으므로 이 또한 exclusive이거나 non-exclusive라도 그다지 차이가 없다.

B국가의 법원을 대상으로 하여 검토해 보자. 일단 M사가 원고가 되는 경우는 A국가에서 N사를 제소할 수 없는 한 N사에 대해 인적관할권을 가진 B국가의 법원으로 가야 하므로 exclusive이거나 non-exclusive라도 관계가 없다. 더구나 X국가에서의 집행 위험을 지는 것도 바로 앞의 예와 같다. 그러나 제소받는 단계가 되면 사정은 달라진다. B국가의 법원을 exclusive로 해 두면 N사는 판결을 채택하기 쉽지만 A국가에 있는 M사의 자산에 대한 집행 위험을 부담하게 된다. 그런데 non-exclusive로 하면 N사에는 A국가에서 재판을 하여 용이하게 집행할 수

있다는 이점도 있다. 따라서 B국가의 법원에 관할권을 부여한다면 M사가 피고인 경우에는 exclusive 쪽이 유리하게 된다. 당연히 타국에서 방어 활동을 해야 한다는 곤란을 고려한다면 각각의 결론도 약간 다르게 된다.

이같이 재판 관할을 명기할지 여부는 재판을 외국에서 제기하거나 제기받을 경우의 기술적 · 경제적 문제점, 상대방의 자산 소재지와 집행 가능성, 상대방이 재판을 제기해 오는 경우에 상대방에게 어떤 이점이 있는지 등을 종합적으로 판단해 결정해야 한다. 위의 예에서 A국가의 법원은 N사에 대해, 또 B국가의 법원은 M사에 대해, 관할권을 가지지 않는다는 전제에서 생각하였지만, 실제로는 여러 법률이 있을 수 있으며 무엇보다 거래의 내용에 따라서도 관할권 유무가 달라진다. 이를 검토한 결과 무위로 하는 결론으로 하는 일도 실제로 존재한다. 이 경우 분쟁 해결 수단으로서 재판 자체에 대해 규정하지 않는 경우와 마찬가지로 당사자에 대해 관할권을 가진 국가 법원에서 재판이 이루어지게 된다.

이 밖에 재판에 관해서는 소장의 송달 문제, 결석 재판의 효과, 이중 소송의 문제 등 많은 문제가 있지만, 이는 계약서 작성에 대한 의문점이라기보다 실제로 소송이 제기된 때의 소송 대책 문제이므로 이에 대해서는 다른 전문서적을 참조하기 바란다.

이 때문에 일반 조항 중에서 비상사태를 예상한 규정이 완성되었다. 실제 계약서 중에 이 밖에 계약 변경의 방법, 손해배상 의무는 예측 가능성이 없는 손해에 대한 것(consequential, special, indirect, remote, damages)을 포함하지 않는 취지의 규정, 계약의 이행은 선의(good faith)를 가지고 해야 한다는 취지의 규정, 분쟁은 먼저 서로 성의를 가지고 해결해야 한다는 것을 제시한 규정, 일부 조항이 법률상 무효라고 판정된 경우 잔여 조항의 유효성을 정한 규정(severability clause), 조항에 첨부된 서두는 계약의 일부로서 해석을 위해 사용되어서는 안 된다는 취지를 명확하게 한 규정 등이다.

그러나 이들 규정 모두가 있으면 좋겠지만 규정이 없어도 계약의 목적을 달성할 수 없는 것은 아니며, 가령 분쟁이 발생한 경우라도 대체적으로 법률 규정으로 보완되게 된다. 최저선을 확보하는 의미에서 최저 필요 체크리스트를 작성하는 목적을 위해서는 필요 불가결하지 않다.

때때로 일본의 계약서를 모방하여 "이 계약에 규정이 없는 사항은 양자 협의하에 결정한다."는 조항을 영어로 번역하여 삽입하는 경우가 있지만 이것은 권장할 것이 못 된다. 계약서는 당사자가 합의해야 하는 것이어야 하며, 당사자 자신이 합의하지 않은 사항을 인정하는 것은 이 계약이 불완전하다는 선언을 하는 것과 같기 때문이다.

부언하여 당사자 간에 아무런 문제 없이 잘되어 가고 있을 때는 이 같은 규정이 유효하게 기능할 것이다(당연히 원활하게 될 것이라고 생각되지만). 그러나 문제가 발생하는 것은 해결되지 않는 분쟁이 제기되었을 때 이 조항이 공공 장소에서 제기된 경우이다. 보통 중재인과 재판관은 계약의 규정이 애매하거나 계약이 특별한 규정을 하지 않는 경우에도 계약서나 당사자의 증언을 근거로 당사자의 의사를 확정하여(가령 이 같은 작업이 때로는 허구에 가깝다고 해도) 당사자 자치하에 예정된 결론을 해답으로 도출하도록 노력해야 한다.

즉 당사자의 의사와 너무 괴리된 결론을 도출하더라도 계약서가 명문으로 전혀 언급하지 않는 것에 대해서는 '당사자가 완전하게 그 의사를 문장화하는 노력을 아끼지 않았다면 당연히 이렇게 합의했다고 판단하는 것이 타당하다는 이론적 결론이다.' 라는 결론을 도출하려고 하는 이유이다. 그런데 계약서 자체가 이 계약서는 당사자의 의사가 합치되지 않은 것은 쓰지 않는다는 것을 명백히 하는 경우에 이 같은 판단은 할 수 없다. 중재인과 재판관이 계약서를 완전한 것으로 해석하기 위해 당사자의 묵시 의사를 확정하기에는 다소 무리가 있겠지만, 전혀 아무것도 없는 곳에 당사자의 의사를 창조하여 당사자를 위하여 계약 조항을 만들어 주는 일은 없다.

이 같은 조항이 있는 경우에는 한쪽이 어떤 협의가 있었다고 주장하고 다른 쪽은 협의해야 할 것이었지만, 협의가 되지 않는다면 중재인과 재판관은 소극적 결론, 즉 이 같은 합의는 없었다는 결론을 내릴 수밖에 없다. 이 같은 결론이 실제의 경우 어느 쪽에 유리하게 작용할지는 예측이 불가능하다. 그러나 전혀 예측을 할 수 없다는 그 사실 자체가 이 조항은 아무런 소극적 효용도 가지지 않는다는 것을 제시한다.

반대로 다행히 중재인과 재판관이 목적적 해석론을 사용하거나 묵시의 의사 탐구를 하여 무언가 적극적인 결론을 내렸다고 해도 그것은 일반칙이 적용되어 이 조항의 효용과는 관계가 없다. 따라서 역시 이 조항은 적극적인 존재 가치가 없다. 계약서는 도박이 아니므로 어쩌면 유리하게 작용할지도 모른다는 이유만으로 그 자체가 아무런 의미도 없는 조항을 삽입하는 것은 피하는 것이 타당하다. 당연히 이 같은 논의가 있는 데도 불구하고 실무에서는 이런 부류의 조항이 존재하고 있다. 실제로 영국에서는 이 같은 조항을 Motherhood Clause라고 부르고 있을 정도이다.

이같이 거래에 특수한 사항과 일반적 조항인 최저 필요 체크리스트의 작성을 완성하면 최소한 도로를 달릴 수 있을 정도의 소형차는 완성된다. 그 후는 지금의 리스트 내용을 충실히 하여 문장화하면 된다. 문장화에는 보통의 영어를 사용하고, 이 책에서 설명한 일정한 계약서 영어를 약속 사항에 따라 사용하면 된다. 때로는 자신의 목적에 알맞은 자동차로 하기 위해 더욱이 옵션으로 여러 기능을 추가할 필요도 있을 것이다. 이를 위해 향후는 서식집이나 완전한 체크리스트를 또 다시 보는 작업을 해야 한다. 반복되는 일이지만 계약서의 작성은 긴 리스트를 삭제하여 짧게 하는 작업이 아니라 절대로 필요한 것을 일단 최소한으로 하고, 다음으로 다른 예 등을 참조로 하는 것이 좋다고 생각하는 조항이 있으면 자신의 거래에 맞추어 추가해 가는 작업이다.

위에 설명한 것 이외의 조건이 필요 없는지의 여부는 자기 거래의 구체적인 경과를 머릿속에 묘사하여 작성한 계약서가 거기서 발생할 것에 대해 답하고 있는지를 생각하여 판단하는 것이 중요하다.

자신이 생각하지 않고 서식에 구애받게 되면 어떤 일이 일어날 수 있는지에 대해 예를 들어 생각해 보자. 어느 국가의 정부와 인공위성의 매매계약을 교섭했을 때의 일이다. 그 국가는 정부 조달에 규정된 서식이 있었다. 그 품질보증 조항에 "납입한 물건에 결함이 있는 경우에는 매도인이 신속하게 수리해야 한다."라는 조항이 있었다. "하늘의 별을 수리하러 가느냐?"라고 질문하자, "그렇게 해석할 수 있지. 하지만 그런 일을 요구할 것이라고는 생각하지 않지만 어쨌든 서식이기 때문에 ⋯."라고 한 것이다.

사무용 책상을 구입하든 인공위성을 구입하든 Government Procurement Contract Form대로의 것이라고 한다. 이러한 계약서를 작성하지 않기 위해 반드시 상상력을 풍부하게 하여 최저 필요 체크리스트를 작성해 두어야 할 것이다. 물론 실제로 이것으로 충분하다고 생각하여 작성한 최저 필요 체크리스트도 경험 부족에 의해 중대한 조항을 결여하는 경우도 있을 수 있다. 따라서 이미 완성된 체크리스트를 이 같은 안목에서 최저 필요 체크리스트로 간주하여 이를 보는 안목도 동시에 갖추고 있는 것이 좋음은 물론이다.

E. 완성된 계약서의 점검 방식

일단 계약서가 완성되었다고 하여 바로 그 장소에서 그 계약을 상대방에게 제시하는 일은 없을 것이다. 또한 이는 바람직하지도 않다. 자신을 가지고 작성한 계약서도 몇 년인가 후에 다시 읽어 보면 초보적 실수가 있거나 불완전한 곳이 발견된다. 집중적으로 작업하고 있을 때는 아무리 객관적이라 해도 불가피하게 제3자적 시점을 결여하며, 또한 모든 경우를 사전에 예상하는 냉정함도 용이하게는 지닐 수 없기 때문이다. 물론 체결한 몇 개월이나 이전부터 계약서를 작성하여 장기간에 몇 번이나 검토하는 일 등은 실제적이 아니다. 따라서 위와 같은 것을 모두 방지하기에 매우 어렵지만 적어도 어떤 점검을 하기까지 상대방에게 제시하지 말아야 한다. 다음에 자기 점검의 방법을 몇 가지 설명하기로 한다.

(1) 하룻밤 지나서 다시 읽는다.

이미 몇 번이나 설명한 바와 같이 계약서는 분쟁이 발생했을 때 제3자인 재판관이 읽어 그 의미를 알 수 있는 것이어야 한다. 이를 위해서는 계약서가 타인의 눈으로 읽기에 감당할 수 있는 서류인지에 대해 타인의 입장에서 검증해야 한다. 그런데 현실적으로 작업을 하고 있는 도중에는 뇌리에 모든 거래가 자사의 입장에서 투영되므로 아무리 해도 자기중심으로 읽게 되며, 또한 제3자는 아무것도 모르고 계약서만을 읽는다는 단순한 사실을 바로 망각하게 된다. 무의식중에 자신의 뇌리에 '이런 것은 누구라도 알고 있는 것이므로 일일이 작성하여 설명을 할 것까지 없는 것이다.' 라고 생각해 버리는 부분이 상당히 많을 수 있다.

그래서 우선 당사자이기 때문에 알고 있는 것을 뇌리에서 추출하여 읽어 보는 기회를 만들어야 한다. 가장 간단한 방법은 일단 작성한 계약서를 옆에 두고 하룻밤이 지난 후에 신선한 기분으로 다시 읽어 보는 것이다. 아침에 출근과 동시에 마치 한 번도 본 적이 없는 서류를 처음으로 보는 기분으로 제일 앞에서부터 읽어 본다. 그리고 무언가 머리에 잘 들어오지 않는 곳이나 또 다시 읽어 보고자 하는 충동에 사로잡힌 곳이 없는지의 여부를 보는 것이다. 이 같은 곳이 있으면 무리하게 해석하려고 하지 말고 옆에 표시를 한 후에 계속 읽어 나가면 된다. 그래서 마지막까지 모두 읽으면 기본적으로 정정하거나 적어도 다시 고쳐야 할 곳을 용이하게 발견할 수 있다.

만약 그 전날에 작업한 후에 원고를 타이핑해 둘 수 있다면 가장 능률이 향상될 것이다. 손으로 쓴 원고를 보면 비교적으로 어제 일을 회상하게 되겠지만 정연하게 타이핑되어 있으면 연필을 사용하거나 지우개를 사용한 기억이 소실되어 뇌리의 백지 상태를 유지하기 쉽기 때문이다.

또 다음 날 작업하면 필요한 정정도 하기 쉽다. 왜냐하면 하루 걸려 열심히 수정한 원고를 저녁 무렵에 조금 이상하다고 해서 대폭적으로 수정한다는 것은 마음이 내키지 않겠지만, 하룻밤 쉬고 난 뒤 마음에 들지 않는 곳을 발견했을 때에는 궁극적인 이익을 위해서 번거롭더라도 다시 쓰려는 역량이 생기는 것이 인정(人情)이기 때문이다.

(2) 몇 사람이 읽는다.

이와는 별도로 거래의 담당자와 상사, 동료도 포함하여 처음으로 초안을 보는 몇 사람에게 각각의 입장에서 읽게 하여 의견을 듣는 것도 대단히 도움이 된다. 이들은 적어도 그 초안에 대해서는 제3자인 이상, 자신의 경험이나 거래의 직접 담당자라는 입장에서 읽어 주기 때문에 작성자의 생각이나 오해를 용이하게 발견할 수 있다. 종종 이러한 작업을 통해 자신이 영업 부분에 일하고 있는 자의 설명을 잘못 이해하고 있다는 것을 알게 되거나 법률적 구성에 무리가 있는 것 등이 명백해지는 일도 많다.

계약서란 결국 현장의 담당자가 실제로 이행하는 것이므로 아무리 법무 담당자가 우수하다고 생각해도 담당자가 감당하지 못하는 것이라면 결과적으로 실행 불가능한 것이 된다. 따라서 바로 계약 불이행이 된다. 그러므로 이 단계에서 담당자의 솔직한 감상을 들어 두는 것은 향후에 도움이 된다. 그리고 "이 계약은 완벽하게 되어 있지만 사실 문제, 이같이 하는 것은 무리이다."라는 경우가 있으면 정정해야 한다. 또 상사와 동료로부터 불완전한 점이나 불충분한 점을 지적받는 경우도 있을 것이다. 이것은 그 시점에서 노하우를 빌린다는 의미에서 유익할 것이다.

(3) 우리말로 번역해 본다.

내용적 점검과 영어의 점검도 일석이조로 할 수 있는 기술로서 완성된 계약서를 우리말로 번역해 보는 방법이 있다. 일단 한 단어 한 단어에 대해 우리말로 번역하는 과정에서 논리의 재검토를 할 수 있다. 특히 영어로 생각하고 있던 때는 훌륭하게 작성되어 있다고 생각한 것이 우리말로 번역해 보면 비로소 분명하게 파악할 수 있고, 그 결과 논리의 결함이나 생각지도 못한 실수를 발견하는 경우가 적지 않다. 이는 우리말로 번역해야 비로소 가능한 것이다.

또한 매우 간단한 실수, 예를 들면 seller와 buyer를 반대로 썼다거나 unless … 로 되어야 할 것이 unless … not …으로 되어 있는 등의 부주의에서 오는 잘못도 번역해 보면 바로 발견할 수 있다. 또한 우리말로 번역을 할 수 있다면 영문 계약에 익숙하지 않은 사람도 쉽게 검토할 수 있는 이점도 있다. 영어라면 누구도 의문을 가지지 않았던 조항도 우리말로 번역해 보면 비로소 이상한 곳을 발견할 수 있으며, 자신들의 계약은 그다지 적용 여지가 없는 것도, 특히 일반 조항은 흔히 있는 일이다.

우리말로 번역해서 동시에 점검할 수 있는 것은 용어의 통일이 되어 있는가라는 점이다. B항의 (2)에서도 설명한 바와 같이 계약서에서는 동일한 사항, 개념을 지칭하는 데도 아무런 목적 없이 상이한 단어를 사용해서는 안 된다. 그런데 장문의 계약서는 그 원칙을 관철하는 것이 매우 어려우며 종종 알고 있다고 생각되는 단어도 모순이 발견된다. 한 단어 한 단어에 대해 우리말로 맞추어 가면 앞에 있는 것을 말하려고 한 곳에서 사용하는 단어와 다음에 표현하고 있는 단어가 다를 때 바로 알아차려 정정할 수 있다.

예를 들면 어느 곳에 the Buyer's obligations라는 표현이 있고 이를 매수인의 의무로 번역했다고 하자. 다음에 앞의 쪽에서 the duties of the Buyer라고 썼다고 하자. 당연히 매수인의 의무로 번역하겠지만 자세히 보면 앞 쪽에서는 the Buyer's obligations로 되어 있다는 것을 발견할 수 있다. obligations와 duties가 만약 같은 것을 나타내기 위해 사용되었다면 하나로 통일해야 한다는 것을 알 수 있게 된다.

어떤 곳에서는 제반 지출을 costs and expenses라고 번역하고 다른 곳에서는 loss and expense라고 하거나, 어떤 때는 if the Seller fails to deliver the Products로 하고 있는 것에 대해 다른 곳에서는 in the event of default by the Seller to deliver the Products라고 하는 부주의를 많이 발견할 수 있다. 이 같은 점검을 계통적으로 행하는 데는 많이 사용되는 단어나 중요한 표현에 대해 번역표를 만들어 번역하는 것도 좋다. 그렇게 하면 cross check의 누락도 방지할 수 있을 것이다.

(4) 소리 내어 읽어 본다.

다음으로 비교적 간단한 방법으로서 계약서를 소리 내어 읽어 보는 방법이다. 소리 내어 읽어 보면 문법적인 오류나 문장 구성의 타당성을 순식간에 알 수 있다. 왜냐하면 소리 내어 읽을 때는 숨을 계속 내쉬어야 하는데 문장이 훌륭하게 기술되어 있으면 반드시 의미의 절단점, 구문의 절단점에서 자동적으로 숨이 멈추게 된다. 그럼에도 불구하고 숨을 계속 쉬어 읽어 그 다음의 부분도 당연히 이어 읽어야 하는 곳이었다면 그것은 일단 문장이 너무 장문이라는 증거이며, 또한 대부분의 경우 문법적으로 타당성을 결여한 문장인 것이다. 특히 삽입, 삭제, 삽입을 반복하여 비대화된 문장 등의 경우에 이 검인 방법이 위력을 발휘한다.

문법적으로 문제가 있는 경우로는 주어와 술어, 동사와 목적어가 멀리 떨어져 있는 경우, and와 or의 전후의 문법적 성립이 동일하지 않은 경우, 관계대명사가 어느 것에 걸리는지 명확하지 않은 경우 등이 대표적인 예이다. 기타 명사의 단수 및 복수를 정정했는데도 3인칭 단수 현재형에 붙는 (e)s가 아직 처리되지 않은 경우, 전치사가 부적절한 경우 등도 계속해서 읽어 보면 쉽게 발견할 수 있다. 이에 이어 다른 조항과의 cross reference 관계가 타당하게 되어 있는지도 점검해 두어야 한다. 작문 도중에 조항을 늘리거나 줄였을 때에 cross reference를 정정하는 것을 잊게 되는 경우가 종종 있다.

13 조항을 나누는 방법

A. 조항의 명칭

일본의 경우 법률 구성은 편, 장, 절, 관, 목, 조, 항, 호(편이 없는 경우는 장부터 시작되며 또한 관, 목이 없는 경우도 많다)로 나누고 있다. 영어로 규정의 분할을 나타내는 말은 어떻게 되어 있는지에 대해 아래에 설명한다.

법률 구성은 Article, Part, Section이나 Part, Chapter, Article로 된 각종 예를 볼 수 있다[이 두 예시에서는 Part와 Article의 대소(大小) 관계가 상반되어 있는 것에 주의할 것]. 일견 대소가 명백한 이들 네 단어조차 일률적으로 대소를 나누는 것은 곤란하다는 것을 시사하고 있다. 조항의 명명에 구애되지 말고 오히려 자신의 단어를 선택하여 그것에 따르면 된다.

참고로 영문 계약서의 일반적인 사용 예에서 볼 수 있는 대소의 감각으로 자주 사용되는 몇 가지 단어를 나열해 보면 다음과 같다.

Division－Part－Article－Section (큰 것에서 작은 것으로)

다만 이들을 모두 사용한다는 것은 아니다. 실제로 호칭은 하나로 충분하며 세 가지 정도 있으면 많은 편이라 할 수 있다.

이 밖에 계약서에는 Chapter, Clause 등도 사용된다(다만 Chapter는 책처럼 두꺼운 계약서가 되지 않는 한 거의 사용되지 않는다).

이것들은,

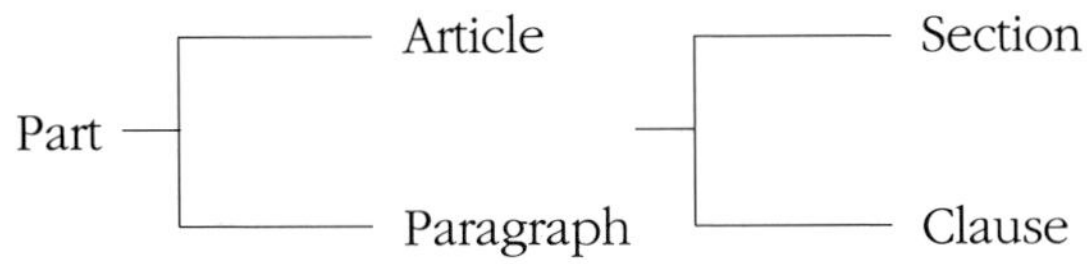

로 나열할 수 있다. 그러나 Article 이하의 네 가지는 대소와 관계없이 사용된다는 것이 오히려 타당할지도 모른다.

또한 모두 Article 등의 한 단어로 통용하고 그 하위를 Sub-Article 등으로 하는 방법도 있다.

다만 Sub-Article은 이 이상으로 분할하는 방법이 없으므로(Sub-Sub-Article 이라고 할 수 없는 것은 아니지만 어색하며 실제 문제로서 공간을 너무 차지한다) 다소 긴 때에는 적당한 두 개를 사용하여 Article, Section, Sub-Section 또는 Article, Clause, Sub-Clause 등으로 하는 것이 좋다. 하위의 항목에는 Paragraph도 종종 사용된다.

미국에서 비교적 널리 통용되고 있는 용법으로 다음과 같은 것이 있으므로 참조를 위해 열거해 본다.

우선 첫 번째는, 전체를 Chapter와 Section으로 쓰는 방법이다. 이 경우에는 Sub-Chapter, Sub-Section이라 해도 무방하다.

두 번째는, 대분류에 Article을 사용하고 그 하위의 개념에 대해서는 Section을 사용하며, 경우에 따라서는 Sub-Section을 인정하는 방법이다.

세 번째는, 각 조항을 번호만으로 나누는 방법이다. 다만 그렇게 할 경우 다른 곳에서 어떤 조항을 인용할 때 불편하므로 이때에는 그 조항을 지칭하는 단어를 Paragraph라고 하고 Sub-Paragraph의 존재도 허용한다. 이 세 종류의 조합은 각각 고정적으로, 예를 들면 Article 아래에 Paragraph가 오도록 하는 일은 없다. 미국의 상대방과 계약할 때에 기억해 두면 도움이 된다.

조항 중에 어떤 내용을 포함할지는 우리말 계약의 경우와 마찬가지로 생각해도 좋다. 대단히 상세한 사항을 일일이 독립된 조항으로 만드는가 하면, 대체적인 내용 분류만을 조항으로 하고 그 이하는 조항 내의 문장, 패러그래프로 하는 것만으로 충분한 경우도 있다.

각 조항 내는 문장이 많지만 최하위의 분류는 명사구, 절이거나 문장의 일부인 경우도 있다. 이는 완전한 문장이 아니라고 설명하는 참고서도 있지만 현실로는 문장인 경우도 많이 볼 수 있으므로 특히 구애받을 일은 아니다. 물론 계약의 효과에 영향을 미지는 것도 아니다. 참고로 구두섬 씩는 방법을 포함하여 하위의 분류에 대한 예를 몇 가지 들어 본다.

Article 10(Termination)

This Agreement shall automatically terminate if :

(a) either Party commits a marerial breach of the agreemnt;

(b) bankruptcy proceedings are filed against either Party;

⋮

(e) either Party suspends payment of its debts generally; or

(f) any governmental approval is revoked.

또는,

Section 10(Termination)

This Agreement shall automatically terminate, if

(a) either Party commits a material breach if this Agreement,

(b) bankruptcy proceedings are filed against either Party,

⋮

(e) either Party suspends payment of its debts generally, or

(f) any governmental approval is revoked.

문법적으로 말하면 하위의 개념 분류에 사용하는 기호는 처음의 예와 같이 열거가 시작되기 전에는 (:), 열거된 사항 간에는 (;), 마지막에는 (.)의 형태가 타당하지만 실무에서는 (;)와 (,)을 조합하거나 그 대신에 모두 (.)를 사용하는 것도 볼 수 있다.

또한 이 예문에서는 (a)에서 (f)의 사항을 복문구조의 일부로 표현하였지만,

다음과 같이 변화될 수 있다.

Article 10

This Agreement shall automatically terminate upon the occurrence of any of the following:

(a) a material breach by either Party;

(b) bankruptcy of either Party;

⋮

(following은 복수형으로 되지 않는 것에 주의할 것)

또는,

Section 10

This Agreement shall automatically terminate upon;

(a) either Party committing a material breach hereof,

(b) filing of bankruptcy proceedings by or against either Party,

⋮

계약서에 따라서는 중분류(때로는 대분류)인 Article 및 Section 자체를 That the Buyer shall pay … 등으로 구성하는 것도 있다. 어떤 양식을 사용해도 좋지만 계약서 전체를 하나의 양식으로 통일하는 것이 중요한 것은 물론이다.

B. 숫자와 문자에 따른 조항의 분할법

Article로 하든지 Section으로 하든지 둘 이상의 조항이 있으면 이들에 순번을 붙여야 한다. 순번을 붙이는 방법은 숫자에 따른 것, 알파벳에 따른 것이 있는데 미국에서 사용하는 방법을 몇 가지 설명하면 아래와 같다.

Ⅰ. …

A. …

1. …

a) …

(1) …

(a) …

(i) …

이는 학위논문 등을 작성할 때 분할에 관한 일반적인 규칙이지만 이 중에서 몇 가지를 선택하여 사용할 수 있다. 예를 들면 다음과 같은 조합이다.

Part A …

Article 1 …

(1) …

또는,

Section 1 …

(1) …

(a) …

대체로 주요한 항목인 Article, Section 등에는 아라비아 숫자(1, 2 …) 또는 드물게 로마 숫자 (I, II …), 최하위의 개념에는 알파벳의 소문자 [a, b … 또는 a), b) …], 로마 숫자의 소문자 또는 아라비아 숫자[i), ii) … 또는 1), 2) …] 등이 사용된다.

미국의 통일법전편찬위원회는 다음과 같은 방법을 따르고 있다.

Section 1 …

(a) …

(1) …

그리고 이 이하 하위 분류를 하지 않는다. 이것도 참고가 될 것이다. 다만 실제의 법률 중에는 이 이하에 (A), (i)로 계속되는 것도 있다. 이 밖의 방법으로 Article이든 Section이든 모두 동일한 아라비아 숫자로 하는 경우도 볼 수 있다.

Article 3 …

3.1 …

3.1.1 …

3.1.1.1 …

다만 이 방법의 결점은 분할이 증가하면 매우 읽기 어려운 점이다.

특히 타이프를 할 때 하단을 한 칸 들여 쓰는(indentation) 형식이 아닌 계약서라면 대소 관계를 즉시 알 수 없어 적지 않은 혼란을 초래하게 된다.

C. 조항을 읽는 방법

숫자 등에 Article, Section 등이 붙어 있는 경우, 이것을 읽는 데는 Article 1, Section 1으로 충분하지만(각각의 숫자는 one이라 읽는다. 이같이 어떤 말이 먼저 오고 그 다음에 숫자가 붙을 때는 서수로 하여 first 등으로 읽는 것이 아니라 one, two …로 읽는다.), 이 이하 예를 들면 Article 1, 1), a)를 읽는 데는 다음과 같은 방법이 있다.

Article 1, 1), a)라고 직접적으로 쓰는 것, 또는 Sub-Article 1), a) of Article 1으로 읽는 것이다. 다만 간단하게 참조할 수 있다는 면에서는 앞의 방법이 좋다(또한 Article 등의 앞에는 the를 붙이지 않는 것에 주의할 필요가 있다). 이 경우 Article 1 등에서 반드시 1)은 Sub-Article이어야 한다는 것은 아니며 Paragraph 1), Clause 1) 등으로 하여 Article 1, Paragraph 1)이나 Article 1, Clause 1)으로 읽어도 상관없다는 것은 이미 설명한 바에서 명백하다.

이들 Article 및 Section 등은 전부 대문자로 하는 것도 있으며 두문자만을 대문자로 하는 경우도 있다. 다른 조항에서 인용할 때에는 원래대로(즉 전부 대문자라면 전부 대문자로, 두문자만 대문자라면 두문자만 대문자로) 인용한다. 전부 대문자인지 두문자만인지는 취향의 문제이지만 Agreement, Whereas, Buyer, Loan, In Witness Whereof 등 그 밖에도 대문자를 사용하는 것은 같은 배열로 해 두는 것이 체재상 통일이 된다고 생각한다.

14 계약서의 체제

A. 작성의 기술

(1) 용지

용지 및 크기에는 특별한 제한이 없다. 보통은 백지에 타이프로 치는 것이 가장 많다. letterhead가 있는 편지지라도 이론상은 상관없지만, 실제로는 어느 당사자의 선전이 되어 편파적이 되므로 상대방이 반대하는 경우가 많을 것이다. 물론 letterhead가 있다고 해서 권리, 의무에 영향을 미치는 것은 아니지만 역시 백지가 좋다. 또한 선이 그어져 있는 종이라도 상관없다. 종이의 질도 전혀 관계없으며 종이의 크기도 자유롭게 선택하면 된다. 다만 실무적으로는 관계 서류와 함께 정리하기 쉽도록 표준적인 사이즈를 사용하는 것이 좋다.

(2) 타자 또는 수기(手記)

이것도 법률상으로는 상관없지만 보기 쉽다는 점, 추가 등 편집이 어렵다는 점에서 일정한 규칙(한 쪽당의 행수, 여백, 행간의 공간 등)에 따라 타이핑하는 것이 좋다. 컴퓨터의 보급에 따라 손으로 쓴 서류는 현재 없다고 해도 과언이 아니지만, 컴퓨터가 없거나 타이피스트도 없는 곳에서 급하게 서면으로 작성할 필요를 느낀 때 등에는 종이에 손으로 쓰고 가능하면 복사를 한 부 해 원본, 사본 두 부 모두에 서명하여 각각 한 부를 소지하거나 두 부를 복사하여 복사를 한 쪽에 서명한 후 원본은 사용하지 않기로 하는 것도 고려할 수 있다. 이렇게 하면 일단 수정 등의 우려는 피할 수 있다(한쪽은 상대방에게 건네진 것이나 복사된 것은 이제 수정할 수 없다).

(3) 부수

통상은 당사자 서로의 편의를 위하여 각 한 통을 보존한다. 법률상 극단적으로 말하면 의무를 지는 자가 자신을 보호하기 위해 한 부를 가지고 있으면 되지만, 당연히 권리자도 자신의 권리 내용을 항상 검토할 필요가 있을 것이다. 또 실제 유사시 재판 등이 제기된 경우 검증이라는 견지에서 보면 각 당사자가 한 부씩 소지해야 한다.

다만 인지대 때문에 다수의 부수를 만드는 것은 상당한 비용이 지출되는 경우도 있다. 이 같은 경우에는 정본은 최소한의 부수로 하고 사본을 만들어 이것을 관계자가 보유하는 것도 고려할 수 있다. 하지만 이에 대해서는 인지세법상 문제가 없는지 여부를 확인해 두는 것이 좋다. 이 같은 문제를 피하기 위해 인지세가 저렴한 외국으로 나가 서명식(署名式)을 하는 경우 등도 있는 것 같다. 하지만 인지대 절약을 위해서만 외국으로 나가는 경우는 드물며 그 외에도 여러 이유가 있는 것 같다. 그 이유는 생략하기로 하고 서명지가 의미가 있는 경우에는(영국법에 따르면 영국 내에서 계약이 성립한 경우에는 영국의 법원에 관할권이 발생한다) 서명란에 서명지 표시를 하는 것이 현명하다. 즉 아래 B항의 (4)에 열거하는 결말 부분의 기술을 예로 들면 아래의 밑줄 부분처럼 하는 것이다.

> In Witness Whereof, the parties hereto have caused this Agreement to be duly executed <u>in Seoul, Korea</u> as of the day and year first above written.

이렇게 하면 서명지에 관한 문제가 제기되었을 때 용이하게 이를 증명할 수 있다.

그런데 국가에 따라서는 계약서가 외국에서 작성(서명)되는 한 자국의 인지세법을 적용하지는 않지만 그것이 자국 내에서 재판, 등기, 증명 등의 목적으로 제기될 때는 인지를 그 국가의 규정에 따라 첨부할 것을 요구하는 경우가 있다. 이 같은 국가에서는 외국에서 작성한 계약서라도 그 국가의 인지세법에 따른 인지를 첨부하면 법원에 제소되거나, 등기소에 등기 의뢰하거나, 인증을 요구할 수 없다. 따라서 상대국이 이 같은 국가의 경우 애써 외국에서 서명하여 인지대를 절약했다고 생각하더라도 문제가 발생하면 결국 첨부해야 된다.

계약서 정본이 몇 통 작성되었는가는 계약서 중에 언급해 둘 필요가 없다. 그러나 대단히 상세한 계약서에는 "이 계약은 원본 세 부를 작성하여 당사자가 각 한 부를 보유한다(This Agreement has been made in triplicate each party to retain one (1) copy each)." 라는 조항을 삽입하는 경우가 있다. 그보다도 조금 일반적인 방법은 결말 부분에 아래의 밑줄 부분처럼 추가해 두는 방법이다.

> IN WITNESS WHEREOF, the parties hereto have caused this AGREEMENT to be duly executed <u>in duplicate (triplicate, quadruplicate</u> …) in Seoul, Korea as of the day and year first above written.

이들 모두는 상술한 바와 같이 절대 필요 사항은 아니다.

정본을 복수로 작성하는 경우 통상은 모두 타이핑하지만 두 통째 이하는 복사기로 복사한 것이라도 좋다. 최근에는 워드프로세서가 있으므로 용이하게 몇 통이든 원본을 인쇄할 수 있다.

(4) 용지 접는 법

일본의 계약서는 종종 봉철하거나 각 페이지 간에 할인(割印)을 하거나 하여 변경하기 어렵게 하고 있다. 영문 계약서도 이 같은 점을 배려하지만 반드시 일본만큼 일반적이거나 엄격한 것은 아니다.

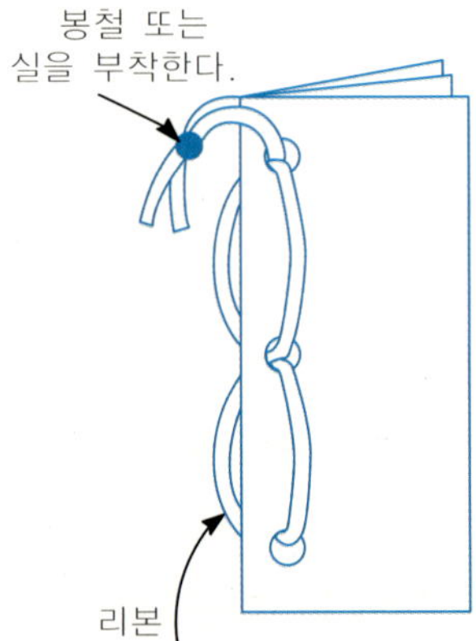

〈그림 1〉

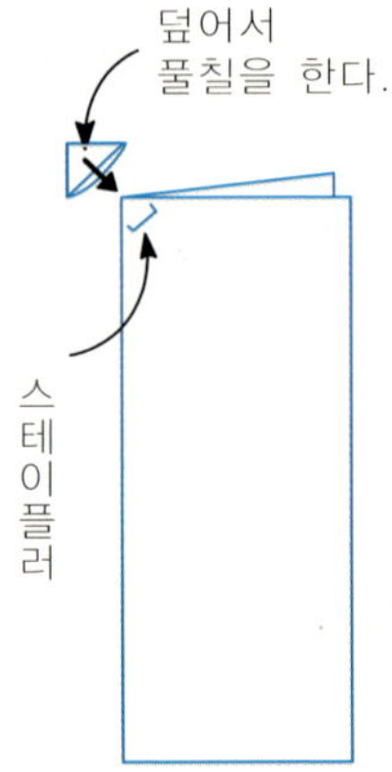

〈그림 2〉

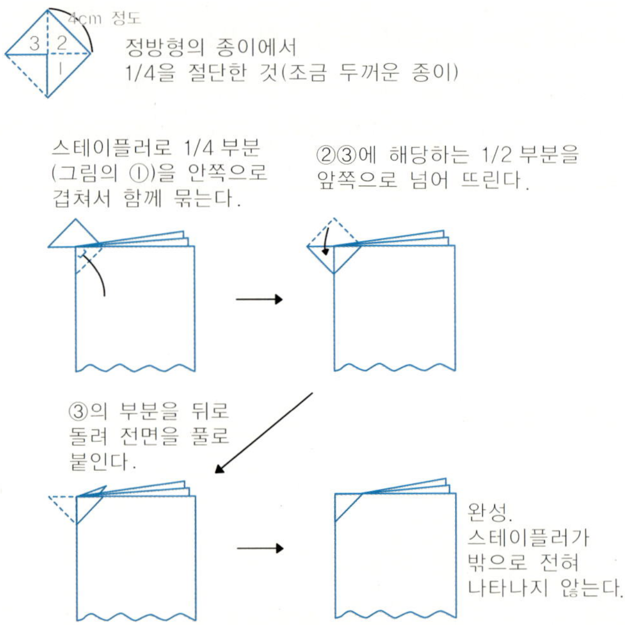

〈그림 3〉

〈그림 4〉

국가에 따라 또 당사자에 따라서는 표지에 리본으로 연결한 후 리본을 봉랍하여 분해를 불가능하게 하거나(〈그림 1〉 참조), 봉철과 같은 고안을 하는 경우도 있다. 또한 〈그림 2〉, 〈그림 3〉처럼 왼쪽 위의 모서리를 스테이플러로 고정한 후 삼각형의 모자를 덮어 풀칠을 하여 분해할 수 없도록 하는 방법도 있다. 이와 같이 하여야만 하는 것은 아니므로 상대방과 상담하여 결정하면 된다. 물론 일본식의 봉철로 해도 무관하다.

또 대형 계약의 경우에는 제본하여 표지를 붙이는 것도 볼 수 있다(〈그림 4〉 참조). 또한 각 페이지가 진정한 것임을 제시하는 방법으로 각 페이지(부록이 있을 때는 부록에도 모두)에 이니셜을 기재하기도 한다. 장소는 어디라도 상관없지만 보통 아랫부분의 어딘가에 붙인다(〈그림 5〉 참조). 아래의 〈그림 5〉에 설명하지만 그 페이지의 마지막 문장 마침표(.)의 바로 뒤에 붙이는 경우도 있다. 이것은 동시에 그 페이지의 그 아래를 무효로 하는 효과도 있어 좋은 방법이다(〈그림 6〉 참조).

각 당사자의 이니셜

〈그림 5〉

〈그림 6〉

(5) 타자와 여백

한편으로 계약 교섭을 하면서 완성된 것을 타이핑해 가는 경우로, 시간이 충분하지 않고 워드프로세서 등을 이용할 수 없을 때는 각 조항을 별도의 종이에 쳐서 교섭의 결과를 점점 대체하여 결과적으로 페이지 하부에 여백이 생기게 되는 일이 종종 있다.

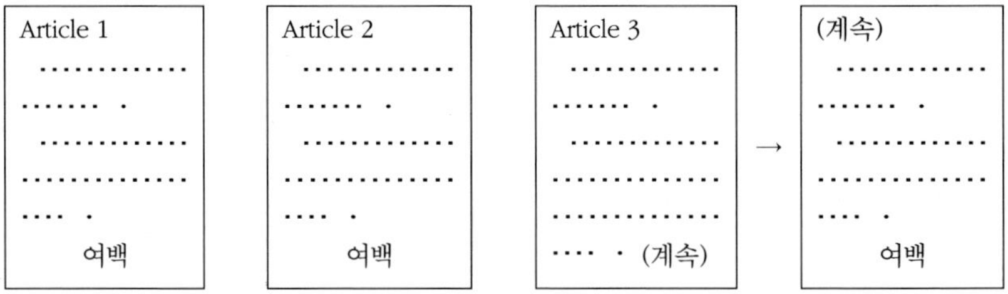

이 같은 경우 마지막에 전부를 연속적으로 타이핑할 시간이 없으면 어떻게 하면 되는지, 또한 시간이 있어도 조항의 배열상 각 페이지의 행수가 많거나 적은 경우는 어떻게 하면 되는지, 일본어의 '—이하여백—' 에 해당하는 표현은 없는 것인지, 이 같은 경우에 다음과 같은 기법이 사용된다.

이하 여백의 의미에서 문장이 끝난 뒷부분에 당 페이지분의 마지막을 표시하는데, —End of the page—라는 문장을 친다. Remainder of page intentionally left blank로 한 것도 있다. 또 그 경우 그 장소가 Article, Section 등 정리된 페이지의 마지막에 해당할 때는 —End of Article 5— 등으로 한다.

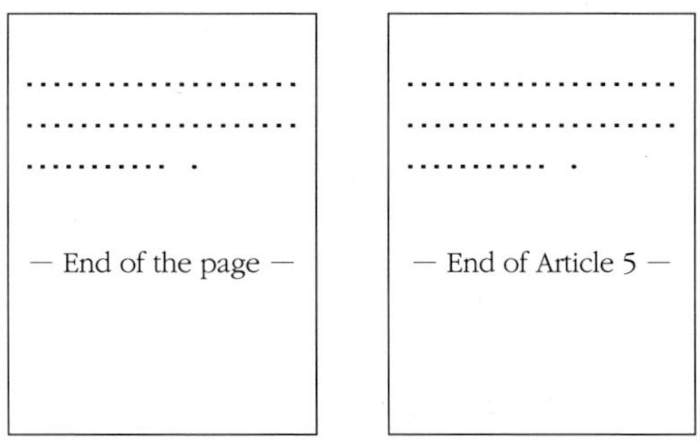

다음으로 몇 조가 계속된다면 암묵하에 그 페이지가 그 조항의 마지막이라는 것을 나타내는 경우도 있다. 이 경우에는 —Article 6 follows— 등으로 한다. 최종 조문의 뒤에는 —Signature page follows—로 한다.

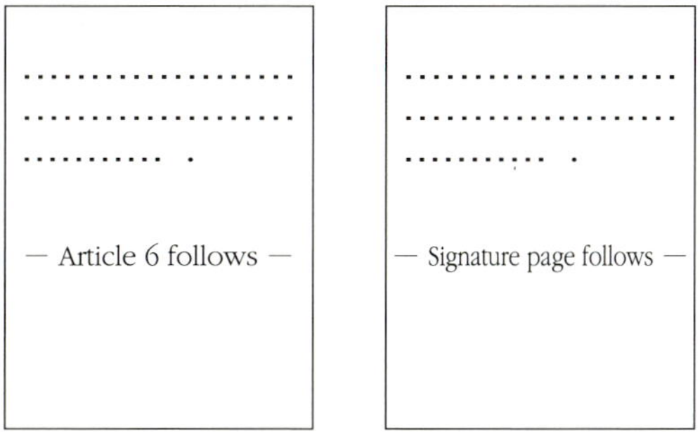

그 페이지의 최종 행의 뒤에 이니셜을 하고 그 이상의 추가가 없다는 것을 나타낼 수 있다. 이것은 각 페이지가 진정한 것임을 나타내는 역할도 하므로 좋은 방법이라는 것은 이미 설명하였다.

(6) 페이지 표시법

하나의 계약서가 완성된 경우 전체를 통해 위 또는 아래의 한가운데 또는 옆에 페이지를 표시하는 것이 편리하며, 탈락을 방지하거나 분해하여 복사를 만들 때 다시 넣는 데에 유용하다. 페이지는 1, 2라고 표시하면 되는데 종종 볼 수 있는 방법을 몇 가지 기술한다.

표시할 곳은 페이지 위의 중앙, 아래의 중앙, 아래의 오른쪽 등 임의의 곳이라도 무관하다. 또한 첫 페이지에는 전혀 번호를 표시하지 않는 관습도 비교적 널리 행해지고 있다.

1, 2, 3, … 20

(1), (2), (3), … (20)

—2—, —3—, —4—, … —20—

1/20: 1은 이 페이지의 번호, 20은 전 페이지 숫자이다. 제일 마지막은 20/20이 된다.

3/…: 3은 이 페이지의 번호, …는 다음 페이지가 있다는 것을 의미한다. 따라서 제일 마지막은 20/20 또는 20/.이 된다.

… /7: (이 페이지는 6페이지이며) 다음 페이지가 7페이지라는 것을 의미한다. 제일 마지막은 …/. 가 된다.

cont'd… /2: (이 페이지는 1페이지이며) 다음에 계속하여 2페이지가 된다는 것을 의미한다. 제일 마지막은 …/.이 된다.

…/… 이 페이지는 아직 다음에 계속된다는 것을 의미하지만 현재 몇 페이지째인지를 모른다. 그 점에서 불편하므로 2, 3장부터 몇 장의 계약서, 특히 편지 형식의 것 등에 사용될 뿐이다. 제일 마지막은 …/.이 된다.

앞의 (5)에서 설명한 것과 같은 불규칙한 일이 발생한 경우 갑자기 타이프의 사정으로 연속되는 번호를 붙여 둔 페이지 가운데 몇 장을 추가해야 할 페이지가 발생한 경우에는 다음과 같은 방법이 사용된다.

1, 2, …5, 5—a (5—A, 5—1 등), 6, …

이같이 하면 5—a, 5—A 또는 5—1은 5페이지의 뒤에 추가되어야 하는 페이지라는 것이 명백하게 한다.

이 같은 방안은 현재는 컴퓨터의 발전으로 거의 옛날 이야기가 되었다. 최종적으로 합의 내용이 확정되면 필요한 매수를 인쇄하여 자동적으로 페이지를 표시해 두는 것이 가장 좋다.

다음에는 하나의 계약서 작성법을 처음부터 끝까지 예를 들어 나타내 보고자 한다.

B. 사례 I

(1) 표지

표지를 만들지의 여부는 자유이다.

LOAN AGREEMENT[a]

between

CONTINENTAL FINANCE CORPORATION

and

ORIENTAL FISHERY CO., LTD.

dated

January 16, 2006

주 : [a] 소위 계약서를 Agreement라고 하거나 Contract라고 해도 실질적 차이는 없으므로 아래 예문 중에는 모두 Agreement로 한다. 다만 관습상으로 한쪽이 자주 사용되는 경향이 있다. 또한 계약 서명과 회사명을 모두 대문자로 할지 서두어만을 대문자로 할지는 완전히 자유이다.

(2) 서두, 앞글 부분

여러 작성 방법이 있을 수 있지만 몇 가지 대표적인 예를 들어 본다.

LOAN AGREEMENT

This Loan Agreement made and entered into this 16th day of January, 2006[a] by and between Continental Finance Corporation, a corporation[b] organized[c] and existing[d] under the laws of Canada[e], and having its principal place of business at[f]…(hereinafter referred to as "CFC"), and Oriental Fishery Co., Ltd., a corporation …

-1-

주 : [a] 계약 성립의 일자. 보통은 서명일이 되지만 사실상 약간의 차이가 있는 경우도 있다. 의도적으로 실제의 서명일과 전혀 다른 일자로 하는 경우, 특히 이전의 일자를 쓰는 경우의 문제에 대해서는 7장의 D항 (8)을 참조한다. 일자를 쓸 때는 이같이 숫자를 사용해도 되며, 전부를 철자로 써도 좋다(this sixteenth day of January in the year two thousand and six). 다만 이것은 서두어의 부분에 한정되며 최근에는 그다지 사용되지 않는다.

[b] CFC가 법인이라는 것을 나타내는 기술. 만약 개인이라면 an individual, 조합 등이라면 법률상의 성격에 따라 a partnership, a cooperative association 등이 된다.

[c] e에 제시한 법률에 따라 설립된 것을 나타낸다.

[d] 그리고 현재도 유효하게 존속하고 있다는 것을 나타낸다.

[e] 설립준거법을 나타낸다. 개인의 경우에는 b에서 e까지를 합쳐 a Canadian national로 쓰기도 한다.

[f] 주요 사무소의 소재지(대개는 이 거래에서 필요한 우편 주소이며, 담당자가 있는 곳이자 회사의 대표자가 있는 곳이다). 때로는 having its registered place of business(등기상의 소재지)로 쓰는 경우도 있으며, 드물게는 지점 경유의 거래를 할 때 등에 having its registered branch office 등으로 하는 경우도 있다. 다만 소장 송달이 가능한 단위라야 한다.

Place of business 대신에 office 또는 offices라고 해도 좋다(이 경우의 offices라는 것은 office가 두 개 이상 있다는 의미가 아니라, 몇 개의 office room의 집합체로서의 하나의 사무소를 가리키는 것이다. office라고 기술하여 추상적으로 사무소 전체를 생각하거나 조금 더 구체적으로 한 사무실 한 사무실을 생각하여 전체를 offices라고 표현할지의 차이이다.

이 경우에는 f의 전체는 and having its principal offices at …이나 and having its registered offices at … 등이 된다. place of business이든 offices이든 and 없이 having부터 시작해도 좋으며 with를 사용하는 경우도 있다. 즉 with its principal place of business at … 등으로 한다.

또한 문장 위의 부분을 indent할지의 여부는 회사의 관행, 관습으로 결정해도 된다. 변형된 형태를 두 가지 열거해 둔다.

> LOAN AGREEMENT
> BY AND BETWEEN CONTINENTAL FINANCE CORPORATION, …
> (… "CFC"),
> AND ORIENTAL FISHERY CO.,
> LTD., …(… "CFC").

> LOAN AGREEMENT
> This Loan Agreement, made and entered into as of the 16th day of January, 2006[a], by and between Continental Finance Corporation, …(… "CFC") of the one (또는 first) part[b], and Oriental Fishery Co., Ltd.,… (…OFC) of the other (또는 second) part[b′]

주 : [a] 앞의 예의 dated 대신에 사용한 구. 실제 서명일인 경우도 있으며 그것과 상이한 일자라도 좋다.

b b′ '…를 한쪽의 당사자로 하고', '…를 다른 쪽의 당사자로 한다' 라는 의미의 결정 문구. 물론 3자 이상의 계약인 때는 first, second, third…를 사용하고 제1의 당사자, 제2의 당사자, 제3의 당사자…로 된다.

이것으로 당사자의 기술이 완성되었으므로 다음 전문(前文) 부분으로 옮기기로 한다. 연결을 위해 (2)의 첫 번째 예를 사용하기로 한다.

> … Oriental Fishery Co., Ltd., a corporation orgnized… (… "OFC")
> Witnesseth That:[a]
> WHEREAS, CFC…

주 : [a] 3장의 C항 (2)에서 설명한 "이 계약은 …의 것을 증명한다."에 해당하는 말이다. That를 없애고 Witnesseth: 만으로도 상관없다. 밑줄을 긋는 경우도 있지만 없어도 된다.

Witnesseth라는 말은 다음의 전문(前文)을 도출하는 말이므로 이 다음에 오는 것이 전문이라는 것에 착안하여 대신에 Recitals 또는 Preamble이라고 해도 좋다. 물론 이렇게 하면 3장의 C항 (2)에서 설명한 장문의 형식이 되지 않으므로 서두의 This Loan Agreement의 다음에 is가 필요하다. 이 다음의 Whereas에 연결되는 부분에 과거에는 계약의 약인이 기술되어 있었지만 현재는 거래의 경위나 이 계약서의 대충의 목적을 기술하는 것이 통상이다. 이 부분은 권리, 의무를 즉시 발생시키는 것은 아니지만 본문이 애매한 때 등에는 부차적(secondary)인 해석의 도구로 사용되는 경우가 있으므로 간결하고 타당한 사실을 쓸 필요가 있다.

여기에 거래의 모두를 쓸 필요는 없고 중요한 부분을 짧게 쓰면 충분하다. 경험적으로 말하면 이 부분이 전혀 없는 것(따라서 Witnesseth도 없고 당사자의 기술에서 갑자기 본문으로 들어간다)도 있으며, Whereas가 각 한 행씩 두 개만 있는 것도 있고, 또 때로는 몇 페이지나 되는 것도 있으며, 본문보다 긴 서두어로 되어 있는 것도 사실상 존재한다.

이 부분은 위에 설명한 것처럼 반드시 법률적인 것만으로 할 필요도 없으므로 여유가 있다면 다소 문학적으로 해 보는 것도 흥미가 있을 것이다.

CFC와 OFC의 예를 들어 본다.

WITNESSETH THAT:

WHEREAS[a], CFC is[b] in the business of making loans and is willing to extend certain credit facilities to OFC;[c] and[d] WHEREAS, OFC is desirous of borrowing from CFC a certain amount of money for its operations;[e]

주 : [a] 이것을 전부 대문자로 할지 두문자만을 대문자로 할지는 자유이지만 그 외의 곳과 맞추는 것이 보통이다.

[b] 여기서는 CFC라는 회사를 단수형으로 취급하여 is로 받았지만 회사는 한

개의 권리 주체로서는 단수의 존재이지만 원래 복수 인간의 집단이라는 의미에서 개념적으로 파악해 are로 받아도 상관없다. 영국계 영어에서는 복수로 받고 미국계 영어에서는 단수로 받는 경향이 있다.

[c] 문법적으로는 (;)가 타당하다고 생각되지만 (,)와 (.)의 예도 많이 있다.

[d] WHEREAS가 여기서는 두 개 있으므로 and로 연결되어 있다. 세 개 있으면 두 번째와 세 번째의 사이에만 필요하지만 전부의 사이에 있는 것이나 전혀 없는 것도 볼 수 있다.

[e] 최후도 (;)로 다음으로 계속되는 것이 문법적이라고 생각되지만 (.)의 경우가 상당히 많다.

그런데 Whereas Clause는 전술한 것처럼 법률론에서는 부차적인 중요성밖에 없는 것이지만 실제 업무에서는 당사자의 입장 등을 반영하여 그 이후의 교섭 재료로 사용되는 경우가 많은 것 같다.

구체적인 예를 들면 금전소비 대차계약에 있어서,

Whereas, the Borrower is in imminent need of additional operational funds, …

라고 쓰는지,

Whereas, the Lender desires to invest a certain amount of money in the Borrower's business for the purpose of establishing a close business relationship between the parties; …

라고 쓰는지에 따라 계약 사항 본문은 완전히 같더라도 계약서 전체는 다른 색체를 띠고 있는 것이 분명하다. 전자에서는 차주가 꼭 필요한 운전자금을 희망하고 있는 것이 명백하지만, 후자에서는 오히려 융자를 대주의 이익을 위해 하는 것처럼 해석할 수 있다. 물론 차주의 변제 의무에 차이가 있는 것은 아니지만, 예컨대 변제기한의 연장, 추가 차입의 교섭 등을 할 때에 당사자에게 주는 인상이나

bargaining position에 주는 영향이 다를 것이다.

또 극단적인 경우에는 예컨대 다음과 같은 일도 일어날 수 있다. Events of Default 조항에 "차주에게 변제 능력이 없다고 대주가 인정한 때"라는 사항이 있는 경우에 동일하게 경제적으로 어려운 사실이 있었다고 해도 앞의 Whereas를 가진 계약이라면 대주는 비교적 간단하게 default를 선언할 수 없을지도 모른다. 즉 "원래 극단적으로 운전자금, 금전의 유동성이 결여되어 있다는 것은 전문(前文)에서도 명백하다. 따라서 일단 자금이 부족하면 그것을 방패로 default를 선언해도 권리 남용에는 해당하지 않는다."라는 논의가 성립할 것이기 때문이다.

그러나 뒤의 Whereas라면 반대로 차주는 "본래 이 대출금은 양자의 이익을 위해 있는 것이므로 일과성의 자금 부족으로 즉시 default를 선언하는 것은 당사자의 의사가 아니므로 이 조항은 적용되지 않는다."라는 반론을 할 가능성도 있다. 이치가 맞는지의 여부는 별도로 하더라도 실제로 있을 수 있는 것이다.

또 다른 별도의 예로서,

> Whereas, the Lender, relying on the representations and warranties made by the Borrower hereunder, agrees to make a certain loan; …

라고 한다면 representation의 경미한 위반(반드시 항상 중대한 위반이 되는 것은 아니다. 또 misrepresentation은 representation이 계약서 내에 쓰여 있으면 계약 사항이 되므로 그 위반은 breach이지만 본래의 성질은 불법 행위이다. 그리고 그 효과로서 경미한 위반을 제외하고 상대방은 계약을 해제할 수 있다. 12장의 D항 (3) ④를 참조할 것)도 경미한 것이 아니라 중대한 위반이라고 주장하는 근거를 대주에게 부여하게 된다. 이같이 WHEREAS도 경우에 따라서는 법률적, 준법률적인 여러 효과를 가질 수 있으므로 초안 작성에는 자세한 주의가 필요하다.

이렇게 배경을 설명한 다음 전문 부분의 마지막에 대해 설명하기로 한다.

> Whereas, OFC is desirous...;
> Now, Therefore[a], in consideration of the above premises and other good and valuable consideration herein contained[b], both parties agree as follow:[c]

주 : [a] 모두 대문자인지, N만이 대문자인지, N과 T만을 대문자로 할지는 불문하지만 Whereas와 동일하게 하는 것이 체재상 바람직할 것이다.

[b] 여기서는 전술 사항(the premises)과 다른 가치가 있는 대가(other good and valuable consideration)를 이 계약의 약인으로서 기술하였다. 또 과거의 부동산 매매계약에서는 물건의 표시가 여기에 쓰였기 때문에 그것에서 premises가 부동산을 나타내는 단어로 되었다.

그 밖에,

> in consideration of the mutual covenants and agreements herein contained, …

또는,

> in consideration of the premises and the mutual promises herein contained, …

등으로 한 문장도 큰 차이 없이 사용할 수 있다.

전술한 Whereas의 설명에서 Whereas가 전혀 없는 계약의 경우, witnesseth도 없이 본문에 직접 들어간다고 썼지만 예외로서 매우 내용이 간단하고 일방적인 계약(전형적으로는 option의 권리를 얻는 것만을 목적으로 한 Option Agreement)이나 어쨌든 약인, 대가가 있었다는 것을 분명하게 해 두고자 하는 경우에 아래와 같은 문장이 사용되는 일이 있다.

In consideration of the sum of $1 and other good and valuable consideration, the receipt and sufficiency of which are hereby acknowledged, …

이 경우는 Whereas가 없으므로 당연히 Now Therefore가 아니라 Witnesseth That에서 갑자기 위의 문장에 이어진다. 이것은 약인 논의가 빈번하게 제기되던 시대에 약인이 있는 것이나 그것이 당사자의 의무를 지원하는 데 충분할 정도의 의미가 있다고 약속자가 인식하고 있는 것을 표현해 법적 강제력을 확보하기 위해 고안된 방법으로서 현대에도 사용되는 일이 있다. 이 $1의 인수인도는 때로는 의식적으로 이루어지는 경우도 있지만 대개는 무시되는 것 같다.

c 이것으로 전문 부분이 끝나므로 다음으로 옮기는 곳에 (:)를 넣는다. 다만 이것도 대부분의 경우 (.)로 정리되고 있다.

여기까지를 모두 정리해 보면 다음과 같은 체재가 된다.

LOAN AGREEMENT

This Loan Agreement made and entered into this 16th day of January, 2006 by and between Continental Finance Corporation, a corporation organized and existing under the laws of Canada, and having its principal place of business at …(hereinafter referred to as "CFC"), and Oriental …(… "OFC")

Witnesseth That:

Whereas, CFC is the business of making loan and is willing to extend certain credit facilities to OFC; and Whereas, OFC is …;

Now, Therefore, in consideration of the above premises …, both parties agree as follows:

다음으로 이것을 Recitals 또는 Preamble 형식으로 기술해 보기로 한다.

LOAN AGREEMENT

This Loan Agreement is[a] made and entered into this 16th day of January, 2006 by and between Continental Finance Corporation, a corporation …, and Oriental …

Recitals[b] (또는 Preamble)

CFC is the engaged in the business of, among other things, banking.

OFC is in need of certain funds to finance its new operations.

In consideration of the mutual covenants and agreements herein contained, both parties hereby agree as follows:[c]

주 : [a] 전술한 것처럼 Recitals, Preamble 방식을 사용할 때는 계약서 전체가 하나의 문장이 되지 않으므로 이 당사자의 기술 부분만이라도 문장이 완결되도록 is라는 동사가 사용되고 있다.

[b] 여기에 Recitals 또는 Preamble의 단어를 써 둔다. 밑줄을 긋는 경우도 있다.

[c] 약인은 이렇게 쓰기 때문에 있다는 것이 아니라 계약서 내에 그것이 제공되고 있다는 것을 알고 있으면 되므로 이 약인 문장은 전혀 없어도 상관없다. 그 경우 그 앞에서 끝나고 바로 조항으로 옮기게 된다.

위에서 기술한 것처럼 이 배경 설명 부분(Whereas로 시작되는 것이므로 Whereas clause라 불리는 외에 바로 앞의 예처럼 Recitals, Preamble 형식을 취하지 않아도 Recitals, Preamble이라 부르는 경우도 있다)은 완전히 없어도 된다. 예컨대 거래가 비교적 간단하고 회수도 1회한으로 하거나 짧을 때는 특히 배경을 기술할 일도 없다.

이 같은 경우의 작성법의 예는 다음과 같다.

SALES AGREEMENT

Dated: December 6th, 2005

SHIPBUILDING CORPORATION, a corporation organized and existing under the laws of Canada, with its principal place of business at …, hereinafter called[a] the[b] SELLERS, have today sold[c], and

NORWEGIAN VIKING CORPORATION, a corporation organized and existing under the laws of the Republic of Panama, … hereinafter called the BUYERS, have today bought;

an oil tanker(more specifically defined below)

on the following conditions:[d]

주 : [a] 이 약칭의 부분은 지금까지처럼 괄호에 넣어도 상관없다.

[b] 그다지 사용되지 않는 예이지만 해사 관계 거래 등의 특수한 경우에는 때때로 당사자가 하나의 회사라도 복수로 취급하는 일이 있다. 용선계약서에서는 선박 소유자를 Owners, 용선자를 Charterers, 운항하는 자를 Operators 등으로 부르는 것이 통상이다. 당연히 동사는 복수형의 have로 되어 있다. 그러나 이들 단어도 복수형일 필요는 전혀 없으며 Owner 등으로 단수형으로 기술해도 좋다. 여기서는 예시만의 의미에서 제시해 두었다. 그다지 사용되지 않는다고 설명하였지만 사실 영국에서는 판결을 포함하여 법률 문서 내에 당사자를 복수형으로 표현하는 일이 종종 있다. Owners는 종종 있는 예이지만 sellers, plaintiffs 등도 당사자는 하나의 회사라고 해도 그렇게 쓰인다.

[c] 이 계약서에서는 매매 합의가 성립했다는 것을 나타내는 의도에서 현재완료형이 사용되고 있다. 과거에 발생한 일을 확인하려는 계약이 아니다. 인수인도, 대금 지급은 향후 이루어질 것이므로 have agreed to sell …로 해도 상관없으며, shall sell …이라 해도 좋을 것이다.

[d] 이렇게 기술한 후 전문의 어느 경우와 같이 제1조 이하의 조건에 대한 상세한 내용을 기술해 나가는 것이 된다.

또 하나의 예를 들어 본다.

SALES AGREEMENT

December 6th, 2005

IT IS THIS DAY MUTUALLY AGREED[a] between SHIPBUILDING CORPORATION, a corporation …, hereinafter called the Sellers,
and NORWEGIAN VIKING CORPORATION, … the Buyers,
that[a′] the Sellers shall sell[b] and the Buyers shall buy the steamship (more specifically defined below) on the following terms and conditions: [c]

주 : [a a′] 계약이 합의에 이른 것을 포함한 서두에서 that 이하와 함께 하나의 문장을 이루는 형태다.

[b] 이 경우 shall을 사용하고 있지만 이 shall은 의무를 표현하는 것이다. [a]의 서두에서 보면 앞 페이지의 예와 조금 다른 구성이다. 다만 법률적인 효과는 같다.

[c] 앞의 예의 d와 같다.

(3) 중간 부분

중간 부분은 이미 설명한 여러 주의 사항에 따라 기술해 나가면 되지만 형식적인 예를 몇 가지 들어 보기로 한다.

ARTICLE 1[a]. AMOUNT OF LOAN[b]

CFC[c] shall lend US Dollars … within twenty (20) days after the Effective Date in one (1) disbursement …

Article 1

CFC[d] shall lend US Dollars … within twenty (20) days after the Effective Date in one (1) disbursement …

Article 1

1.1[e] CFC shall lend US Dollars … within twenty (20) days after[f] the Effective Date in one (1) disbursement …

ARTICLE 1. LOAN[b]

CFC[g] shall lend US Dollars … within twenty (20) days after the Effective Date in one (1) disbursement …

1.[h] CFC shall lend US Dollars … within twenty (20) days after the Effective Date in one (1) disbursement …

주 : [a] ARTICLE 또는 Article 등으로 쓰는 것은 완전히 자유이다. 약칭하여 Art.로 하는 경우도 때때로 있지만 정식적인 문서이므로 그다지 바람직하지 않을 것이다. 밑줄의 유무도 자유이다.

[b] 조항에 타이틀(heading, caption 등이라 한다)을 붙이는 것은 읽기 쉽도록 도움을 주는 것이라 생각된다. 단지 너무 내용과 괴리가 있는 타이틀을 붙이는 것은 좋지 않다. 또 매우 엄격한 계약서의 경우 "타이틀은 편의상 붙인 것 뿐이며 계약서의 내용을 일체 좌우하는 것은 아니다(Headings are inserted herein for convenience of reference only and shall not affect thew construction or interpretation hereof)."라는 것이 마지막에 붙어 있는 경우

가 있다. 타이틀을 괄호에 넣는 예도 종종 보이지만 이것도 자유이다.

[c d f g] 서두의 행을 indent로 할지의 여부, indent한 경우에 다음 행에서 어디까지 되돌아올지 등은 여러 경우가 있다. 자신의 회사에서 통상 사용하고 있는 양식을 사용해도 문제는 없다.

[e] Article 아래를 또 상세하게 나누기로 한 경우(예컨대 이 예처럼 1.1 및 단지 1), a) 등)에 어느 Article에는 때때로 하나밖에 없는 경우, 그리고 상세한 분류번호를 붙일지 여부의 의문이 있지만 일부러 상세한 분류를 해도 하나밖에 없다면 소용없으므로 하지 않는다는 견해와, 모든 조항을 하나, 둘로 자세하고 상세하게 분류하는 것이므로 때때로 하나밖에 내용이 없어도 같은 원칙에 따른다는 견해가 있다. 체재의 문제이므로 어느 것이라고 상관없다.

[h] 단지 숫자만을 쓰는 경우도 있다.

(4) 마무리 부분

앞에서도 설명한 것처럼 가장 정통적인 계약서는 전체가 하나의 문장을 이루고 있는 것이다. 이 마지막을 정리하는 정해진 어구를 설명하기로 한다.

> …
> In Witness Whereof,[a] the parties hereto have caused this Agreement to be duly executed[b] as of the day and year first above written.

주 : [a] 여기서의 Whereof는 of which의 의미이며 which의 선행사는 계약 내용 전부를 가리킨다. 즉 '위에 설명한 것을 증명하기 위해' 라는 의미이다. 계약서 전부가 하나의 문장으로서 쓰여 있으므로 이 같은 구성이 된다.

[b] 이 대신에 to be signed(종종 그 다음에 by their respective duly authorized representatives 등을 붙인다) 등도 사용한다. 이같이 하는 이유는 영국법에서는 회사는 자연인이 아니므로 물리적으로 자신이 서명하는 일이 없기 때문에 그 사장(社長) 이외의 자에게 회사의 대리인으로서 서명하게 했다고 생각하기 때문이다.

요컨대 "위의 내용을 증명하기 위해 위에 기술한 일자에 당사자는 이 계약서를 작성하였다."라는 의미의 문장이다.

또 하나의 다른 문장에서 전형적인 것을 예로 들어 본다.

> IN WITNESS WHEREOF[a] the parties hereto set their hands[b] and seals[c] the day and year first above written.

주 : [a] 이같이 작성하는 경우 두문자인 I, W, W만을 대문자로 할지, I만을 대문자로 할지 등에 관해 정해진 것은 없지만 동일한 계약서 내의 최초의 WHEREAS, NOW, THEREFORE 등과 같은 배열로 하는 것이 보통이다. 이 구의 뒤에 (,)가 없는 이 예와 같은 것도 있다.

[b] hand는 필적(handwriting)을 의미한다. 전체의 의미는 "당사자 각각이 서명을 했다."로 된다.

[c] 봉인(seal)에 관해 상세한 것은 D항의 (3)을 참조하기 바란다. 또 이같이 기술한 경우라도 실제로 봉인을 붙이지 않는 예는 매우 많다.

이 밖에 당사자 한 명만이 서명을 하는 계약서가 있다. 예컨대 증여와 같은 것, 또 제공 형식의 보증, 보증위탁 계약, 채권 포기 증서 등에 대한 결말의 문장 예를 몇 가지 들어 본다. 다만 이것들도 필요한 변경을 추가하면 두 명용으로 사용할 수 있는 것은 물론이다.

> Signed, sealed[a] and delivered[b] in the presence of …[c] on this 10th day of August, 2005.[d]

이것도 결미 문장의 전형적인 것의 하나이지만 상업계약서로는 그다지 사용되지 않고 있다.

주 : [a] 봉인을 붙인다는 의미의 문장.

[b] deliver는 날인증서(deed)를 유효한 것으로 하기 위해 요구되는 것이며 실제로 인도하거나, 인도한다고 선언하는 것을 말한다. 보통 계약서의 경우에

는 서명하여 상대방에게 인도하는 것을 의미한다.

[c] 증인을 세우는 경우의 문장. 증인에 관한 상세한 내용은 (5)를 참조한다.

[d] 서명일을 나타내는 것이지만 서두의 부분에 쓰여 있으면 on the day and year first above written으로 하면 된다.

> Witness thew name and seal of the undersigned, affixed this 10th day of August, 2005.

> In Witness Whereof. said company has caused these presents[a] to be sealed with its corporate seal, signed by its Managing Director, and counter-signed[b] by its Secretary this 10th day of July 2005.

주 : [a] presents는 '서면, 서류'의 의미이며 항상 복수로 사용된다. 따라서 these로 받지만 단수의 의미밖에 없다. 여기서는 '이 계약서'를 가리킨다. 이 단어는 이 같은 경우 외에 전형적으로는 위임장(Power of Attorney) 등에서 아래와 같은 서두의 어구에 많이 사용된다.

KNOW ALL MEN BY THESE PRESENTS, THAT …

BE IT KNOWN BY THESE PRESENTS, THAT …

이것이 의미하는 바를 직역하면 "이 서면(위임장)으로 아래의 것을 알리려고 한다."는 등이다. 이 같은 문장으로 시작된 위임장은 이 예의 문장으로 결말을 지을 수 있다. 중간 부분의 상세한 내용은 생략하지만 대개 다음과 같은 것을 쓰면 된다.

> SPECIAL POWER OF ATTORNEY
>
> KNOW ALL MEN BY THESE PRESENTS, THAT CONTRACTORS INC. hereby appoints John Doe as its true and lawful attorney-in-fact to sign a certain Sales Agreement with OWNERS LTD. on its behalf.(이 다음에 위의 결미 문장을 삽입하면 된다.)

또 이 예에서 SPECIAL로 되어 있는 것은 위임장은 개별 안건별이라는 것을 나타낸다. 포괄적인 위임장은 general power of attorney라고 한다. 또 보통의 위임장에서 수임자는 attorney-in-fact라고 한다. Attorney at law(하이픈으로 연결하지 않는 것에 주의할 것)이라는 말이 있는데 이것은 소송 대리인을 의미하며, 즉 변호사를 말한다. 따라서 소송위임장에서는 그렇게 불리게 된다.

서명에 관하여 증인이 입회하였다는 것을 나타내는 문장은 아래의 (5)를 참조하기 바란다.

또 하나 단독으로 서명하는 경우의 예,

> IN WITNESS WHEREOF, the President of … Co., Ltd. has hereto subscribed his hand[a] in the city of Seoul, Korea this 17th day August, 2005.

주 : [a] set one's hand와 마찬가지로 '서명을 한다' 라는 의미이다.

마지막으로 계약서 처음 부분의 This Agreement … Witnesseth: 와 마찬가지로 오래된 문법을 사용한 예를 추가해 둔다.

> In witness whereof, the Trustee hath[a] hereunto set his hand and seal the day and year first above written.

주 : [a] has 대신에 오래된 3인칭 단수 현재형의 hath를 사용하고 있다.

계약서의 형태로서 전통적인 서식을 사용하지 않는 경우도 대체 이들 가운데 하나를 결말로 하지만 매우 간단하게 쓰인 계약서, WITNESSETH와 WHEREAS를 생략한 소위 현대풍의 계약서를 작성하려고 하는 경우에는 완전히 무시하여 아래의 서명란으로 옮겨도 된다.

(5) 서명란

서명란에서 중요한 것은 누구를 위하여 서명할지와 서명자의 서명 권한과 관련되는 기술이다. [서명자라는 단어는 signatory 또는 signing person이 많이 사용되지만 signer(signor가 아니라)의 예도 영미의 법률 문서에 때때로 보인다. signatory는 보통 협약의 서명국을 가리키지만 계약 영어의 실무에서는 사인(私人)의 서명자의 의미로 사용되는 것이 보통이다.]

예를 몇 가지 들어 설명하기로 한다.

In Witness Whereof, the parties …

CFC[a]	OFC
By__________	By __________
John Doe[b]	Richard Roe
Its President[c]	Its Managing Director

주 : [a] CFC를 위해 서명한다는 것을 나타내고 있다. 이 경우 CFC라는 약칭을 사용해도 좋지만 정식 문서이므로 Continental Finance Corporation이라고 정식 명칭을 쓰는 것이 좋을 것이다. 또 Buyer, Seller 등의 단어를 약칭(정의어)으로 계약문에 사용한 때에 그것을 그대로 사용하는 것도 가능하다.

[b] 서명란의 아래에 이름을 타이핑해 두는 것도 좋다. 나중에 손으로 기술한 서명만으로는 누구의 서명인지를 모르는 경우가 있기 때문이다.

[c] John Doe가 President라는 표시이다. 회사를 대표하는 권한을 가지고 있는 자가 서명했다는 것이 이로써 명백해진다. 회사에 따라서는 권한 위임이 이루어져 예컨대 영업부장 등이 서명할 수 있는 경우도 있을 것이다. 그러나 이 같은 경우에도 언제나 거래에서 그것을 알고 있다면 별개이지만 일단 권한의 유무를 확인해 두는 것이 필요하다. 또 법률 규정이나 일반적인 회사 정관의 상식으로 주주총회나 이사회의 승인이 필요한 거래가 아니라고 생각되는 경우에는 대표이사의 서명이라도 승인 결의를 확인하는 것이 중요하다.
구체적으로는 전자의 경우 권한이 있는 자로부터의 위임장, 후자의 경우에는 의사록을 요구하여 서명 완료 계약서와 함께 보관해 둔다.

In Witness Whereof, the parties …

CFC	OFC
______	______
__[a]John Doe	Richard Roe
__[a′] President	Managing Director

주 : [a a′] 앞의 예와 같은 By, Its 등을 사용하지 않은 예이다.

In Witness Whereof, the parties …

For and on behalf of[a]

Continental Finance Corporation

______

John Doe

President

For and on behalf of

Oriental Fishery Co., Ltd.[b]

______

Richard Roe

Managing Director

주 : [a] 영국계 회사법을 채택하는 국가에 있어서 서명할 대표권이 있는 자가 이사이든, 특별히 권한을 위임받아 서명하는 자이든, 회사의 대리인으로서 행위한다고 생각되므로 이 문장을 반드시 사용한다. 더욱더 정중하게 Signed for and on behalf of로 해도 되며 On behalf of만이라도 좋다. 드물게 In behalf of로 하는 경우도 있다.

[b] 또 이 예에서 서명자가 세로에 2단으로 겹쳐져 있는데 가로로 나열할지 세로로 겹칠지에 따른 권리, 의무에 경중(輕重)은 없다. 서두어의 부분에서 처음으로 나온 자(종종 주도적인 입장에 서는 당사자)가 왼쪽 및 위에 나오는

경우가 많겠지만 그 이상의 의미는 없다. 또 2단으로 겹치게 할 경우 용지 왼쪽의 반을 사용할지 오른쪽 반을 사용할지는 자유이다.

IN WITNESS WHEREOF, the parties …

CFC	OFC
____________	____________
John Doe	Richard Roe
President	Managing Director
Witness[a]	Witness
____________	____________
David Mason	Keith Bryan
Secretary[b]	Secretary

주 : [a] 이 예에는 증인을 두고 있다. 증인은 각각 서명자의 서명이라는 행위에 출석한 자라는 것을 나타낼 뿐이며 그 이상의 의미는 없다. 따라서 재판이나 중재에서 서명의 진정성이 문제가 될 때 법정에서 "나는 David Mason이라 하며 CFC의 Secretary 직책에 있다. 이 건 계약서는 내가 개인적으로 알고 있는 CFC사의 사장인 John Doe가 내 앞에서 서명한 것이라는 것을 선서한 후 공술한다."라는 증언을 할 준비가 되어 있다는 것을 나타낸다. 그러나 David Mason은 계약서의 내용이나 CFC의 이행 의무에 관해서는 완전히 관계가 없다. 그 의미에서 증인은 John Doe를 알고 있는 사람이라면 계약 상대방의 자이거나 (당연히 재판 기술상의 문제는 있지만) 완전한 제3자라도 상관없다.

종종 일본 상사 등에서 수출입 거래를 중개하는 회사가 자신의 거래상의 입장을 지키기 위해 witness가 되는 예가 있지만, 정신적인 것을 별도로 하더라도 법률상의 권리, 의무는 발생하지 않는다. 또 채무자를 위한 보증인이 되는 것도 아니다. 드물게 본 계약서에 권리, 의무자로서가 아니라 관계 당사자로서의 이름이 나와 있는 자가(예컨대 독점판매권을 가진 상사와 어느 나라의 새로운 대리점과의 대리점 계약에 있어서 대상 상품의 제조업자) witness로서 서명을 요구받는데 어떤 의무를 지는가에 대한 의문이 있다. 원칙론으로 법률상은 없지만 도리상은 의무를 지는 위치에 있는지에 대해 때에 따라서 검토할 필요가 있다.

또 이 witness는 결미 문장의 In Witness Whereof …의 Witness와는 아무런 관계가 없다. 이는 계약 성립을 증명하기 위한 것이며, 이 계약서는 구두의사의 합치를 구체적인 서면 형태로 증명하려고 하는 Witness이다. 따라서 증인(witness)이 서명 행위에 출석했다는 사실과는 전혀 별개의 일이다.

[b] 위의 설명에서 알 수 있는 것처럼 이 서명자의 지위가 무엇이라도 상관없다. 여기서는 종종 있는 보기인 Secretary로 한 것뿐이다. 그 거래와 관련된 담당자가 담당자의 자격으로 witness를 해도 좋으며, 아무런 지위가 없는 자가 사인으로서 witness를 해도 좋다.

증인란은 서명란을 세로로 했을 때 각각의 우측에 세로로 나열하면 된다. 또 지금의 설명에서 알 수 있는 것처럼 증인이 양쪽 당사자를 알고 있다면 이론적으로는 한 명이라도 상관없다.

이 같은 경우에는 다음과 같이 하면 된다.

CFC	OFC
______________	______________
John Doe	Richard Roe
President	Managing Director

WITNESS

World Trade Co., Ltd.[a]

____

Michael Jackson

Sales Manager[b]

주 : [a b] World Trade사의 Sales Manager인 Michael Jackson이 CFC와 OFC 양 회사의 서명 행위의 증인이라는 것을 나타내고 있다.

서명을 왼쪽 끝에 세로로 나열한 경우라면 오른쪽 반의 중간에 증인란을 만든다.

또 WITNESS라는 단어 대신에 ATTEST라는 단어도 같이 사용하는 이외에 더욱이 증인의 기능을 잘 표현하는 Witnessed by, Attested by, In the presence of 또는 Signed in the presence of 등의 구가 사용되는 일도 있다. 장소는 WITNESS와 같은 장소라도 상관없다.

그런데 실제 계약에서는 서명 권한이 있는 자가 서명하러 오지 못하는 경우도 있을 것이다. 사장이 반드시 서명해야 할 계약서이지만 바빠서 출석할 수 없거나, 외국에서 계약을 해야 하는데 질병으로 갑자기 출장 갈 수 없게 된 경우이다. 이는 실제로 서명 권한이 없는 부장, 과장이나 담당자가 서명해야 할 상황이 발생하는 경우이다. 이때에는 권한이 있는 자로부터 위임장을 교부받음으로써 서명할 수 있다. 상대방에게 위임장을 건네주고 자신의 이름을 서명란에 타이핑한 후 서명한다. 이때 직책, 직위가 있으면 이것도 기술해 두면 된다. 이들의 기술은 위임장에 명기된 것과 같이 해 두어야 하는 것에 주의해야 한다.

CFC	OFC
__________	__________
Thomas P. Johnes	Jacques Poirot
Manager, Loan Section I	Finance Section I

왼쪽의 예는 대출 제1과장에 의한 것, 오른쪽은 부서의 직원으로서 직위가 없는 경우이다. 이 예는 아직 타이핑이 완성되기 전에 위임장을 근거로 서명하는 것이 분명한 때에 통상 권한이 없는 자의 이름과 직위를 위임장의 존재를 전제로 원래 권한자인 것처럼 타이핑한 것이다. 사전에 서명란에 예정된 서명자의 직책, 이름이 이미 타이핑되어 있는 경우에는 타이핑된 서명자란의 앞 또는 수기로 서명한 오른쪽(즉 뒤)에 for 또는 on behalf of 등의 말을 손으로 기재한 후에 선상(線上)에 출석자가 자신의 이름을 서명한다.

CFC	OFC
Mike Johnson	John Sebastian, on behalf of
fr. John Doe	Richard Roe
President	Managing Director

이 경우 실제 서명자의 필적을 이해할 수 없더라도 애써 이것을 타이핑하거나 block letter로 보충하여 기술하는 일은 없는 것 같다.

C. 사례 Ⅱ

B에서는 정식 계약서 형식의 구체적인 예를 들었지만 이 같은 것 외에 법무 관계의 사무에 종사하는 사람은 때로는 추가, 수정 등의 부수적 목적을 가진 계약서나 준법률적인 문서, 예컨대 의사록 등을 쓰는 것도 필요할 것이다. 여기서는 이들의 구체적인 예를 들어 본다.

(1) 추가 계약서

전술한 B에서는 일단 정식 계약서가 완성되어 사인을 받은 것이지만 계약서를 체결한 후에 새로운 사항을 추가하는 경우가 종종 발생한다. 이 경우 이 계약에 관한 추가 계약을 체결하게 된다.

추가 계약의 타이틀은 그 취지가 표시되어 있어 추가적인 지위가 분명하게 되어 있기만 하면 된다. 아래와 같은 것이 종종 사용된다.

Supplement Agreement
Supplementary Agreement
Addendum, Supplement

또 단지 Agreement라고 하는 경우도 때로는 있지만 추가라는 것이 분명한 쪽이 바람직하다. 또 무엇에 대한 추가인지를 분명히 하기 위해 위의 네 가지 예에 to the (　　) dated...라고 하는 경우도 있다. 이때 괄호 내에 원래 계약의 타이틀(예컨대 Loan Agreement)을 그대로 인용하고 점선 부분에는 그 원계약의 성립일자를 넣는다. 즉 Supplementary Agreement to the Coal Supply Agreement dated August 10th 2006 등이 될 것이다.

전체적인 내용을 이해하기 위해 추가 계약서의 예를 들어 본다.

Supplement to the Agreement dated April 27, 2003

This Supplement (hereinafter referred to as this "Supplement") made and entered into this 1st day of May, 2005 by and between Tritex Spinning Co., Ltd., a corporation organized and existing the laws of England (hereinafter referred to as "Tritex") and John Cotton and Sons, a partnership organized and existing under the laws of the State of New York, the United States of America (here-inafter referred to as "Cotton")

Witnesseth That:

Whereas, the parties hereto have entered into a certain (이 a certain이라는 어구는 없어도 상관없다) Agreement dated April 27, 2003 (hereinafter referred to as the "Original Agreement") for the sale and purchase of a certain number of wear jet looms and the provision of technical services related thereto; and

Whereas, Tritex desires to obtain further technical services and Cotton agrees to provide such services;

Now, Therefore, in consideration of the premises and mutual covenants contained herein, both parties agree to supplement the Original Agreement as follows:

Article 1 (Services)

In addition to the services to be provided in accordance with the Original Agreement, Cotton further agrees to provide the following technical services to Ttitex:

a) …;

b) …

Article 2 (Commission)

For the services to be provided in accordance with Article 1 above, Tritex shall pay to Cotton a commission in the amount of …

⋮

In Witness Whereof, the parties hereto have caused this Supplement to be signed by their respective duly authorized representatives on the date above written.

Tritex	Cotton
____________	____________
____________	____________

이처럼 이 계약과 같은 형식으로 정식으로 추가를 하는 외에 아래와 같은 간단한 문장으로 하는 것도 가능하다.

ADDENDUM

Reference is made to the Agreement dated April 27, 2003. Both parties thereto hereby agree to make this ADDENDUM thereto as follows:

⋮

또는,

SUPPLEMENT

By way of supplement to the Agreement dated April 27, 2003, both parties hereby further agree as follows:

⋮

이 이하 내용 부분의 문장은 위의 예 Article 1 이하의 것과 같아도 상관없으며, 또 서두어의 간단함에 맞추어 아래와 같이 해도 좋다.

> John Cotton and Sons agrees to provide the following additional services in consideration of a commission in the amount of US$ ________:
>
> (1) …;
>
> (2) …

결미어 부분도 위의 예의 In Witness Whereof …를 모방하는 외에 아래와 같이 간단한 것이라도 좋다.

Tritex Spinning Co., Ltd.	John Cotton and Sons
________________________	________________________
________________________	________________________

또 이 예에서 본문이나 서명란에 회사명을 전문(全文) 기술한 것은 이 간단한 형태의 ADDENDUM, SUPPLEMENT 중의 어디에도 정식 회사명이 나오지 않기 때문이다. 아래와 같이 하면 본문 내에서는 약칭을 사용하여 쓸 수 있다.

> ADDENDUM
>
> An Addendum between Tritex Spinning Co., Ltd.("Tritex") and John Cotton and Sons ("Cotton")
>
> ⋮

마찬가지로 간단한 형태의 ADDENDUM의 서두어 부분은 아래처럼 쓸 수 있다.

> ADDENDUM
>
> With reference to the Agreement dated April 27, 2003, both parties hereby enter into this ADDENDUM as follows:
>
> ⋮

추가 계약을 작성하는 경우에 중요한 것은 어떤 계약이 추가 대상이 되는지를 명백히 하는 것과 추가 내용이다. 또 추가 내용이 수정을 포함하는 경우에는 아래의 Amendment 예를 선택하는 것이 좋다.

또 지금의 몇 가지 예의 서두어에 Reference is made to …, With reference to …라는 표현이 사용되고 있다. 그 밖에 We refer to …, We make reference to … 등의 형태도 있다. 이들 표현을 번역하면 '…에 관해' 라고 할 수 있지만 편지 등에서 '…에 관해서는 당사는 아래처럼 …하고 쉽다…' 는 등의 편지를 번역하는 경우에도 사용할 수 있는 편리한 어구이다. 몇 가지 예를 들어 본다.

We refer to our letter dated …: 당사의 편지 …일자를 참조하기 바란다.

Reference is made to the exchange of letters from us to you and from you to us dated … and … respectively …: 귀사의 편지 …일자와 당사의 편지 …일자를 참조하기 바란다.

With reference to the claim made by your company, we believe …: 귀사의 클레임에 관해서는 당사는 …

We refer to our Licence Agreement with dated … We have today completed arrangements for the remittance of the royalty fee from … Bank …: 귀사와의 라이선스 계약에 관한 로열티는 오늘 … 은행으로부터 송금에 대한 합의를 했기 때문에 안내드린다.

클레임에 관한 편지를 작성하든 감사의 기분을 전달하든 우리말 편지처럼 우회 표현은 필요 없다는 것을 알고 있어도 갑자기 We should like to claim …라고 쓰는 것이 면목이 없을 때 충격을 완화하는 목적으로 사용할 수 있는 표현이다. 물론 이들 어구의 본래 목적인 '참조' 에서 벗어나서는 사용할 수 없지만 기억해 두면 도움이 되는 표현이다.

(2) 수정 계약서

계약 체결 후 무엇을 추가하거나 그 일부를 수정할 필요가 가끔 생긴다. 이때 작성되는 수정 계약서의 보기는 아래와 같다. 대개의 경우 Amendment, Amendment Agreement라는 제목이 붙지만, Agreement라고만 해도 된다. 또 추가와 수정을 포함할 때는 Supplementary Agreement라고 하기도 한다. 아울러 아래와 같이 대상을 분명히 한 Amendment Agreement로 하는 것도 좋다.

> Amendment Agreement to Exploration Agreement dated June 27, 2002.
>
> This Amendment Agreement made and entered into this …
>
> (이하는 Supplement 예와 같음)
>
> Witnesseth That:
>
> Whereas, both parties have entered into the Exploration Agreement dated June 27, 2002 for the purpose of conducting exploration of an oil field situated at … (hereinafter referred to as the "Original Agreement");
>
> Whereas, both parties agree to amend the scope of the exploratory work;
>
> Now, Therefore, in consideration of the premises and mutual covenants herein contained, the parties hereto hereby agree as follows:
>
> Article 1
>
> Article 7 of the Original Agreement shall be amended in its entirety to read as follows:
>
> "Article 7
>
> Within seven (7) days after the submission of the feasibility study report, both parties shall meet to discuss whether or not to proceed with the third stage."
>
> Article 2
>
> Articles 8 and 9 of the Original Agreement shall be deleted and the subsequent Articles shall be renumbered accordingly.
>
> In Witness Whereof … (이하는 Supplement 예와 같음)

이 보기에서는 제2조에서 원계약의 8조, 9조를 삭제하고, 10조 이하의 번호를 바꾸어 쓰기도 했으나 이렇게 하면 혼란이 생길 수 있다. 그러므로 혼란을 방지하기 위해 8조, 9조는 결번 그대로 두는 것이 좋다.

또 이 같은 변경 계약의 약속은 원계약상으로 가지고 있던 권리, 청구권을 포기한다는 불이익을 감수해야 한다.

여러 가지 amendment의 경우에 대응한 표현을 아래에 제시한다.

① Article의 교체

위 보기의 Article 1과 같다. 또 아래와 같이 해도 좋다.

Article 7 of the Original Agreement shall be deleted and replaced with the following: "…"

② Article 전체의 삭제

위의 보기 Article 2의 제1행대로.

③ Article 일부 변경의 경우

우선 정정의 대상 부분을 특정하기 위한 표현을 정리하여 열거해 본다.

1행째: the first two lines of Article …
마지막 2행: the last two lines of Article …
첫 번째 문장: the first sentence of Article …
첫 번째 문단: the first paragraph of Article …
세 번째 문장의 열일곱 번째 단어: the seventeenth (17th) word in the last paragraph of Article …
마지막 문단의 두 번째 문장의 셋째에서 열두 번째 단어: the third to twelfth (both inclusive) words in the second sentence in last paragraph of Article …

변경 대상은 행(行)이나 문장 대신 구(phrase), 절(clause)의 경우도 있고, 단어 대신 숫자(figure), 그림, 그래프(diagram), 수식(formula), 부표(附表, exhibit, schedule) 등도 있을 것이다. 같은 표현을 쓰면 된다.

또 이것들을 마지막으로부터 셀 때는 아래와 같은 표현이 있다.

last: 마지막(의)
penultimate: 끝에서 둘째(의)
second (line) from the end: 끝에서 둘째의 (행)
the (line) second to the last (line): 끝에서 둘째
second (line) from the last (line): 끝에서 둘째

행, 문장, 문단 등도 '밑에서 몇 번째' 라고 셀 수 있을 때는 last 대신 bottom을 사용한다. 예컨대,

the second line from the bottom of Article 5 …
the third sentence from the bottom on page 7 …
the second paragraph from the bottom paragraph …

등이다(Article 5의 밑에서 두 번째 행, 7쪽의 밑에서 세 번째 문장, 밑에서 두 번째 패러그래프 등).

이같이 일부를 바꾸는 경우, 삭제해야 할 곳에 의문을 갖지 않게 하기 위해 아래와 같은 테크닉이 쓰인다.

The second paragraph of Article 7 starting with "The Buyer" and ending with "at its sole option" …
The third word in Article 9, "become" …

이 마지막 테크닉을 쓰든 안 쓰든, 지금까지 예시해 온 것과 같은 표현으로 정정할 곳을 분명히 한 뒤, shall be amended to read as follows: … 또는 간단히 표현해 shall read as follows: …로 한 뒤 정정 후의 wording을 기입한다. 이 말

밑에 amend라는 점을 강조하기 위해 밑줄을 그어도 좋다.

> The third (3rd) through the sixth (6th) (both inclusive) words in the penultimate sentence of the second paragraph of Article 2 starting with "shall" and ending with "to" shall be amended to read as follows:
> "… may not …"

또 이 같은 정정의 경우, 앞뒤에 표시한 뒤 정정 부분에 밑줄을 그어서 오해를 막는 방법도 있다.

위의 보기를 쓰면 정정 자리는 아래와 같이 표현된다.

> "The Buyer may not take the delivery of the Products in one lot …"

이렇게 하면 정정으로 바꾼 뒤에 문장의 전체가 잘 이해된다.

> "(The Buyer) many not (take the delivery of the Products in one lot …)"

그런데 shall be amended to read as follows … 이외에 쓰이는 wording으로는

> shall be replaced with the following: …,
> shall be changed (또는 altered) as follows: …,
> the following shall be substituted for (여기에 정정 대상 자리를 표시한다)
> :

등도 있다.

지금까지의 예들은 모두 정정할 곳을 구체적으로 지시해 정정하는 것이었으나, 이 밖에 정정 사항이 매우 간단한 경우에 일일이 이렇게 하지 않고 정정하는 것도 가능하다. 아래 예는 임대차 계약기간을 연장하는 것이다.

It is agreed that the lease between the undersigned is hereby amended by changing the length of the term thereof from two (2) years to three (3) years.

이같이 오해할 수 없는 것은 이 형태라도 충분히 통용한다(또 the undersigned는 두 명의 당사자를 가리키지만 복수를 표시하는 s는 붙지 않는다).
또 Amendment를 만들 때 주의할 점은 계약 변경에 정부 허가 등이 필요한 때는 Amendment Agreement 자체의 발효를 그것에 조건부로 하는 것, 또 amend된 부분 이외는 종전 조항이 계속적으로 유효하다는 것을 표시하는 조항을 잊지 않고 첨가해 두는 일이다. 아래에 예를 제시한다.

Article 4

This Amendment Agreement shall become effective (또는 operative, valid 등) upon approval hereof by the Government of …

Article 5

All other terms and conditions of the Original Agreement shall <u>continue unchanged and</u> remain <u>in full force and effect</u>.

첫째의 밑줄 부분은 없어도 좋다. 또 둘째 밑줄 부분은 단지 valid라도 좋다. 다른 보기로는,

Article 5

In all other respects, the Original Agreement is to remain unchanged and in full force between the undersigned.

라도 좋다.

아래에 한 번 supplement되거나 amend된 계약서를 재차, 삼차 supplement, amend할 때의 어법을 말하고자 한다. 어떤 계약서를 supplement, amend했을 때 그 후의 계약 전체(즉, 변경 계약 그것뿐만 아니라 그 변경 부분을 원계약에 incorporate한 것의 전체)를 the amended agreement 또는 더 보통으로는 the agreement (as amended)라고 한다. 물론 the agreement (as amended on …, 2006)라고 상세히 적어도 좋다. 괄호 안은 '정정을 필함' 이라고 번역하는 것이 좋을 것이다.

여담이지만, 매매계약 등에서 무역 용어의 해석에 관한 국제 규칙, Incoterms에 저촉될 때 이 방법이 쓰인다. 예를 들면, Incoterms 1953 (as amended)라고 인용하는 것이다. 더욱이 1980년에 그때까지 제정된 14개 규정을 모은 것이 나온 데 이어, 1990년에 이것들을 다시 개정, 통합해 13개 규정으로 출판되었다. 계속해 소개정을 해서 2000년 판이 작성되어 지금은 Incoterms 2000 (as amended)라고 부르게 되었다.

또 supplement의 경우도 보통은 (as amended)라고 말하는 것 같지만, the supplement agreement 또는 the agreement (as supplemented)라고 해도 통용될 것이다.

두 번째(그 이후도 원칙적으로는 동일하게 한다) 수정 계약의 예문을 제시한다.

<u>The Second Amendment Agreement to the Exploration Agreement dated June 27, 2002 (as amended on May 1, 2004)</u>

This Second Amendment Agreement (hereinafter referred to as this "Second Amendment") made and entered into …
(이하는 첫 번째의 Amendment의 경우와 같다)

<u>Witnesseth That:</u>

Whereas, both parties have entered into the Exploration Agreement dated June 27, 2002 for the purpose of conducting exploration of an oil field situated at …;
Whereas, the Exploration Agreement has been amended as of May 2004 (such amended agreement being hereinafter referred to as th "Original Agreement (as amended)"); and Whereas, both parties desire to further amend the Original Agreement (as amended) to reflect subsequent change of circumstances;
Now, Therefore, in consideration of the premises and mutual

covenants herein contained, the parties hereto hereby agree as follows:
Article 1Article 7 of thc Original Agreement (as amended) shall be further amended to real as follows:

⋮

이 경우 제1회 변경 후의 Article 7을 언급하는 것으로 위와 같은 표현을 하는 것 이외에, Article 7 (as amended)라고 하는 것도 가능하다. 아래에 renumber(조항 번호를 다시 바꾼 조항)된 Article에 관해 언급할 때는 Article 10 of the Original Agreement (as amended)라고 해도 좋고(위의 예에선 구 제8조, 9조가 삭제되고 본래의 12조가 10조가 돼 있다), Article 10 (as amended) 또는 (as renumbered)로 하는 것도 한 방식이다. 단 이같이 몇 번이나 수정이 되면 맨 첫 번째 계약의 어떤 조항이 지금 몇 조가 되는지 혼란이 일어날 수 있다고 생각할 수 있기 때문에 이 같은 경우는 renumber하지 않는 것이 현명할지 모른다. 그 밖에 Amendment Agreement라고 동일하게 쓰는 게 좋다.

추가 계약을 할 때까지 회사명이 변경돼 있을 때는 수정 계약의 당사자 표시가 원계약과 달라지기 때문에 첫 머리 부분에서 그 취지를 밝혀 둘 필요가 있다. 아래와 같은 형태로 쓴다.

Amendment Agreement

This Amendment Agreement (hereinafter referred to as the "Amendment") made and entered into this 2nd day of May, 2005 by and between Golden Spinning Co., Ltd., a corporation organized and existing under the laws of England (formerly known as Tritex Spinning Co., Ltd.[a]) (hereinafter referred to as "Golden"), and …

주 : [a] 가장 일반적으로 쓰이는 방식이다. 일본에서는 거래처가 회사명을 변경했을 때 때때로 상업등기부 초본 등을 첨부하여 확인하는 일이 있다. 외국

에선 그 정도로 까다롭지는 않지만, 의문이 있을 때에는 초본에 해당되는 것(예컨대 Company Registrar's Office의 증명)을 제시하는 것도 고려해야 한다. 또 공증인 면전에서 선서하여 작성한 회사의 Secretary Declaration이나 회의록 초본도 유용할 것이다.

마지막으로 부언할 것은 추가, 수정 계약은 본체를 바꾸는 효과를 갖지만 Amendment Agreement 자체의 해석에 원계약의 조항이 역으로 적용되는지는 의문스럽다는 것이다. 따라서 Amendment Agreement의 내용에 대해 분쟁이 생겼을 때, 그 분쟁을 해결하기 위해서만 필요한 최소한의 규정을 넣을 것이 요구된다. 적어도 준거법이나 필요하면 용어의 정의는 필요하다. 다소 기술적이지만,

This Amendment Agreement shall be read and shall take effect as one with the Original Agreement.

라는 표현도 있다. 이는 원계약의 계약 운용이나 해석에 관한 일반 조항을 모두 자동적으로 포함한다는 것을 의미하는 글이다. 이렇게 하면 해석 등과 관련한 조항, 이를테면 준거법, 관할권의 합의 중재 조항 등은 모두 자동적으로 포함할 수 있다.

(3) 해제 통지, 해제 계약서

계약서의 유효기간을 표시하는 조항에 때때로 자동 연장과 관련한 말이 쓰인다. 즉 "당사자의 어느 한쪽이 다른 쪽에 기간 만료 60일 전까지 계약의 유효기간은 다시 자동적으로 1년 연장된다."라는 조항이다[8장의 E항 (2) 참조].

이 같은 조항을 가진 계약서를 그에 따라 통지함으로써 해제하려고 할 때는 해제 통지가 필요하다. 그 경우의 예를 들어 본다.

NOTICE OF TERMINATION

We hereby notify you of the termination of the Joint Venture Agreement dated June 27, 2000 between you and us in accordance with Article 28 (Termination) thereof.

The termination shall take effect upon expiration of the current term of such Agreement.

Sincerely yours,

____

____

또 아래와 같이 쓸 수도 있다.

TERMINATION NOTICE

Please be advised(또는 Take notice 내지 You are hereby notified 등으로도 한다) that the Joint Venture Agreement dated 27 June, 2000 shall be terminated hereby as of 26 June, 2005 in accordance with Article 28 thereof.

This Termination Notice has been sent by registered mail on this 25th day of March, 2005.

Sincerely yours,

____

____

이 같은 Notice는 해제 조항에 규정된 방법인데, 규정 일자 내에 발송이나 수령되어야 할 필요가 있으므로 발송 방법 및 발송일을 문장 안에 써 두는 것이 증거력을 높이는 방법이라고 생각할 수 있다. 이는 상대방이 등기 봉투를 버리고 난 때도 발송 방법을 증명하는 데 일단 유용하다.(실제 office practice로 봉투를 버리는 습관을 많이 볼 수 있다. 또 해외에서는 국내처럼 내용 증명을 쓸 수 없으므로 그 대신도 된다). 또 배달 증명(국제 우편 조약에 따른 A/R 서식)을 붙여서 발송하는 것도 현명한 방법이다(이때, 위의 예의 registered mail 바로 뒤에 return receipt requested라고 추가한다). 또 불착의 경우를 대비해 두 통을 별도로 보내거나 텔렉스, 팩스를 이용해 확인하는 것도 유익한 수단이다.

이러한 예들은 계약기간 중에 상대방에게 어떠한 계약 위반, 일정한 사유(예컨대 파산, 회사의 재생)가 있어 해제 조항을 발동해 계약을 종료할 때도 쓰인다. 이때 해제가 어느 날짜에 유효했는지를 밝히기 위해 아래 문구를 삽입하는 것이 좋다.

This TERMINATION NOTICE shall take effect as of <u>the date hereof</u>.

물론 밑줄 부분의 어구 이외에 계약이 정한 바에 따라 '일정한 사유가 발생한 날', '통지 수령일', '수령 후 30일을 경과하고' 등 여러 가지가 있다.

또 이때 해제는 약정 해제권을 행사하는 사람의 손해배상 청구권의 포기를 의미하는 것이 아님을 밝혀 둘 목적으로, 아래 조항을 삽입해 두는 것도 좋다.

Termination thereof shall not preclude us from making any claim or demand for damages or resorting to any other remedies available to us under such Agreement or under applicable law on account of …

점선 부분에는 약정 해제 사유 가운데서 해제 원인이 된 사실, 예컨대 your failing to carry out such Agreement faithfully, your breach of such Agreement, petition for bankruptcy filed against you 등도 들어간다.

또 아래와 같은 문장도 좋다.

Termination thereof shall not affect any right we may have to claim damages or to pursue any other remedy which may be available to us on account of …

점선 부분을 넣는 것도 위와 같다.

어느 경우이든 해제 통지는 계약서가 정한 기간 내에 정해진 방법으로 해야 함은 이미 서술한 대로다.

이 밖에 계약서를 유효기간 중이라도 합의로 해제해 버리는 경우도 있을 것이다. 그런 경우는 아래와 같은 합의 해제 계약서가 작성된다.

Termination Agreement

This Termination Agreement made and entered into this … day of …, 2005 by and between … (이하는 통상 계약서와 같은 문장을 쓴다.)

Witnesseth That:

Whereas, the parties hereto have entered into a certain Technical Assistance Agreement dated … (hereinafter referred to as the "Agreement"); and

Whereas, the parties hereto desire to terminate the Agreement.

Now, Therefore, in consideration of the premises and mutual covenants herein contained, the parties hereto hereby agree as follows:

Article 1 (Termination)

The Agreement shall be terminated as of the date hereof.

Article 2 (Release)

Upon termination of the Agreement, both parties release and forever discharge each other from any claim, demand or liability arising out of or in connection with the Agreement or the termination thereof except for the obligation of the Grantee to pay a royalty for services provided by the Grantor on or before the dated hereof.

In Witness Whereof … (이하는 통상대로)

특히 해제 후 문제가 발생할 여지가 있으면 Article 2는 필요하지 않다.

또 문장 중의 except 이후는 미이행의 의무가 있는 경우를 상정해 씌어진 것이기 때문에 그런 것이 없으면 그 앞만을 사용하면 된다.

해제하고자 하는 계약이 체결 후에 amend되거나 supplement돼 있을 때는 위 예의 첫째 Whereas를 아래와 같이 한다.

> Witnesseth That:
>
> Whereas, the parties hereto have entered into a certain Technical Assistance Agreement dated … (subsequently amended by Amendment Agreement dated …) (hereinafter referred to as the "Agreement (as amended)");
>
> ⋮

(4) 의사록

아래에 반드시 계약 문서는 아니지만 법률 문서가 될 수도 있는 의사록[그 효용에 관해서 앞에서 말한 7장의 C항 (7) 참조] 스타일을 제시해 두기로 한다. 계약서만큼이나 정해진 형식이 있는 것이 아니므로 자유롭게 써도 좋지만 몇 가지 보기를 들어 둔다.

먼저 시작의 예,

> MINUTES
>
> Minutes of Meeting of ___[a], held at ___[b], at ___[c] a.m. (또는 p.m.) on the ___[d], 2005.
>
> In (또는 Assuming) the Chair, Mr.…; present: Mr.…, Mr.…, Miss.…; in attendance[e]: Mr.…

주 : [a] 회의 명칭이 있으면 기입한다. 예컨대, Board of Directors of Legal Forms Co., Ltd.

[b] 장소.

[c] 시간. 10 : 00 등.

[d] 날짜. Tenth day of August 등.

[e] 배석이 있으면 기입한다. 없으면 필요 없다.

이는 이사회를 비롯해 여러 경우에 쓰이는 비교적 전형적 보기다.

아래 더욱 일반성이 있고 격식을 차리지 않은 형식을 제시한다.

MINUTES OF MEETING HELD AT ____[a], ____, 2005[b]

Present at the meeting were:

For Sellers Inc.	Mr.···, Sales Manger
	Mr.···, Attorney
For Buyers Corp.	Mr.···, Purchase Representative
	Mrs.···, Accounting Manager

주 : [a] 장소.

[b] 일시.

이렇게 회의 장소와 일시, 출석자 등 상황을 밝히고 난 뒤 내용을 쓴다. 이 보기는 두 회사 대표가 회의를 한 형식을 취하고 있으므로 각 회사 대표자를 각각 나누어 리스트에 기록해 두었다.

통상 비즈니스의 교섭은 두 사람 이상의 다른 입장의 사람들이 모여 이루어지는 것이므로 그런 뜻에선 이 예가 유용할 것이다. 물론 그 앞의 예에서도 동일한 구성으로 작성할 수 있다. 그 경우에는,

MINUTES

Minutes of meeting held at the Occidental Hotel from 11:15 a.m. on August 16, 2005.

Present: Mr. Rogers and Mr. Andrews for Vendors and Co.,
Mrs. Higgins and Mr. Starr for Vendees Inc.

라고 하면 된다. 그런데 내용 부분은 보통 문장으로 쓰면 충분하지만, 일반적으로 차례대로 쓰게 될 것이다.

The purpose of the meeting was to discuss how to cope with the damage done to the automobile sold to Vendees Inc. by Vendors and Co.

(1) Mr. Rogers gave a report on the details of the accident …

(2) Mr. Starr stated that the accident had taken place because the engine installed by Vendors and Co. was defective.

(3) Mr. Andrews refuted the alleged liability and said that because the engine had passed the government inspection, the accident could not have been attributable to any fault on the part of Vendors and Co.

⋮

객관적 표현 형태의 문장이라도 조목별로 쓰면 좋지만 Minutes의 목적에 따라 상세하게 하는 것이 바람직한 경우에는 문장으로 나타내는 것이 좋을 것이다. 시제(tense)는 과거형을 쓴다.

(10) Mr. Rogers on behalf of Vendors and Co. admitted its liability but both parties agreed that Vendors and Co. would be responsible for only one-third of the actual damages that Vendees Inc. had suffered.

(11) Upon reaching such compromise, both parties agreed that the details thereof be reduced to writing in the form of a settlement agreement, the drafting of which should be left to the parties lawyers.

결론을 이렇게 한 후에 필요하면 아래와 같이 마무리해도 좋지만, 굳이 마무리하지 않고 이 아래에 계약서와 같이 서명란을 만들어 끝내도 된다.

The Meeting was adjourned at 1:15 p.m.

이 같은 의사록의 목적의 하나는, 본래 계약서의 해석상 의문을 해결하는 데 도움이 되기 위한 것이므로 살살못에 구애됨이 없이 어쨌든 빠짐없이 경과를 기입하는 것이 중요하다. 물론 계약서에는 entire agreement clause가 대부분 들어 있다. 계약 전의 서면에는 증거 능력은 없으나, 실제 비즈니스에서는 법원이나 중재에 가기 전에 이 같은 서류로써 의외로 문제가 해결되는 일이 많으므로 의사록의 효용을 과소평가해서는 안 된다. 물론 이 원칙은 다른 목적을 위해 작성되는 의사록이라도 마찬가지다.

폐회를 나타내는 말에는 위에 든 것 이외에 아래와 같은 것도 있다.

The Meeting closed at …

The meeting was adjourned at …

시간을 글자로 쓸 때 붙이는 오전, 오후는 소문자로 a.m., p.m.로 하든가 대문자로 A.M., P.M.로 하는 것이 정식이다.

이사회의 의사록의 경우 의사의 경과, 결의 사항이 기재된다. 아래에 드는 예는 회사의 이사회 의사록을 영문으로 쓴 참고용 보기다.

Minutes of Directors' Meeting

The meeting of the Board of Directors of Tokyo Bicycles Corporation was held at the principal office of the Corporation at … on December 24, 2005 at … P.M.

The following directors were present[a]:

Mr. Tateo Suganuma

Mr. Masato Sato

Miss Ryoko Chida

The following director was absent:

Mr. Toru Moriyama

The following statutory auditor was present:

Mr. Keiji Shimazu

Mr. Tateo Suganuma, President of the Corporation, called the meeting to order and acted as Chairman.

The Chairman announced that a quorum of the directors was present[b] and the meeting, having been duly convened, was ready to proceed with its business.

The minutes of the directors' meeting on October 23, 2005 were read and approved.

Mr. Sato explained that the sales of the products of the Corporation was good and it would be necessary to expand the existing plant to meet the growing demand and for that purpose it would be necessary to borrow roughly ¥200,000,00 from the First Bank. He further explained that the First Bank had agreed to make the loan on condition that the Corporation would submit an appropriate mortgage of at least equal value.

Miss Chida proposed that the existing Shinagawa No. 1 Factory be offered to the band as a mortgage.

On motion duly made and seconded, it was unanimously RESOLVED, THAT the Corporation borrow[c] ¥200,000,000 from the First Bank and for the purpose of the borrowing, the Shinagawa No. 1 Factory be[c′] submitted to the First Bank as a mortgage and Miss Chida be[c″] authorized to negotiate with the bank the terms and condition of the loan and sign[c‴] the loan agreement and other relevant agreements and documents.

There being no further business, on motion duly made and seconded, the meeting was adjourned.

____

Tateo Suganuma

____

Masato Sato

____

Ryoko Chida

____

Keiji Shimazu

주 : [a] 전원 출석의 경우는 아래와 같다.

The following directors were present:

Mr. Tateo Suganuma

Mr. Massato Sato

Miss Ryoko Chida

Mr. Toru Moriyama

being all of the directors of the Corporation.

[b] 출결 부분에 아래 같은 것을 넣어도 좋다.

There were present:

Mr. Tateo Suganuma

Mr. Masato Sato

Miss Ryoko Chida

Comprising a quorum of the board; also

Present:

Mr. Keiji Shimazu, Statutory Auditor

Absent:

Mr. Toru Moriyama

이 예에서 RESOLVED THAT가 이끄는 부분이 결의 사항이다.

c c′c″c‴ 여기서 동사가 borrow, be 등 원형을 쓰고 있는 것은 가정법(subjunctive mood)의 용법인데, 사실을 서술하는 것이 아니고 상상, 가정, 소망, 명령 등을 말하는 데 쓰인다. 그 밖의 법률 문서의 demand, require, insist 등의 뒤에 나타난다. 의사록에는 '동의를 제출하다' 라는 뜻의 move 뒤에서도 이 형이 쓰인다.

보고 등이 있을 때, 그 취지를 의사록에 기록하는 경우는 아래와 같이 한다.

Mr. … submitted a profit and loss statement for the period June 1, 2005 through November 30, 2005 showing a net profit for that period of ¥ … and a balance sheet as at November 30, 2005 showing surplus on the date available for dividends of ¥ … These reports were ordered placed on file.

또 서면으로 보고하고 이를 파일에 기록해야 할 땐 아래와 같이 한다.

Mr. …, director in charge of sales, read a written report on quarterly sales activities, which was ordered, received and placed on file.

D. 그 밖의 기술

(1) 정정 방식

계약서는 타자로 치건 손으로 쓰건 틀리지 않는 것이 원칙이다. 때로는 타이피스트의 타자 실수(typographical error 또는 구어로는 간단히 typo라고 한다)가 발견되거나 작성 후 서명할 때까지 다소의 변경이 합의되는 일도 있을 것이다. 이 같은 경우의 정정 방법의 예 몇 가지를 들어 보고자 한다. 한국어 계약서에서는 성성할 때 '몇 자 취소', '몇 자 삽입', '몇 행 삭세', '몇 행 추가' 등으로 하지만, 영문에선 보통 이렇게까지 엄밀하게는 하지 않고, 정정할 곳이나 그 행의 가장자리에 이니셜을 적는다.

삭제할 때 주의할 일은 삭제된 곳이 보이도록 선 하나나 둘을 그어서 지우는 일이다. 선은 볼펜 등으로 표시해도 좋다. 검게 지우거나 타이프의 'X' 로 지우는 일은 피해야 한다.

① 추가하는 보기

In addition to the duties forth in...

In addition to the duties forth in...

② 삭제하는 보기

A meeting shall be convened ~~by the Leader~~ whenever necessary.

③ 삭제 및 추가하는 보기

All decisions shall be adopted by ~~unanimous~~ vote of...

1 조항이나 sub-paragraph 전부를 삭제해 버리는 경우도 있을 것이다. 이 같은 경우는 크게 ×로 지워 버린다. 이때 볼펜 등을 사용해도 좋다. 통상 이하의 조항 번호는 언급하지 않고 그대로 두는 것이 일반적이다. 물론 renumber해도 괜찮으나 실질적 이익은 없다. 만일 그렇게 했을 땐 크로스 레퍼런스(참조를 위해 다른 조항을 언급하는 것)가 있는 부분을 남김없이 정정하지 않으면 안 된다.

Renumber했을 때의 불편에 관해선 C항의 (2)에서 다루었다.

(2) 인지

일본의 인지세법이나 외국의 stamp duty, revenue tax 등의 규정에서 인지와 유사한 것을 계약서에 붙여야 할 때가 있다. 반드시 모든 나라의 관계 법규가 인지를 소인(消印)(cancel한다는)을 찍도록 규정하지는 않지만, 적어도 일본의 인지세법에 따라 이것을 지울 때는 이니셜이 쓰인다. 첫 장의 왼쪽 위와 서명란 아래에 첨부한다.

또는,

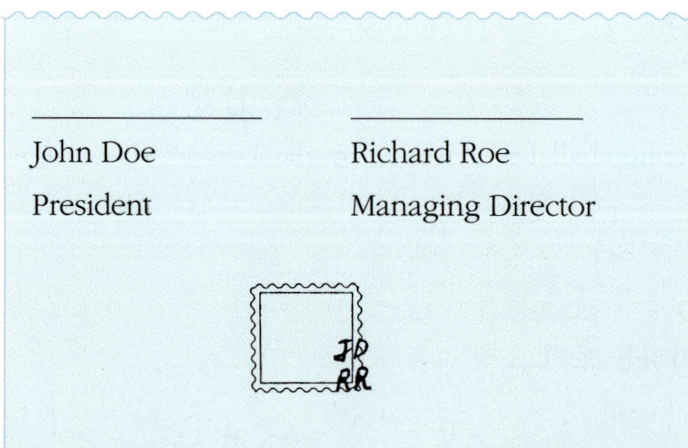

(3) 봉인(seal)

때때로 계약의 마무리 부분이나 서명란 주변에 '봉인'을 언급한 것이 있다. 적어도 영국법권 내에선 예부터 오랫동안 어느 일정한 법률 행위를 서면에 작성할 때는 deed(날인 증서)의 형으로서 실물 봉랍(sealing wax를 사용한 것)을 실시하도록 요구한 시대가 있었다. 봉인을 하는 행위는 그 서면에 구속되는 것을 의미하며, 현대에도 그 서면에 엄숙하게 복종하는 의도를 표시한다. 봉인을 한 서면은 deed가 되며, consideration이 없더라도 deed인지 아닌지에 따라 시효나 법적 효력이 달라지는 경우가 있다.

봉랍을 쓰는 습관이 점차로 없어짐에 따라 봉랍이 붉은 종이로 바뀌어 왔다. 영국에서는 현재 이것마저 없어도 상관없고 서명란에 '날인 증서로서 작성되었다(executed as a deed)' 라고 쓰면 된다. 또 그 후 deed의 형으로 체결해야 하는 계약서 자체의 수가 줄어들고, 많은 계약서가 봉인 등이 없어도 서명으로 충분한 효력을 갖게 되었다. 그래도 본래 필요한 경우 이외에도 옛 습관의 자취로 봉랍에 의한 것인가를 묻지 않고 봉인을 언급하는 경우가 있는 것 같다. 계약의 준거법상의 요청이든 형식적 체재이든 이 같은 말을 포함하는 계약서가 있을 때 어떻게 대처하는 것이 좋을까. 일본 회사에서는 봉인과 봉랍을 가지고 있는 곳이 없지는 않은 것 같으나, 많은 회사에선 봉인하는 압인기 등이 없을 것이다.

방법으로는 위에서 말한 붉은 종이, 즉 단지 직경 2cm 정도의 원형 또는 장경 3cm, 단경 2cm 정도 타원형의 붉은(노는 살색) 종이 봉인 (맞는 게 없으면 색종이를 잘라서 해도 좋다)을 서명란 부근에 붙이면 된다. 또 그런 것이 없을 때는 회사인을 찍으면 대개 통용되는 것 같다.

(4) 공증 증서 및 영사 사증

일본에서는 계약의 효력 발생 요건으로서 공증 증서를 요구하는 곳은 없지만, 외국은 이를 필요로 하는 경우가 있다. 나라에 따라 다소 차이가 있으나 공증 증서로 하는 것을 보통 legalize, notarize(명사는 legalization, notarization)한다고 말한다. 또 효력 발생 요건과는 별개이지만 공증 증서화함으로써 강제집행 인정 약관의 혜택을 받는 경우도 있다. 법률적으로는 의미가 없으나, 실제적으로는 공증 증서로 함으로써 계약의 진실성에 가치를 두는 나라도 있다. 이같이 공증 증서로 하는 데는 여러 가지의 의미, 효과가 있을 수 있으므로 그 나라의 사정, 강제집행 인정 약관이라는 제도의 유무 등을 감안한 종합적 판단이 필요하다.

작성 과정에 관해선 나라에 따라 여러 차이가 있으므로 사전에 공증인과 충분한 협의가 있어야 한다.

그런데 legalize, notarize라는 말은 서명 등에서 영사 사증(visa)을 받는 것도 뜻한다. 외국으로부터 송부되어 온 계약서의 서명이 진정한 것인가 하는 문제는 상대방의 서명을 숙지하고 있는지, 아니면 스스로 조인할 때 출석하지 않는 한 알지 못한다. 그래서 서명에 자국의 재외 공관의 사증을 취득하게 함으로써 서명의 진실성을 확인하게 된다.

일본에서 서명에 영사 사증을 취득할 때는 원칙적으로 먼저 본인이 공증인 사무소에 나가서 공증인 앞에서 서명(한자도 됨)을 하여 인증을 받는다. 공증인 사무소는 서명 인정 업무를 하는 기관임을 법무국의 증명을 받아(법무국 서류도 일본어), 다시 외무부에 법무국의 인장이 진정하고 그 증명 행위가 일본 정부의 인증 행위라는 것을 증명하도록 한다(외무부의 증명 문서는 외국어). 그것을 받아 (이 제도를 알고 있는) 재일 공관의 대사, 영사에게서 사증을 받는 순서로 돼 있다. 나라에 따라서는 일본상공회의소의 증명 행위로서 족하다고 해 이것을 재일 공관이 인정하고 사증을 발급해 주는 곳도 있다. 또 직접 대사나 영사에게 가서 자신의 신분을 증명하고 면전에서 서명하고 난 후 사증을 받도록 요구하는 경우도 없지는 않다.

어느 경우든 2일부터 1주간의 시간과 약간의 비용이 들며 나라에 따라서는 계약서의 사본을 요구한다. 특히 입찰 서류 등에 사증을 요구할 때는 상대국 대사관, 영사관에 사전에 문의, 경로, 시간, 비용, 사본의 필요 여부 등을 확인할 필요가 있다.

이른바 헤이그 조약(인증 불요 조약)에 가맹하고 있는 나라에 증명서를 제출할 때는 주일 대사, 영사에 의한 인증은 필요하지 않다. 이때는 문서에 외무부의 아포스티유[부전(쪽지)에 의한 증명]를 받으면 주일 대사나 영사에 의한 인증이 없어도 그것과 동등한 것으로 제출 대상국에서 사용이 가능하다. 단 가맹국이라 하더라도 주일 대사, 영사의 인증을 요구하는 기관이 있는 것 같으므로 사전에 조사해 두지 않으면 안 된다.

그런데 이렇게 하여 사증을 받을 수 있는 것은 본인이 서명을 했다는 사실, 아니면 서명의 진실성 때문이다(왜냐하면 일본의 정부 기관이 외국어로 인증 사무를 해 주는 것은 서명에 관련된 일뿐이기 때문이다). 문제는 내용과 관련된 공적 증명을 요청받는 경우다. 이것은 영사 사증의 문제와 약간 다르지만 연관되어 자주 나오는 의문이므로 여기서 언급하고자 한다. 때때로 입찰 서류에 첨부하는 등기부나 정관, 계산 서류 등의 일본어 이외의 언어로 된 원본 능본을 요정받는다든지 번역판을 첨부하는 경우는 그것에 대한 공적 번역 증명을 요구받는 일도 있다. 외국에는 정부 기관이 자국어 이외의 언어라도 원본을 작성하는 제도가 있는 나라나 공인 번역인이 있고, 원본이 자국어인 서류라도 공적으로 권위 있는 외국어 번역이 가능한 나라가 있다. 그런 나라에선 외국어 원본의 등본이나 공인 번역인이 있고, 원본의 등본이나 공인 번역인이 작성한 외국어로 된 등기부나 정관 등의 서류가 작성될 수 있다. 그러나 그런 종류의 서류에 관련해선 일본에서는 지금 현재 외국어 원본을 만들어 그 등본을 제출하는 제도는 물론, 서명의 인증을 제외하고는 외국어 서류에 대해 어떠한 증명을 부여하는 제도와 공인 번역제도가 없다. 그렇기 때문에 입찰 서류의 부속 서류가 갖추어지지 않아 곤란한 경우가 가끔 생긴다. 그럴 때는 아래와 같은 방법으로 처리하는 것이 일반적이다.

우선 정관 등의 사적 번역을 마련한다. 이 번역 가운데는 일본어 원본에 있는 관공서의 증명 문구, 등기 문구 등도 (만일 있으면) 모두 충실하게 번역해 둔다. 아래에 이 문서의 계속에 "위는 …의 정확한 … 역어임을 증명한다."라는 말을 기입하고, 서명란에 대표이사(계산 서류의 경우는 재무 담당자나 감사역이라도 됨)가 서명한다. 이 서명과 관련해 위에서 말한 자리에서 관계국 대사, 영사로부터 사증을 받는 것이다. 실은 이는 내용으로 자신이 번역한 것을 자신이 바르다고 말하는 셈이다. 제도상 달리 할 수 있는 길이 없는 이상, 부득이한 일이고 다행히 지금 각국에서 통용되고 있다.

(5) 부표

① 부표의 효용

계약서 중에서 상세히 말하는 것보다 견본이나 일람표를 표시하는 방식이 목적을 용이하게 달성하게 하는 경우가 종종 있다. 이를테면 기본 계약을 맺고 난 후에 행하는 개별 거래에서 쓰이는 주문서 서식, 클레임의 연락 서식, 라이선스계약에 있어서의 대상 특허의 일람표, 대리점 계약에 있어서의 대상 지역, 상품 일람표, 기타 수수료, 요율표, 건설계약에 있어서의 청사진 등이다.

이를 계약서에서는 Exhibit, Attachment, Annex, Appendix(복수형은 Appendices), Table, Schedule이라고 부른다. 이들 단어에는 미묘한 뉘앙스 차이가 있으나 대체로 서로 바꿔 쓰이고 있다.

11장에서 말한 방법으로 이것도 원용, 언급할 수 있다. 예컨대 아래와 같이 말할 수 있다.

> products specified in Annex 1 …

또 부표를 1, 2, I, II로 셀 수 있지만 A, B로 세든지 하는 것은 자유다. 하나밖에 없으면 번호를 붙일 필요가 없다.

② 부표도 계약 사항의 일부

부표와 관련, 중요한 점은 계약서에 첨부된 것으로, 이것도 계약 사항의 일부라는 것이다. 따라서 부표가 붙어 있는 사실을 언급하는 최초의 자리에서 아래 문구가 가끔 삽입된다.

> Exhibit A attached hereto and made an integral part hereof by this reference …

조금 어려운 문장이므로 번역을 제시한다.

> Exhibit A/attached hereto(이 계약서에 첨부된)/and/made an integral part hereof(이 계약서의 불가분의 일체를 이루는 부분이 되는)/by this reference(여기서 이렇게 언급함으로써)
>
> "여기서 이렇게 언급함으로써 이 계약서의 불가분의 일체를 이루는 부분이 된 이 계약서에 첨부된 Exhibit A"

이렇게 장황하게 쓰지 않고, 단지 아래와 같이 처리해 버리는 예도 볼 수 있다.

Exhibit A attached hereto …

Exhibit A, an integral part hereof, …

또는 단지,

Exhibit A …

attached Exhibit A …

서식 예 등을 첨부할 때는 아래와 같이 말한다. 이것은 서식의 실물을 첨부하지 않고 그 사본을 첨부하기 때문이다.

…, a copy of which is attached hereto as "Appendix 1" as an integral part of this Agreement, …

전체를 괄호에 넣어도 좋다. 또 두 번째의 as 이하가 없는 것도 종종 있다.

관련 서류가 많은 계약에서는 한 조항을 설정해, "아래 서류들은 이 계약의 불가분의 일체를 이룬다(The following documents shall constitute integral parts of this Agreement: …)"라고 규정하고, 그 리스트에 부표를 넣어 두는 경우도 있다.

그러나 어느 쪽이든 부표는 문장이 아니라도 계약 사항의 일부이기 때문에 부표를 만들 때는 계약 사항을 초안하는 것과 같은 주의를 기울여 작성해야 할 필요가 있다. 부언하면 부표에는 문장에 의한 보충이 없으므로 일목요연해 의문의 여지가 없도록 문장 이상으로 주의가 필요하다고 할 수 있다. 표나 그림이 정확하지 않기 때문에 상대방에게 계약 위반이 됐을 때의 효과는 본문 중 조항의 위반과 같은 것이다. 문장이라면 전후 관계로 보아서 뚜렷한 실수는 정정되는 일도 있을지 모르지만, 숫자나 그림 등의 잘못은 그런 것을 기대할 수 없으므로 주의를 요한다.

①에서 제시한 부표의 효용에도 속하는 것이지만 부표는 계약 사항이므로 거기서 합의한 것은 그 후로는 두 당사자의 합의에 의해서만 바꿀 수 있다는 점에

있어서는 아래와 같은 효용도 있다. 예를 들면, 어떤 큰 신용할 만한 회사의 자회사에 물건을 파는 계약을 했다고 가정하자. 이때 증서를 첨가하는 것은 자주 있는 일이며 계약서에 담보에 관한 한 조항이 삽입된다.

단순히 아래와 같이 하는 것이 제1의 방법이다.

> The Buyer shall cause Parent Holding Co., Ltd. to issue a letter of guarantee in favor of the Seller to secure the payment obligation of the Buyer under this Agreement.

또는,

> The Buyer shall procure the execution of a letter of guaranty in favor of the Seller by Parent Holding Co., Ltd. to secure the payment obligation of the Buyer under this Agreement.

그러나 이것으로서는 보증서의 내용은 '지급 채무의 담보'를 목적으로 한다고 하는 것만 확정되어 있기 때문에 실제로 나오는 보증서가 매도인의 뜻에 맞는지 어떤지 염려가 있다. 이 말은 보증서의 개개 조건에 대해 매수인 또는 모회사와 재차 교섭해 바로잡아야 하는 염려가 있다고 하는 것이다. 이것으로는 매매계약을 체결했다고 한들 절반만 교섭이 이루어졌다는 결과가 된다.

그래서 부표의 테크닉을 써서 매매계약 교섭 시에 한꺼번에 보증서 내용, 경우에 따라서는 형식도 합의해 버리는 것이다. 우선 아래와 같은 문장을 담보 조항에 넣는 것을 생각해 보자.

> The buyer shall cause Parent Holding Co., Ltd. to issue a letter of guarantee in favor of the Seller substantially in the form attached hereto as Exhibit A.

이렇게 써서 첨부 서류로서 보증서의 보기를 첨가하면 적어도 모회사는 내용적으로 그에 일치하는 것을 제출하지 않으면 안 된다. 이때 보기 안에 될 수 있는 한 희망 조건을 넣어 두어 다음에 있을 모회사와의 교섭을 짧게 할 수 있다. 본래는 아래에 제시하는 방법을 취하는 것이 최상이지만, 보증하는 상대방에게 자회사 서식을 사용할 것을 주장할 때는 이렇게 내용만을 확정하고, 형식은 상대에게 맡기는 방법을 쓴다.

만일 아래와 같은 문장을 넣을 수 있게 되어 이와 더불어 보증서도 서명하기만 하는 예를 첨부할 수가 있으면, 두 교섭을 하나로 끝낼 수 있게 되어 큰 성공을 거둘 것이다.

> The Buyer shall cause Parent Holding Co., Ltd. to issue a letter of guarantee in favor of the Seller in the form (and substance) attached hereto as Exhibit A. [형식을 합의하게 되면 ( ) 안은 없어도 좋다고 할 수 있다]

이와 같은 예는 합병계약서 등에서 자주 쓰인다. 합병사업을 행하는 경우에는 대개의 경우 합병계약서 이외에 기술제휴 계약, 판매계약, 원료공급 계약, 주식매수 계약 등 부수한 계약의 작성이 필요하다. 그러나 당사자도 다르고 또 내용도 다른 이런 계약을 합병계약서와 별도로 교섭하고 있으면 각 계약 사이의 상호 관련도 잃어버리게 되고 시간도 소요되는 것을 피할 수 없다. 그래서 이를 방지하기 위해 이 계약들을 모두 Associated Agreement로서 그 초안을 합병계약서에 첨부 서류로 붙여 버리는 것이다. 그렇게 하면 통일된 계약서가 되는 것과 더불어 부표가 확정될 때까지 본체의 계약에는 서명할 수 없다고 하는 제약이 오히려 유익한 압력으로 작용해 단시간에 모든 상황이 정리되는 효용도 있다.

③ 부표를 잊지 말 것

다음으로 부표와 관련해 중요한 점은 계약서 완성 시에 부표를 붙이는 일을 잊지 말아야 하는 것이다. 당연한 것 같지만 때때로 부표는 본체가 끝난 뒤에 준비해 첨부하면 된다고 생각하고 있다가 본문 완성의 기쁨과 계약에 대한 마음 때문에 첨부를 잊어버리는 일이 있으므로 아무쪼록 주의를 요한다.

④ 계약 사례로서의 부표에 서명을 하더라도 의미는 없다.

②에서 말한 보증서나 관련 계약의 예는 어디까지나 그런 계약서를 별도로 만들어 서명한다고 하는 의미가 있기 때문에, 부표 서명란에 서명을 했다고 해서 그 계약서에 서명이 됐다는 생각을 해서는 안 된다. 어디까지나 그것은 서식에 불과한 것이고, 본체 계약은 그 서명란에만 서명하고 첨부 서식에 따른 계약서는 별도로 작성해 서명하는 것이다.

대개의 경우, 부표는 본체 계약서의 서명란 다음 쪽부터 시작하지만, 아주 드물게 본체의 계약 사항에 이어서 부표를 두고 그 뒤에 서명란을 설정하는 경우도 있다. 이것은 옛날의 영문 계약서 방식의 흔적이다. 계약 조항의 기술을 마치고, In Witness Whereof …라고 쓴 뒤에 부표가 첨부되고 그 말미에 서명한다.

찾아보기

한글

ㄱ

ㄴ

ㄷ

ㄹ

ㅁ

ㅂ

ㅅ

ㅇ

ㅈ

ㅊ

ㅋ

ㅌ

ㅍ

ㅎ

영문

A

B

C

D

E

F

G

H

I

J

K

L

M

N

O

P

Q

R

S

T

U

V

W

Y

저자 소개

中村秀雄(Nakamura, Hideo)

1972년 3월 코베(神戸)대학 법학부 졸업
1972년 4월 마루베니(丸紅)(주) 입사
1974년 미국 미시건대학 법대(1975년 LL.M)
1976년 6월~9월 미국 로스앤젤레스 · 그래햄 앤드 제임스에서 실무연수
1976년 10월 마루베니(주) 법무부국제법무실 근무
1990년 4월~1996년 3월 마루베니(주) 영국회사 법률 매니저
1996년 4월~2000년 3월 마루베니(주) 법무부 부장대리 겸 국제법무 제1과 과장
2000년 4월 동사 부부장
2001년 3월 동사 퇴사
1997년 4월~2001년 3월 및 2005년 4월부터 현재 도시샤(同志社)대학 대학원 법학연구과 강사「영문계약연구」 담당
2001년 4월부터 현재 오타루(小樽)상과대학 교수
2004년 4월부터 현재 동 대학원 상학연구과 앤트러프레너십 전공교수

〈주요 저서〉

國際プロジェクト契約ハンドブック(共著, 有斐閣, 1987年)
(新版)國際契約交渉のキーポイント(商事法務研究會, 1998年)
實務英文國際契約 理論と文書作成の技術(中央經濟社, 2000年)
實務英文國際契約 理論と文書作成の技術(韓國語版, 朴明燮外 譯) (宇鏞出版社, 2004年)
國際商取引契約 英國法にもとづく分析(有斐閣, 2004年) [동 서적으로 2005년도 오오쿠마켄이치로(大隅健一郎) 상을 수상]
15歲からの大學入門 守る! 企業法學(共著, 日本經濟評論社, 2005年)

역자 소개

박근우(감수)

경남고등학교, 부산고등학교 교사(영어)
부산대학교 영어교육과 교수
동의대학교 영어영문과 교수
동의대학교 총장 역임(1996~2003)

박명섭

성균관대학교 무역학과 졸업(학사 · 석사), 동 대학교 대학원 박사과정 수료
영국 리버풀대학교 박사과정 수료(경제학 박사)
일본 고베대학 경영학부 외국인 연구원(Japan Foundation Fellow)
부산수산대학교 · 부경대학교 무역학과 교수 역임
현) 성균관대학교 경영학부 교수, 한국무역학회 회장

한낙현

경남대학교 무역학과 졸업
서강대학교 대학원 무역학과 졸업(상학 석사)
일본 와세다대학 대학원 상학연구과 수료(상학 박사)
현) 경남대학교 무역학과 교수, 한국무역경영학회 회장

박인섭

성균관대학교 법학과 졸업
성균관대학교 대학원 수료(법학 석사)
미국 골든게이트대학교 법과 대학원 수료(법학 박사)
미국 캘리포니아주립대학교 헤이스팅스법대 연구교수 역임
현) 경북대학교 경제통상학부 교수

영문 계약서 작성의 키포인트

英文契約書 作成のキーポイント

초판 1쇄 발행 | 2007년 10월 18일
초판 3쇄 발행 | 2018년 9월 1일

저 자 | 나카무라 히데오
역 자 | 박명섭, 한낙현, 박인섭
발행인 | 홍진기
발행처 | 아카데미프레스
주 소 | 413-756 경기도 파주시 문발동 출판정보산업단지 507-9
전 화 | 031-947-7389
팩 스 | 031-947-7698
웹사이트 | www.academypress.co.kr
이메일 | info@academypress.co.kr
등록일 | 2003. 6. 18. 제406-2011-000131호
ISBN | 978-89-91517-48-6

값 18,000원

* 역자와의 합의하에 인지 첨부는 생략합니다.
* 잘못된 책은 바꾸어 드립니다.